文庫ぎんが堂

タモリ学

タモリにとって「タモリ」とは何か?

戸部田 誠
（てれびのスキマ）

JN036651

イースト・プレス

目次

※本書では文中敬称を省略させていただきました

序

タモリにとって『いいとも』終了とは何か

「俺、聞いたんやけど『いいとも』終わるってホンマ？」

2013年10月22日、火曜日。突然、『笑っていいとも！』にエンディングゲストとして〝乱入〟した笑福亭鶴瓶《しょうふくていつるべ》は、タモリに向かってそう問いただした。周囲がざわつく中、タモリはこともなげに淡々と言った。

「来年の3月で『いいとも』終わる」

観客はもちろん、出演者たちも驚きの声をあげる。それもそのはずだ。このことを知っていたのは舞台上ではタモリ本人と笑福亭鶴瓶、そして中居正広《なかいまさひろ》だけだった。番組のプロデューサーすら、当日それを知ったという。ごく限られたフジテレビの上層部とタモリの話し合いで決められたものだったらしい。

終了の決定を鶴瓶が知ったのは、発表の前日だった。タモリから直接電話があり、「火曜日に発表するから来てくれ」と告げられたという。

太田光《おおたひかり》は、その日の深夜に放送された『JUNK 爆笑問題カーボーイ』（TBSラジオ）で「寂しいですよ」と繰り返した。

「ムカついたんですよ。だって知らないんですもん」「本当に力抜けました。そりゃねぇよ、水臭いじゃないかと」

タモリはもともと、気配りの人間だ。

たとえば12年の『27時間テレビ』の司会をタモリが務めることが決まった時も、まだ何も発表されていない半年前から「ちょっと太田良い？」とわざわざ楽屋を訪ね、「この夏ちょっと協力してもらいたいことがあるんだ」と料亭に誘い、「まぁ、よろしく頼む」と伝えたというほどだ。

『いいとも』終了の発表の後、タモリはレギュラー陣の楽屋を訪れこう謝罪したという。

「みなさんに挨拶してから発表すべきが、(情報)漏れを懸念して本番で発表してしまった。ごめんね」[1]

今度こそ来るぞ、来るぞ、と思っていても、結局、来ないのが『いいとも』の終了だった。しかし、ついにそれが現実のものとなってしまった。

前兆はあった。

『いいとも』初回放送時から続く「テレフォンショッキング」、その基本コンセプトと言える、ゲストの「お友達紹介」が12年4月に廃止された。それによって29年間受け継がれてきた「友達の輪」が途絶えることになる。その後はゲストではなくタモリ自身が「明日のゲスト紹介」をし、電話で出演依頼を行う形に変更された。

また同年10月には、ほぼすべてのコーナーに関して、タモリが進行役から外れた。

そして翌年7月には、なんの説明も行われないままに、ついにタモリが一切出演しないコーナーができてしまった。

「このオッサン、この頃バックくれるやろ!」

木曜レギュラーでタモリと長い盟友関係にある笑福亭鶴瓶は、7月4日の『いいとも』オープニングコーナーで、タモリの腕をつかみながら叫んだ。あたかもタモリをどこにも行かせまいとするかのように。

タモリが番組自体を休むことはこれまでもあった。だが、いるにもかかわらず表に出てこないのは異常だ。

鶴瓶はタモリ不在のコーナーが始まると絶叫した。「どこいったんや、タモリ！」と。

「ほくろ鑑定」のコーナーでも、やはりタモリ不在だった。ほくろ鑑定をするのは漫才コンビ・ダックス。の宮本和幸《みやもとわこう》。

そこで鶴瓶は突然、「タモさん、いないでしょ。（ここに）呼ぶためにはなんかちゃうことせないかん」と、本来の企画をつぶしてダックス。に漫才を行うよう要求、ダックス。は慌てふためきながらもなんとかやり遂げた。その機転に称賛を贈りながらも、「放送事故になったらおもろいかな」と思っていたと鶴瓶は笑った。

テレビにおいてもっとも重要で面白いのは「ハプニング」であるという部分で、タモリと考えが一致する鶴瓶ならではの発想だ。天岩戸に隠れた太陽神・天照大御神を表に引きずり出すかのごとく、鶴瓶はタモリのためにハプニングを用意しようとした。

そして最後に鶴瓶はまた「タモリ、出てこーい！」と叫ぶのだった。

タモリ不在のコーナーができたことについて、太田がプロデューサーに説明を求めると、「タモリさんの思うところがあってコーナーをいくつか休む」と言われたという。

数週間後、頃合いを見てタモリの楽屋を訪れた太田が「どうですか? サボってみて。調子はどうですか」と尋ねると、タモリは「いやー、いいねぇ。これは結構ね。なくてもそれはそれでね、そっちのほうが良いんだよ、自分的にも」と答えたという[2]。

そしてついにタモリは『いいとも』の終了を自ら決断。中居正広がレギュラーの火曜日に鶴瓶を〝乱入〟させるという形で発表した。

当時の『いいとも』のリーダーといっていい鶴瓶と中居をそろわせて発表したのは、やはり粋だ。〝乱入〟という形をとったのも、まさしく生放送のハプニング感を演出したかったのだろう。でありながらそれ以上に過剰な方向には持っていかず、まったく特別でもなんでもない日にさらりと発表したのも、タモリらしかった。

「30(歳)からこの世界入ったじゃん。スルスルスルって横滑りして入って、30から6年後にこの番組入ったの。『いいとも』で、芸能人として初めて格好がついたんで」

『いいとも』終了を発表したタモリは、淡々とそう続けた。そして謝辞を述べ、一礼するのだった。

「32年、フジテレビがずーっと守ってくれたんだ。本当にこれは感謝してもしきれない。出演者の皆さんにもお世話になって。国民のみなさんにも、どっち向いても感謝です。ありがとうございます」

タモリにとって『いいとも』とはいったいなんだったのだろう。

また、僕らにとって『いいとも』とは、あるいは「タモリ」とはなんなのだろうか。

そしてタモリはいつものようにその日の番組を締めくくった。

「明日も、見てくれるかな?」

『いいとも』がない「明日」が現実になってしまうなんて、とても信じられない、いや、信じたくなかった。

［1］『爆笑問題の日曜サンデー』ＴＢＳラジオ（13・11・17）
［2］『ＪＵＮＫ 爆笑問題カーボーイ』ＴＢＳラジオ（13・10・22）

1

タモリにとって「偽善」とは何か

明日も、見てくれるかな？

タモリは立っていた。

共演者たちは疲れ果てて休んでいる。休憩を促したのはタモリだった。寝転んだり座り込んだりして荒い呼吸を整えている共演者たちの輪の中で、タモリはただひとり、息をほとんど乱すことなく立っていた。

そしてスタジオの天井の、どこか一点を見つめていた。

何か感慨深げにも見えた。しかし、何も考えていないようにも見えた。

その真意はサングラスに隠れてわからない。

２０１２年７月21日から22日にかけてフジテレビ系列で放送された『ＦＮＳ27時間テレビ 笑っていいとも！ 真夏の超団結特大号!! 徹夜でがんばっちゃってもいいかな？』。そのラストを飾るのは『いいとも』レギュラー陣ほぼ全員による大縄跳びだった。しかし目標の50回にはなかなか届かず、再挑戦を繰り返していた。

78年生まれの筆者にとって、物心ついた時から、タモリはタモリとしか言いようのない存在としてテレビの中にいた。

それは『いいとも』に「お昼の顔」として君臨するタモリである。アナーキーなアングラ芸人で「夜の顔」だった、デビュー当時のタモリはリアルタイムでは見ていない。密室芸を山下洋輔《やましたようすけ》や赤塚不二夫《あかつかふじお》らに披露していたという素人時代を文章以外で知る術もないし、会社員時代や子ども時代の彼を想像するのは難しい。

タモリと『いいとも』は、僕らにとって日常そのものだった。

だからたとえ視聴率的に苦戦するようなことがあったとしても、『いいとも』が終わってしまうことなど受け入れたくなかった。

『いいとも』打ち切りの噂はここ数年、改編期のたびに聞こえてきたが、それはあくまで噂でしかなかった。しかしこの時の噂には、認めたくないものの、ある種の信憑性が確かにあった。

『いいとも』はこの年30周年。その節目の年に『いいとも』をベースにした形で、フジテレビ恒例のお祭り企画である『27時間テレビ』を放送する。総合司会を務めるのは、『27時間テレビ』では久々の登板となるタモリである。「それをもってタモリ最後の花道とし、番組の終了、あるいはタモリの降板が発表されるのでは」という噂が、まことしやかに囁かれたのだ。

しかし結論から言えば、まだこの年は、それもやはり噂の域を出ず、タモリは『27時間テレビ』総合司会を一睡もせずに務め上げ、『いいとも』終了の噂などみじんも感じさせない健在っぷりを見せつけた。

12年の『27時間テレビ』は、タモリフリークはもちろん、すべてのテレビっ子にとって夢のような番組だった。テレビの面白さ、楽しさ、魅力がつまっていた。

そして、エンディングの大縄跳び。

目標の50回にはついに届かなかったものの、最後の挑戦で40回に達することができた。

「まあ、よくいったでしょ」

タモリはそう言って、締めの挨拶に入る。その最後の最後、タモリは観客と視聴者に呼びかけた。

「明日も、見てくれるかな?」

そう、明日――すなわち月曜日から、『いいとも』はいつものように、レギュラー番組として生放送される。

夢のような時間のエンディングに、タモリはいつもとまったく変わらない言葉を放った。その時、いつもの決まり文句はその意味を変えた。夢と現実が地続きになったのだ。明日も『いいとも』があるように、僕らの日常は続く。なんてステキなことだろうか。

5歳が俺の精神的ピークだった

『27時間テレビ』ラストの挨拶、その冒頭でタモリは「団結、団結と言って団結したんですけど、その分国民から離れたかもしれません」と切り出した。

同様の主旨のことはすでに番組のオープニング、FNS各局の中継リレーで口にしている。

地方局が大変な盛り上がりを見せているのを尻目に、「我々は団結しているかもしれないけど、国民とは離れていってるんじゃないの？　やりすぎじゃないの？」と「団結」をテーマにした番組そのものに冷水をぶっかけた。

タモリはそこに「偽善」を見ていたのだろう。

タモリはすでに4～5歳の頃から、「偽善」について考えていたという。

3歳の頃に両親が離婚し、主に祖父母によって育てられていたタモリ。ある日祖父を訪ねてきた友人が、最近見た映画の話をした。クジラを捕る場面があり、モリで突かれたクジラは血を流していたと。そのクジラは作り物かもしれないとわかったうえで祖父の友人は、「思わず、画面に向かって、両手を合わせました」と言ったというのだ[1]。

その話を傍らで聞いていた森田《もりた》一義《かずよし》少年は、それが一般には「偽善」という言葉で呼ばれる何物かであることを、幼いながらに嗅ぎとった。

しかし現在、タモリは「子どもが怖い」という。「子どもの扱い方わかんない。何か怖い。何かズバリ欠点を言われそうな感じがする」と[2]。

それは何より子ども時代の自分自身が、大人たちの欺瞞を見透かしていたという記憶があるからではないだろうか。

「5歳が俺の精神的ピークだった」とタモリはうそぶく[3]。

その頃一義少年は、よく坂道の上に佇んでいた。当時の家は長い坂道の途中にあった。玄関を出てすぐの石垣にもたれ、そこから見える町並みや、行き来する人々をずっと眺めていた。

幼稚園に入ることになった時、一義少年はひとりでそこに見学に行った。幼稚園がどういうものなのか、事前に知っておきたかったのだ。子どもの足で20分以上かかる道のりを歩いてでも、それを確かめずにはいられなかった。

ようやくたどり着いた一義少年の耳に届いてきたのは、園児たちの「ぎんぎんぎらぎら夕日がしずむ」という歌声。そしてその音楽に合わせてお遊戯をする園児たちの姿を、目の当たりにした。「偽善」そのものの光景に、一義少年は絶望した。子ども心にそれが「とても恥ずかしく、バカバカしく思えた」のだ[4]。

自分はあの輪には絶対に参加したくないと親に告げると、あまり教育熱心でなかった親は、果たして彼の主張を受け入れた。

一義少年にはその代償として孤独が訪れたが、それでも自らの意思を貫き、小学校入学まで坂道の上で孤独とともに過ごしたのだ。

結婚式、クソ喰らえでございます

ダウンタウンが司会を務める『爆笑！大日本アカン警察』をベースにしたコーナーが、『27時間テレビ』にあった。

タモリとダウンタウンが14年ぶりに共演することで大きな話題を呼んでいたが、そのスペシャルなムードは「タモリが結婚式で大乱闘事件」という暴露VTRで吹っ飛んだ。

タモリが「これ（を放送するの）はヤバいって！」と珍しくうろたえるほどの「事件」。それは05年、『いいとも』金曜日ディレクター（当時）の出口敬生《でぐちたかお》と、フジテレビアナウンサー梅津弥英子《うめづやえこ》の、結婚披露宴で起こっていた。

披露宴などの〝セレモニー〟嫌いを普段から公言しているタモリだが、新郎新婦両者ともに仕事で関係が深いこともあって出席していた。タモリは船長が着用するような白いユニフォームで列席。元来船好きのタモリだが、乾杯の挨拶ではその意図を、「船長でございます。ちょっとふたりの船出という意味もございます」と述べた。すでにほろ酔いであろうタモリの挨拶は、しかし淡々とした口調で続いていく。

「新郎新婦ともに同じ会社ということで、先ほどから流れるような司会、仲間内だけの笑いによる祝辞と、非常にスムーズな中にも、馴れあったいやな雰囲気の結婚式を堪能させていただいております。結婚式、クソ喰らえでございます」

結婚披露宴というのは「偽善」の塊である。しかも、タモリが大嫌いな「予定調和」がはびこっている。さらに「内輪受け」が安易に許されてしまう空間だ。タモリは居心地の悪さを感じていた。

式は進行し、新郎側の友人代表の祝辞。アメフト部だという彼に向かって、タモリは突如タックルを仕掛けていった。驚いた周囲はもちろん制止にかかる。会場は思わぬハプニングに爆笑、そして喝采。しかしそれでもなお襲いかかろうとするタモリは、最終的に羽交い締めにされ席に戻された。タモリは振り返って言った。

「新郎の友人の挨拶が非常に長い。それで『ツカミはＯＫ』とか、（観客の心を）つかんでないのに言う」

そんなスピーチが、タモリには我慢ならなかった。

謝る気はさらさらありません

タモリは「出来レース」も許せない。

数多い列席者の中から、一見ランダムに見える抽選方法で、花嫁からのブーケを獲得したのは同期のアナウンサー千野志麻《ちのしお》だった。

ところが彼女は〝偶然にも〟梅津アナに続いて近々結婚をすることが決まっていた。

千野は梅津を「おめでとう」「しあわせにね」と祝福し、その微温的なムードが会場全体を支配する。――行くしかない。

タモリはやおら千野アナ目掛けて突進、だがその直前で転倒。またも羽交い締めにされる。席に運ばれるタモリは満面の笑み。

さらに新婦側の友人挨拶で、再び登場した千野アナ。

タモリはまたもタックルを試みる。

そんなシュールな光景を、司会の川端健嗣《かわばたけんじ》アナは困惑しながら実況していた。

「船長のタックルが、今日は続いております！」

実は『27時間テレビ』に先立つこと1年前の11年7月7日、千野アナをゲストに迎えた「テレフォンショッキング」でも、この件は触れられていた。先のVTRではカットされていたが、タモリは披露宴で他にも暴挙を働いていたのだ。

梅津に子どもができたということを聞いた千野が「天使が舞い降りてきました」と発言したことに憤然、思わずパンを投げつけたという。

そして千野が「おめでとう、しあわせに」と口にすると、タモリはもう止まらない。「こんな偽善的な女は見たことがない」と自然と身体が動き出し、千野にタッククル。映像では取り押さえられていたが、カットされていた部分では「和服着た女があんなにきれいに転ぶ姿は誰も見たことがない」と自画自賛するほど、見事なティクダウンを奪っていた。

タモリはかつて、「ちゃんとしたことに対する嫌悪感があるのかもしれませんね」と語っている[5]。

それは結婚式に限らない。たとえば何十年かぶりに開催されたクラス会でのこと。自己紹介の時にきちんと立ち上がって、ものすごくまともに挨拶した人を、なんだか嫌いになったというのだ。

そして件の披露宴、この乱闘事件に対してダウンタウンから謝罪を要求されたタモリは、きっぱりと言い放った。

「わたくしは、謝る気はさらさらありません」

人間は不自由になりたがっている

92年に日本テレビで、『講演大王』という深夜番組が放送されていた。バラエティに富むゲストが週替わりで迎えられ、各自好きなテーマで20分間の講演を行うというものだ。この間は砂時計が時を刻み、CMは一切入らない。編集もされない。出演者の個性や力量がむき出しになってしまう、ある意味で過酷な番組だ。

その第1回目のゲストがタモリだった。

89年に終了した『今夜は最高！』以来の日本テレビ出演。「職場の人間関係のシガラミで引き受けた」と冒頭で語るタモリが選んだ講演のテーマは、「私が各種行事に反対している理由と、ソ連邦崩壊の関連性」という、いかにも彼らしいものだった。

タモリは、「自分」とは何かというところから説き始める。

たとえば「会社の課長」「芸能人」「妻がいて子どもがふたりいる」「友達が何人いる」といった、現時点での自分自身の〝状況〟を横軸とし、「親は医者」「家系」「叔父が不動産業界にいる」「子どもが東大生」など、自分の周囲の人間が持つ〝事実〟を縦軸とする、と。

この横軸と縦軸が交差したものが「自分」であるとタモリは言う。

「そうすると、自分というのは一体何か、絶対的な自分とは何か、っていうと、わかんなくなってくるわけですね。それだけこういう、あやふやなものの中で自分が成り立っている」

そんな「自分」を成り立たせている横軸も縦軸も「余分なもの」であり、それを切り離した状態を、タモリは便宜上「実存のゼロ地点」と名付けた。

そしてタモリは「人間とは精神である。精神とは自由である。自由とは不安である」というキルケゴールの言葉を引用し、それを解説していく。

「自分で何かを規定し、決定し、意義付け、存在していかなければならないのが人間」であり、それが「自由」であるとすれば、そこには「不安」が伴うと。

この不安をなくすためには「自由」を誰かに預けたほうがいい、と人間は考える。

タモリは言う。

「人間は、私に言わせれば『不自由になりたがっている』んですね」

シガラミを排除し、実存のゼロ地点に立て！

だから人は、「家族を大切にする父親」であったり「どこどこの総務課長」であったりといった「役割」を与えられると、安心するのだ。

その「役割」の糸こそがシガラミである。

そして大人になれば、そのシガラミを無視することは現実的に不可能だ。自身が冒頭で述べたように、タモリもまたシガラミからこの番組に出演している。

18歳から22歳くらいまでの大学時代は、そのシガラミがほとんどない時期である、とタモリは言う。そこでその時期にこそ「実存のゼロ地点」を通過しなければならない、と力説するのだ。

「若者よ、シガラミを排除し、実存のゼロ地点に立て！」と。

それを経験しているのとしていないのとでは、大人になった後、腹のくくり方や覚悟の仕方が違ってくる。

ゆえにそんなシガラミを象徴するような各種行事を排除していかなければならないと、タモリは結論付けるのだ。

結婚披露宴、クラス会、そしてクリスマスにバレンタインデー……それらの各種行事は「不自由になりたがっている」人間が不安から逃れるための幻想、錯覚、自己喪失の場であり、排除すべきものだ、と。

その考えは今でも一貫しており、11年11月22日の「テレフォンショッキング」ではこう語っている。

「俺はすべての記念日（のパーティは）やんない。自分の誕生日もやんないもん。（プレゼントも）受け付けない。（他人にも）ほとんどあげない。もらわない、あげない。年賀状出さない」

偽善を徹底すると、別の楽しみがある

しかし一方でタモリは「最近、『人間関係をうまくやるには、偽善以外にはないんじゃないか』って思ってる」とも語っている[6]。

ネクタイを締める、制服を着る、食事のマナー、そういった「様式」をタモリは「偽善」だという。

そしてタモリは「マナーと美意識も偽善」であるといい、さらに「偽善は善意」「偽善を楽しめばいい」とも述べている。

「偽善って、徹底的にやると、これまた、別のたのしみがあるんです」[1]

思えば『27時間テレビ』こそ「偽善」の塊である。

番組の制作記者会見で、テーマが「団結」と発表された時、バナナマンの設楽《したら》統《おさむ》

は「タモリさんに『団結』のイメージがない」と言った。

これに対し公私においてタモリに可愛がられ、自身もタモリに対する愛を隠さない草彅剛《くさなぎつよし》は「設楽！　バカ!!」と叫ぶ。タモリが書いたという「団結」という文字を指さしながら「なんでそんな後ろ向きなの？　あの字見てくださいよ！　団結心がないと書けないですよ！　人は見た目じゃないんだ！」と反論した。

そのやりとりを横目にタモリは苦笑いを浮かべながら、弱々しく「団結しよ……」とつぶやいた。

そもそも『27時間テレビ』は、フジテレビ30周年となる87年に、日本テレビの『24時間テレビ「愛は地球を救う」』のパロディとして、企画・放送されたものだ。「楽しくなければテレビじゃない」と謳ったフジテレビにおいて、『オレたちひょうきん族』『笑っていいとも！』が人気を博した時代に、『いいとも』レギュラー陣で、「ばかばかしいお笑いでやろうというコンセプトで作り上げていった」と、総合演出の三宅恵介《みやけけいすけ》は述懐している。

タモリと明石家《あかしや》さんまが総合司会を務め、ビートたけしも「乱入」してFRIDAY事件後の謹慎から復帰したこの番組は、平均視聴率19・9％という驚異的な数字を叩き出し、壮大なパロディを成功させた。
それは『24時間テレビ』のパロディであると同時に、「テレビ」そのもののパロディでもあった。であるからこそ「テレビ」の様式美に添ったものであり、「テレビ」そのものとも言えた。

言い方を変えればそれは「偽善」である。

25年を経て、同じように『いいとも』レギュラー陣で行われた『27時間テレビ』もまた、「テレビ」そのものであった。

「偽善」は内輪の中でこそ力を発揮する。タモリはそれをわかったうえで「偽善」をまっとうした。それが視聴者に対する誠意だとでもいうように。

裏を返せばこの「偽善」は、テレビという内輪の世界でしか通用しない。テレビの外部から見れば空々しく、いかがわしいものでしかない。タモリはそのことも熟知している。

だからタモリは前述の『27時間テレビ』の最後の挨拶、「団結したかもしれないけど、国民からは離れたかも」という言葉に続けて、こう言ったのだ。

「えー、テレビを見ていてくれた方々、そして見ない方にも感謝を申し上げます。どうもありがとうございました」

テレビを見てくれた内輪と、見ていない外部。

タモリはテレビの中で「偽善」を徹底的に楽しみつつ、外部の視点を持ってそこにツッコミを与えたのではないだろうか。

[1]「タモリ先生の午後。こんな職員室があればいい。」『ほぼ日刊イトイ新聞』(03)
[2]『笑っていいとも!』フジテレビ(05・3・1)
[3]『とんねるずのみなさんのおかげでした』フジテレビ(07・10・4)
[4]『タモリのTOKYO坂道美学入門』タモリ/講談社(04)
[5]「タモリ先生の午後。2008」『ほぼ日刊イトイ新聞』(08)
[6]「タモリ先生の午後。こんな職員室があればいい。」『ほぼ日刊イトイ新聞』(04)

2

タモリにとって「アドリブ」とは何か

明日「来れない」かな？

1982年10月から始まった『笑っていいとも！』、番組開始時からの名物コーナーといえば「テレフォンショッキング」だ。これは当初「タモリが大ファンの伊藤《いとう》つかさまで、芸能界の交友関係をつなげてたどり着けるか」という企画としてスタートした。

「友達の友達はみな友達だ、世界に広げよう友達の輪、わっ！」のフレーズでつなげていくこと3年弱、戸川京子《とがわきょうこ》からの紹介で85年7月8日に伊藤つかさが出演、タモリの念願が叶い目的は達成された。

しかし以後もこの人気コーナーは続行された。その間いくつかのマイナーチェンジがあり、12年4月のリニューアルではついに「お友達紹介」のシステムが廃止されたが、それまでは『いいとも』におけるひとつの象徴のように存在していた。

そんな「お友達紹介」が、思わぬハプニングを呼んだことがある。

84年4月23日に出演した泰葉《やすは》は、しばたはつみに電話をしたつもりが、間違ってある会社にかけてしまった。

電話を受け困惑する一般人の女性に、タモリは薄笑いを浮かべながら「わたくし、タモリと申します。『笑っていいとも！』をやってたんで……」と告げると、その女性は「え、ホントに!? ちょっと待ってくださいます？」と慌てふためいた。会場が爆笑する中、タモリは「明日来てくれるかな？」と即興で悪ノリ。戸惑いながら女性は「いいとも！」と答えるのだった。

そして翌日「間違い電話の方、どうぞお入りくださいませ！」とタモリが呼び込むと、本当にその女性が登場（「テレフォンショッキング」本コーナーの前に枠が設けられていた）。さらに翌日も一般人へのお友達紹介リレーとなり、それが3日間続くことになった。

3日目はさすがに「明日、『来れない』かな？」とタモリが振ると、紹介された〝お友達〟が「来れません……」と返答。ようやく一般人リレーが途切れることになった。

今や都市伝説のように扱われるこのエピソードも、『27時間テレビ』内のコーナー

「その道のプロ高校全校集会」で、『いいとも』の貴重映像のひとつとして紹介された。

生番組って面白いなぁー！

同コーナーではまた、よく知られる「素人乱入事件」（83年12月1日）も取り上げられた。

「テレフォンショッキング」でタモリがゲストを呼び込もうとした時に、何者かがタモリに近付いてきたのだ。

当初タモリは「音声（スタッフ）の人がマイクを直しに来たのかな？」と思ったのだという。

しかし男の動きは不審で、「しゃべらせてくれ！」と隣りに座ったところで、タモリはその異常事態をはっきりと認識する。それでもタモリは冷静に「しゃべりたいことがあるの？」「何しゃべるの？」と問いかけた。

スタッフがあわてて男を取り押さえる姿を横目に、微笑むタモリ。スタジオが騒然とする中、タモリは笑顔を隠しきれず「珍しい事故もあるもんだ」「生番組って面白いなぁー！」と嬉しそうに言い放った。

コーナー司会を務めるピースの綾部《あやべ》に「焦りましたか？」と当時の心境を聞かれたタモリは、「いや、焦ったっていうより、面白いよね」と答えた。

「SWITCH」（09年7月号）の笑福亭鶴瓶特集に寄せた文章の中で、タモリは生放送としての『いいとも』についてこう述べている。

「生放送の新鮮さを本能的に意識している」「予定調和だけだったら、生でやってる意味はない。テレビというのはいろんな考え方が成立する奥深さがある」

予定調和になりそうなところを瞬時のアドリブで崩していく。その瞬間に生まれるものを観客や視聴者と一緒に味わえるのが、生放送の醍醐味だろう。

ちなみに素人が乱入したその日のゲストは佳山明生《かやまあきお》。初対面の佳山がタモリにお土産を渡そうとした時、タモリは笑ってこう言ったという。

「あなたホントにそう（佳山さん）でしょうね？」

「あんた、絶対やっときなさいよ」

笑福亭鶴瓶にとってタモリは、「テレビの師匠」だという。

鶴瓶が本格的に東京に進出したのは35歳の時。関西系の人気タレントが活動の場を東京に移すのは、当時はまだ珍しかったし、成功例も少なかった。

当時『いいとも』のプロデューサーだった横澤彪《よこざわたけし》も、この東京進出は早々に失敗すると予見。しかしその失敗したタイミングで『いいとも』に起用しようと、タモリに持ちかけていた。

実際、鶴瓶は東京の番組に馴染めず、横澤の見立てどおり成功には至らなかった。そして87年、『いいとも』木曜レギュラーに抜擢される。

レギュラー出演から十数年がたった99年頃、鶴瓶は『いいとも』を降板することを決意し、番組側にも了承を得ていた。そんな鶴瓶をタモリが飲みに誘い、「あんたね、『いいとも』はね、ジャブが効いてくるよ。あんた、絶対やっときなさいよ」と語ったという。タモリが『いいとも』を辞めようとする芸人を慰留することは珍しい。

タモリは鶴瓶を「年齢が近く、共感する部分も多く、話も楽で、安心感があり、一番わかりあえている」とし、さらにこう述べている。

「彼は人間としての芯というか、男気みたいなものを持っている。だからちゃんと話せますよね。話っていうのは、そこを認めていないとどうしても上滑りというか、『この人にはここまで言っても分かんないだろうし、話す必要もないだろう』ってことになるんですよ。でも彼とはそれがまったくない」[1]

今そこで起こることが一番面白い

『いいとも』で、鶴瓶が何か身振り手振りで熱っぽく語っている最中に、タモリが

「目、細いね?」などと、まったく脈絡のないフリを挟む場面がしばしば見られた。

「なんでそんないらんことするん?」と鶴瓶は尋ねた。自らが主催するイベント「無学の会」のゲストに、タモリを招いた時のことだ(99年7月20日)。

タモリは「放っておいても絶対笑わせられるのはわかってる。みんな笑わせるセオリーを持ってるから、そこでわざと無理難題を吹っかけてみると、次の笑いを求めようとして新鮮なものが見られる。これが、マンネリ化を防いでる」と答えたという。

タモリはセオリー通り、予定調和になりそうな空気を感じた時、そこに予期せぬフリを入れることでアドリブが生まれるのを促していくのだ。

鶴瓶はタモリを「受けて答える芸人じゃなくて、相手を俯瞰してもの言う芸人、セオリーを崩して、新たな一面を引き出す。これまでにない形の芸人」だと評する。

タモリと鶴瓶の間には『いいとも』で、いわば共犯関係が成立しているのだ。時にタモリの無意味で自由なムチャぶりを、鶴瓶は懐深く受け止め続ける。そしてふたりは目を光らせながら、何かハプニングが起きないかとさまざまな起爆剤をさり気なく仕掛けていく。

タモリは言う。

「僕は予定調和が崩れて残骸が散らばった時に、また違うものになるのかどうかを目撃したいし、それが面白いんです。怖さ半分興味半分ですけど、結局は今そこで起こることが一番面白いわけですから」〔1〕

テレビは状況を流すことに威力を発揮する

子どもの頃のタモリは、ラジオで落語などを聴いていたものの、いわゆる「お笑い」にはそれほど興味がなかった。テレビで見ていたのは『シャボン玉ホリデー』(日本テレビ)くらいで、あまり関心はなかったという。この頃のテレビの「笑い」は、しっかりとした「完成品」の〝芸〟を見せるものだった。しかしテレビ・バラエティは独自の進化を遂げていく。

「テレビが芸の時代じゃなくなってきた」と、タモリは80年代半ばに述べている。

「もともとテレビというのは、完成品には向いてない。あんな、ちいさな画面の中で、きちっとした落語なんていうのは。ちょっと向いてない」[2]

同様のことを赤塚不二夫との対談でも語っている。

「テレビっていうのは状況ですからね。状況を流すということに一番威力を発揮するメディアだから、作られたものにはちょっと向いてないのかもしれない。完全に作りこまれたものには特に」[3]

そんなテレビの特性にタモリはぴったりとハマった。

タモリのデビューは75年。同年に『欽ちゃんのドンとやってみよう!』(フジテレビ)が始まり、この番組で萩本欽一《はぎもときんいち》はいわゆる「素人いじり」を完成させ、作り手である「プロ」と受け手である「素人」をないまぜにしてしまった。

それは大きな支持を集める一方、「素人をテレビに出すな」といった批判も浴びることになる。しかし「テレビの本質は『素人芸』」と看破した萩本は、「プロを出せという人こそテレビの素人」と、クレームを意に介さなかった。

タモリもまた「素人芸」と言われた。師匠を持たず、会社員を経験して30代での遅いデビュー。素人芸が求められた時代に、究極の素人として登場したのだ。

「この世界（芸能界）しか知らなかったら、この世界のおかしなところなんかが、わからなくなるんで。おれは一般人だから、そのおかしな感覚が目についちゃうわけ。三十まで一般人生活してると一生抜けない」「そこのところのズレが、おもしろいかなとも考えるけれども、本人も何がうけているかはよくわからない」[2]

「僕ね、タモリの芸ってうまいと思ったこと一度もないんです」と永六輔《えいろくすけ》は語った。

「それは、声色だろうがなんだろうが、うまくもなんともない。ただ、見る目と気のつき方の細やかさみたいなもの、これはア然としますね」「タモリの場合は、うまさじゃない、すごさなんです」[4]

このインタビューが行われた80年頃、永六輔は『テレビファソラシド』（NHK）でタモリと共演していた。タモリはリハーサルと同じことを本番では絶対にやらなかったという。タモリによれば「飽きちゃうから」ということだが、「テレビは状況のメディアである」という信念も影響していたのだろう。タモリは当時のインタビューで、こうも語っている。

「だれもそんな厳密さなんか求めていないという気がするんですけど。ナマだったらナマなりの期待があって、だれか失敗するんじゃないかとか」「少しぐらい失敗してもそのほうがイキがいいわけでしょ。テレビではそれをやったほうが面白い」[4]

人間はわからないことに興味を持つ

「われわれがテレビの世界に憧れたのは、たとえば『11PM』で（大橋《おおはし》）巨泉《きょせん》さんがわけのわからないことを言っていたからなんです。僕らは高校とか中学だから、わからないわけです。その『わからないこと』に興味を持つんです。わからないことは必要以上に説明しなくてもいいんです。むしろ、わからない世界でテレビをやったほうがいい。『なんだろう』『大人になったらわかるかもしれない』と思って興味を持ってくる。わからないことに、人間はよく興味を持つんです」[5]

『テレビファソラシド』でも共演した加賀美幸子《かがみさちこ》と行った00年の対談で、タモリはこのように、昨今のテレビ番組の「わかりやすさ」に拘泥する傾向に疑問を呈している。

タモリがジャズにハマったのも、またその「わからなさ」からだった。

子どもの頃、両親は福岡の下町で商売をやっており、そこで母親は仕事中にもジャズを流していた。父親は父親でフラメンコに夢中で、さらに姉はクラシックのピアノをやっており、タモリ自身も民族音楽などを聴いていたという。そして高校生の時、近所の後輩の家でアート・ブレイキーの一枚を聴いた。

「何がなんだかわかんない。こんなわけのわかんない音楽聞いたのははじめてで、とても癪にさわったんですね。俺にわからない音楽なんてないと思ってましたからね。それじゃあ根性入れて聞こうということになって」[3]

そしてジャズに傾倒していった。ちなみにタモリは84年に『いいとも』でMJQとトランペットで共演、アート・ブレイキーの代表曲でもある『ナイト・イン・チュニジア』を演奏している。

現場に立ち会ってる興奮

タモリはジャズの魅力を「目の前で『音楽ができ上がっていく』、その現場に居合わせられる」ことだと語っている。

「その場ででき上がったライブも、その場かぎりで、終わり。次の時にはまた違うって音楽はね、ジャズだけ」[6]。

　またタモリは『いいとも』のいわゆる「放送終了後のトーク」を、ジャズのセッションになぞらえている。

『いいとも』では生放送終了後、レギュラー出演者が30分強のフリートークを行い、その一部は『増刊号』で放送される。後年はあらかじめテーマが設けられるようになったが、それまでは完全な「即興」だった。

「本当にその場でしかできないものを見てるから、観客もノってくるんですよ。ようするに『現場に立ち会ってる』興奮なんです」「お笑いでもジャズでも、人となにかやるからにはやっぱり自分も変わりたいし、相手も変わってほしいなと思ってるんです。やっぱり、そこがいちばん、おもしろいところなんですよ。現場に立ち会ってるという、生な感じが」〔6〕

　それを生放送で実践し、絶大な人気を博したのが明石家さんまとのトークだった。台本はもちろん、打ち合わせすらなく、小さな丸テーブルを挟んでふたりが即興でしゃべり合うだけのこのコーナーは、84年に「タモリ・さんまの雑談コーナー」としてスタート。以後「日本一の最低男」「日本一のホラ吹き野郎!」「もう大人なんだから」と名前のみを変えながら、11年間という長期にわたって継続された。「日本で初めて『雑談』というものをテレビでやった」とタモリは胸を張る。脱線を繰り返す彼らのトークは激しくスウィングした。「その場、一回限り」の空間を共同で作り上げていく興奮。演者はもちろん、客席もその熱に巻き込まれずにはいられない。

あのドアを開けると開けないじゃ、人生は変わってた

タモリが山下洋輔らに「発見」されるエピソードは、その特異さゆえあまりにも有名だ。そしてここでもジャズと、それによって培われていたアドリブ芸が大きな役割を果たしている。

タモリがまだ会社勤めをしていた72年、博多で山下洋輔と渡辺貞夫《わたなべさだお》のコンサート

が行われた。公演後タモリは、渡辺貞夫のマネージャーを務めている学生時代からの友人（とタモリ本人は語っているが、一方で山下の「タモリは、ジャス研出身のバンドメンバーに会いに来ていた」という証言も存在する）と、彼らの宿泊先のホテルの一室で飲んでいたという。

そして午前2時頃に帰宅すべく部屋を出て廊下を歩いていると、どこからかドンチャン騒ぎと笑い声が聞こえてきた。それが山下洋輔バンドの部屋だった。

「無茶苦茶な歌舞伎をやってるんですね。『（歌舞伎口調で）オォゥオォォ』とか言ってるんですよ。それで、こうやって（ドア越しに）聞いてて、『俺はこの人たちとは気が合うな』と思ったんですよ（笑）。気が合うんだから入ってもいいだろうと。で、ドアを開けようと思ったら鍵がかかってないんですよ」[7]

タモリがドアの隙間から様子をうかがうと、浴衣を着たサックス奏者の中村誠一《なかむらせいいち》が底の抜けた藤椅子を頭に被り、デタラメな歌舞伎を奇声をあげながら演じていた。

「そん時に神様が降りてきて、『今、おまえの出番だ』って言ったんです。そのまま『(歌舞伎口調で) この世の〜』って (入っていった)」「それで、もうドンチャン騒ぎになりまして、夜明けまでやって『あ、いけね、帰ります』って言ったら山下さんが『ちょっと待て。あんた、いったい誰なんだ?』って。『あ、森田と申します』って帰ったんです」[7]

その時の様子を山下は、77年刊行の著作『ピアノ弾きよじれ旅』でこう振り返っている。少し長くなるが引用したい。

「(中村が) 唄い踊っていると、部屋のドアが開いて、知らない男が、中腰で踊りながら入って来た。鮮やかな手つきだった。時々、ヨォーなどと言いながら中村の側までやって来た。それから妙な手つきで、中村の頭から藤椅子をとってしまい、自分がかぶって踊り続けた。我に帰った中村が、踊りをやめ、すごい勢いでまくしたてた。

少しは自信のあるデタラメ朝鮮語でだ。すると驚いたことに、この男はその三倍の勢いで同じ言葉を喋り返した。この照り返しにびっくりした中村はそれならと中国語に切り換えた。

男は五倍の速さでついてきた。これはいかんとドイツ語に逃げた。ますます男は流暢になった。イタリア、フランス、イギリス、アメリカと走り回るうちに、男の優位は決定的になってきた。最後に男の顔が急にアフリカの土人になってスワヒリ語を喋り出した時は、おれはたまらずベッドから転がり落ちた。すでにそれまでに、笑いがとまらず悶絶寸前だったのだ。

中村はいさぎよく敗北を認め、ところであなたは誰ですか、と訊いた。『森田です』とそいつは答え、これがおれにとってタモリの最初の出現だったというわけだ」〔8〕

帰り際、タモリに誰何《すいか》したのが山下か中村かで証言が食い違っているが、当事者である山下自身によって語られている点を考慮すると、中村の可能性が高いかもしれない。しかし真相は不明だ。タモリは振り返る。

「俺の人生の扉、ドアはあのホテルのドアだった、あれを開けると開けないじゃ、人生は変わってた」[9]

この出会いに衝撃を受けた山下洋輔は新宿ゴールデン街のバー「ジャックの豆の木」などで、ことあるごとに「九州に森田という、すごい面白い奴がいる」と喧伝し、やがてバーのママ・A子女史の発案で、「伝説の九州の男・森田を呼ぶ会」が常連客により結成された。

あのドンチャン騒ぎの夜、ホテルのフロアにはジャズ関係者ばかりが泊まっていた。ならばジャズ喫茶に行けば、何か手掛かりがつかめるかもしれない。

そう考えた山下が博多で一番古いジャズ喫茶に向かい、「森田という男を知らないか」と聞き込むと、果たしてタモリはそこの常連客だった。「知ってるよ」と店主はその場でタモリに電話し、ふたりは再会した。

そして75年6月に「森田を呼ぶ会」によって集められた東京行きの新幹線代がタモリの手に渡り、ついに上京を果たすことになるのである。

みんな俺の才能に勝手に魅かれてるんだから

そしてタモリは赤塚不二夫に出会う。

タモリがバーで常連客相手に芸を披露しているところに、赤塚が入ってきた。

「大学のときに『天才バカボン』が出て驚いたんです。こんなバカなことやっていいんだ、こんなバカなこと書いて出版していいんだ、ありなんだ」[3]と衝撃を受けた漫画を描いた本人が、目の前に立っているのだ。ことの重大さに緊張すらできなかった。

赤塚はタモリの芸を絶賛、福岡に帰してはならないと思い「お笑いの世界に入れ」と誘った。8月に放送される予定の自分の番組に出ること、さらに「それまで住むところがないなら、ぼくのマンションにいろ」と。

そこは当時でも家賃17万円、4LDKの高級マンションだった。冷暖房完備、台所にはハイネケンのビールが山積みにされ、服も着放題、しかもベンツも乗り放題、小遣いまで与えられた。そこにタモリは毎晩のように友人を呼び宴会をして、贅沢三昧を繰り広げた。

当初タモリは「あの赤塚不二夫だから、別に住むところがあるのだろう」と思っていた。しかし実際には赤塚は、狭い仕事場でロッカーを倒しベッド代わりにして寝泊まりしていたのだ。

赤塚は自分の洋服をとりに行く際もタモリに気を遣い、「今から行ってもいいでしょうか?」と事前に電話をかけていたという。

タモリは「日本史上、最後の居候。あれ以降、俺の後に居候はいないね」と笑う[3]。史上類を見ないセレブ居候だ。

そんな居候生活が半年を過ぎた頃、実は赤塚が仕事場で寝ていることに気付く。そこで「もう出ます」と言おうかどうか迷ったという。しかし「せっかくの好意が、グチャグチャになっちゃあいけない」[10]と思い、さらに福岡に残してきていた妻を呼び寄せ、ふたりで居候を続けた。

「卑屈にならない」、それが居候の秘訣だとタモリは言う。

「居候というのはね、卑屈な態度をとっちゃダメなの。俺も、ロッカーで寝てるというのを見てる、申し訳ないと思う。普通の人は『変わりましょう』と言うんだけど、言っちゃダメ。そこで言うと見くびられるから、堂々としてなきゃ」「『おまえはすごいぞ、俺を見つけたんだからおまえすごい!』そう思わせないと向こうも、『なんでこんな奴にお金かけてやってるんだ』って、『出て行け』ってことになると思うんだよ」[9]

そして結局、9カ月にわたりタモリは赤塚邸に居候を続けたのだ。

赤塚不二夫自身は『徹子の部屋』(81年)で、なぜそんな居候をさせたのかと黒《くろ》柳《やなぎ》徹子《てつこ》に尋ねられた際、「僕は才能に惚れたんだよね」と答えている。

一方タモリは「才能」について、独特の考えを持っている。

「才能っていうと、すごく偉いように聞こえますが、持って生まれたものです。努力して勝ち得たものじゃないですから、あまり価値のないものです。あまり人に誇れるものじゃない」[5]

タモリは赤塚邸を出発点とし、その天賦の才を遺憾なく発揮していく。

のちにある公開対談で赤塚不二夫に、「さんざん面倒見たのに一度も礼を言わない」

と冗談交じりに言われたタモリは、こう返した。

「みんな俺の才能に勝手に魅かれて親切にしてるんだから、そんなヤツらにいちいち礼を言ってられるか！」[11]

これでいいんだ。人生が楽になりましたよね

赤塚不二夫とタモリは、ある時は広い岩風呂で、素っ裸のままイグアナの形態模写に興じた。何も知らない客が入ってきてもお構いなしに、洗い場を這いまわったり湯船に飛び込んだりしていた。

またある時は零下12度の雪降る庭で、全裸になって足を組み平気な顔で週刊誌を読んだり、赤塚はそれに飽きたらず火のついたロウソクを突っ込んだお尻を高くあげ、後ろ向きに歩き爆笑を誘ったりもした。

「なぁーんだ、こんな人間も生きていいんだ（笑）。これでいいんだ。かなり人生が楽になりましたよね」［3］

そんなタモリの芸を「恐怖の密室芸」と名付けたのは、詩人で「ジャックの豆の木」の常連だった奥成達《おくなりたつ》。その芸の多くは、酒場で出される友人たちのリクエストを、タモリが即興で演じたものが土台となっている。初期の代表的な芸である「四カ国語マージャン」も例外でなく、それは山下洋輔のリクエストだった。

「外国語で遊ぶのは前からいろいろやってたんですけど、飲んでるうちに、山下さんが『四か国の人間がマージャンをやってて、だれかがチョンボをしてケンカになるのはどうかな』と言い出した。『あ、それは面白い。やってみましょう』というんで、その場でやったやつなんです。そんときもエライ受けたんで憶えてるんですけど。とにかくその頃は、なんでもリクエストにお応えしてやってた（笑）」［4］

誰よりも山下洋輔が喜んでいるとなぜか嬉しかったと、タモリは述懐している。

めちゃくちゃのためなら、なんでもする

タモリが「森田を呼ぶ会」によって上京し、彼らの前で初めて芸を披露した時も、まず自分の持ちネタを5つほどやった後、すぐに筒井康隆《つついやすたか》たちからのリクエスト大会になった。

「中国製のターザン映画」「宇宙飛行士になった大河内傳次郎《おおこうちでんじろう》が、宇宙船の中で空気漏れに苦しんでいるのを韓国語で」「日本製のウィスキーを、これは悪しき飲み物であると説教しながら飲み始めた中国人が、やがてこんなすばらしいものはないと言い始める」などなどムダに細かい設定を与えられた。それでもタモリは少し考えると、すぐに彼らの想像以上のクオリティで応えたのだった。

当時の日本の笑いのレベルは、駄洒落の域から一歩も出ていなかったと赤塚は言う。そこに現れたのがタモリだった。「タモリってのは、ギャグの救世主だった」[3]と赤塚は絶賛するが、当のタモリは、実はそこまで受け入れられるとは思っていなかったようだ。

「正直いって、福岡にいる時は、あんなことをやって受けるわけないと思っていた。だからひと前ではやらなかったですよ。密かに自分で、これは面白いからって考えてやっていた（笑）。それが、山下さんや筒井さんに会って、あのグループの前でおずおずとやってみたら、それが受けるでしょう。あの時はまことに不思議な感じですねえ（笑）」〔12〕

タモリについて「芸そのものがジャズ的」と作家の河野典生《こうのてんせい》は分析している。「ジャズと同じように繰り返しと、偶然性を持っている。そこに面白さが出てくる」と。

タモリの芸がジャズ的な精神を持っていることに、異論を挟む者はいないだろう。「オリジナルを発案するのではなく、誰かが発明したものを商品化する天才」と当時の仲間たちが口々に言うように、彼は軽やかに相手のリクエストをアドリブでアレンジして、芸に昇華させていった。

「めちゃくちゃのためなら、なんでもする」とタモリは語った〔13〕。

極めつけは髙平哲郎《たかひらてつお》の家でのエピソード。タモリと赤塚不二夫は布団を敷き、ふたりでパンツ一丁になって「面倒だから、この際、ホモになっちゃおー！」と抱き合ったという。

30分近くにわたって身体を触り合っていたふたり。しかし身体はウソをつかなかった。

「やっぱり、いかんせん興奮しないんだよね（笑）」[3]

私もあなたの数多くの作品のひとつです

「8月の2日に、あなたの訃報に接しました。6年間の長きにわたる闘病生活の中で、ほんのわずかではありますが、回復に向かっていたのに、本当に残念です。われわれの世代は、赤塚先生の作品に影響された第一世代と言っていいでしょう。あなたの今までになかった作品や、その特異なキャラクターは、私達世代に強烈に受け入れられました」

08年8月2日午後4時55分、肺炎のため72歳で息を引き取った赤塚不二夫。7日に執り行われた告別式で、タモリは森田一義として弔辞を読み上げた。冠婚葬祭を嫌うタモリが62歳にして初めて読む弔辞が、赤塚不二夫に向けてのものだった。

タモリは赤塚不二夫との思い出を振り返りながら、彼の哲学の真髄を完璧に言葉にしていく。

「あなたの考えは、すべての出来事、存在をあるがままに、前向きに肯定し、受け入れることです。それによって人間は重苦しい意味の世界から解放され、軽やかになり、また時間は前後関係を断ち放たれて、その時その場が異様に明るく感じられます。この考えをあなたは見事にひとことで言い表しています。すなわち『これでいいのだ』と」

この「これでいいのだ」の精神こそ、赤塚不二夫そのものである。それをタモリはたった数行の言葉で的確すぎるほどに批評した。そして、それはそのままタモリ自身を自己批評した言葉のようにも思える。つまり「これでいいのだ」の精神はタモリに継承されているのだ（「意味の世界」を「陰の世界」とする書き起こしも見られるが、ナンセンスを追求し、意味の呪縛から逃れようとしてきた赤塚・タモリの拘りを鑑み、ここでは前者の立場をとりたい）。

「あなたは今この会場のどこか片隅で、ちょっと高いところから、あぐらをかいて、肘をつき、ニコニコと眺めていることでしょう。そして私に『おまえもお笑いやってるなら、弔辞で笑わせてみろ』と言っているに違いありません。あなたにとって、死もひとつのギャグなのかもしれません。私は人生で初めて読む弔辞があなたへのものとは夢想だにしませんでした」

この8分弱にもわたる弔辞の際、タモリが手にし読み上げていたのは、実は何も書かれていない白紙だったのではないかと巷間囁かれた。

それを確かめたのは横澤彪で、直接尋ねたところタモリはこう答えたという。

「紙に書いていこうと思っていたが、前の日に酒を飲んで帰ったら面倒くさくなった。『赤塚さんならギャグでいこう』と白紙の紙を読む勧進帳でやることにした」[14]

まさにこの弔辞こそタモリ究極のアドリブ芸だったのだ。

かつて赤塚不二夫とともにアドリブ芸を磨いてきたタモリが、生前の思い出や、告別式の会場のどこかに漂っているであろう赤塚不二夫の魂と共鳴しつつ、フリー・インプロヴィゼーションのセッションを楽しむかのように渾身のタモリ流ギャグを奏でた。

ギャグのアドリブで出会い、ギャグをアドリブで応酬し合って関係を深めたふたりは、やはりアドリブ芸というギャグをもって別れたのだった。

タモリは赤塚不二夫との関係を問われ「全部だね。親友であったり、なんかおやじであったり、あるいはずいぶん下の弟だったり」と答えている[15]。

「私はあなたに生前お世話になりながら、ひとこともお礼を言ったことがありません。それは肉親以上の関係であるあなたとのあいだに、お礼を言う時に漂う他人行儀な雰囲気がたまらなかったのです。あなたも同じ考えだということを、他人を通じて知りました。しかし、今お礼を言わさせていただきます。赤塚先生、本当にお世話になりました。ありがとうございました。私もあなたの数多くの作品のひとつです」

最後に感極まってほんの少しだけ声をつまらせながら、タモリは白紙の巻紙を畳んだ。

[1]「SWITCH」スイッチ・パブリッシング（09・7）
[2]『ザ・テレビ人間』菅野拓也／朝日新聞社（86）
[3]『赤塚不二夫対談集 これでいいのだ。』赤塚不二夫／メディアファクトリー（00）
[4]「広告批評」マドラ出版（81・6）
[5]『ことばを磨く18の対話』加賀美幸子・編／日本放送出版協会（02）
[6]「こんどの『JAZZ』、どうする？」『ほぼ日刊イトイ新聞』（07）
[7]『題名のない音楽会』テレビ朝日（09・6・28）
[8]『ピアノ弾きよじれ旅』山下洋輔／徳間書店（77）
[9]『SMAP×SMAP』フジテレビ（06・4・17）
[10]『今夜は最高！』タモリ／日本テレビ放送網（82）
[11]「クイック・ジャパン」Vol・41／太田出版（02・02）
[12]『筒井康隆スピーキング 対談・インタヴュー集成』筒井康隆／出帆新社（96）
[13]『加藤登紀子の悪男悪女列伝』加藤登紀子／潮出版社（85）
[14]「横澤彪のチャンネルGメン∞」『J-CASTテレビウォッチ』（08・8・19）
[15]『笑っていいとも！』フジテレビ（13・11・25）

3

タモリにとって「意味」とは何か

テレビに出ちゃいけない人間だった

「タモリさんはな！　いわば、俺と同じなんだよ！　〝底辺の芸人〟なんだよ！」

『27時間テレビ』で11年ぶりに『いいとも』に〝乱入〟した江頭《えがしら》2：50は、興奮してそう言い放った。

「あの時代にタモリさんが『いいとも』の司会になることが、どれだけセンセーショナルでアナーキーなことかわかるか⁉」

タモリがデビューしたのは1975年、30歳の時。『いいとも』の開始は1982年だ。デビューから7年で帯番組の司会に抜擢されること自体異例だが、それが昼の生番組というのは、当時のタモリのマニアックな芸風を考えれば相当に大胆な起用である。

タモリ自身もこう語っている。

「僕はあの当時、テレビにほぼスレスレに出ちゃいけない人間だった……。ヤバイやつだったんですよ、今で言うと誰かな？　江頭2：50。あんな感じのイメージですからギリギリですよ」〔1〕

冒頭の江頭の発言は、これを受けてのことだったのかもしれない。

デビュー当時のタモリは、デタラメな外国語を駆使した「四カ国語マージャン」や、寺山修司《てらやましゅうじ》や竹村健一《たけむらけんいち》らの「思想模写」（単なるモノマネにとどまらず、本人が「いかにも言いそうなこと」を語る）などで注目を浴びた。

「四カ国語マージャン」は、たとえばベトナム人が中国人の捨てた牌に「ロン」と言うと、中国人が「チョンボだ」と難癖をつけ、それをアメリカ人が仲裁する……といった様子を、タモリがただひとりで表現するもの。

もちろんその言語はデタラメだが、しかしそれぞれのメンツが実際にその国の言葉で、その局面に応じた意味のことをしゃべっているかのように聞こえるのだ（そこに後ろで見ていた田中角栄《たなかかくえい》――昭和天皇の場合もあるが、もちろんテレビではできない――が口を出しさらに場が混乱、ついには乱闘騒ぎになってしまうというバージョンもある）。

これらの芸はめちゃくちゃな中にも知的な匂いのするものだ。

タモリは幼少時、好んでラジオを聴いていた。落語、講談、浪花節なども聴いたが、何より熱心に耳を傾けたのは、九州という土地柄受信できていた米軍放送や北京放送だった。もちろん言葉の意味はわからない。しかしその言語のリズムやおかしみが好きだった。

「韓国のラジオ・ドラマは最高だったナ。家庭の風景の状況だけは、音でわかる」[2]

こうした素地があればこそ、のちに「四カ国語マージャン」のような芸を生むことができたのだろう。

俺のやることに意味なんかあるわけないだろ！

しかしタモリの密室芸はそこにとどまらない。よく知られるワニやイグアナの形態模写（もともと全裸でやるのが基本だが、もちろんテレビではできない）や、他にも十八番のひとつとして赤塚不二夫とのSMロウソクショーがあった。これはあろうことか『24時間テレビ「愛は地球を救う」』の深夜枠で、生放送されたこともある(81年8月23日)。現在では考えられない「伝説」だ。

『今夜は最高!』では、ゲストの愛染恭子《あいぞめきょうこ》と「金粉ショー」を披露。半裸のふたりが踊り、タモリは愛染恭子の黄金に輝く胸を鷲づかみにしていたりした。

知的なイメージの一方で、アナーキーな「深夜」の面も色濃くあったのだ。めちゃくちゃのためなら全裸も厭わない。むしろ喜んで素っ裸になる。

「自分で言うのも何だけど、俺の尻は色白でプリンプリンしていて、キュンと持ち上がってて、すごくかわいいカッコイイお尻なんだよ。芸能界一だね。この美しさは」[3]

と自負するほどで、脱ぐことに躊躇はない。

タモリが大学2年生の時、ジャズ研の合宿で、先輩から謎の号令が突然発せられた。

「只今より、キーム使用!」

キーム使用とはパンツを「むく」、つまり脱がすということだった。「やめてください！」の悲鳴むなしく、先輩は新人のパンツを次々と脱がしていく。やがて順番が回ってきたタモリは、ここでジタバタするのはみっともないと、自ら『ハーレム・ノクターン』を口ずさみながらストリップを始め、パンツも脱いで全裸になった。それが功を奏し、「そこまで腹のスワっている奴は初めて」と先輩たちに絶賛される。タモリはジャズ研での自分のポジションを、自らの〝芸〟で確立していったのだ。

色っぽく流し目を使い身体をよじりながらスルスルと服を脱いで、一枚ずつ床に落としていく。

「ハッキリ言って、女より色っぽい」と自画自賛するストリップ芸はここから始まった。

「それ以来だよ、ストリップ一筋」とタモリは笑う［3］。

ずっとタモリは変わらない。

比較的最近だが、笑福亭鶴瓶の別荘を訪ねた時のこと。ガラスのテーブル板を支える裸身の彫刻を見たタモリは「この人、ずいぶん長いあいだ、同じ姿勢で苦労してるなって思って」、それを真似すべく素っ裸になり、頭に花瓶を乗せ、無言でひざまずいていたのだ。

「俺も少しは役に立てるかなと」[4]

ただひたすらに無意味でめちゃくちゃ。それこそタモリが好む〝芸〟であり〝遊び〟なのだ。

かつて『いいとも』で爆笑問題の田中裕二《たなかゆうじ》に「意味のあることをしてくださいよ」と言われた時も、こう返している。

「俺のやることに意味なんかあるわけないだろ！」

苦手な人もやっぱりいますよ

初期のタモリには、今で言う「毒舌」芸人の面もあった。

82年2月14日、「テレフォンショッキング」のゲストは小田和正《おだかずまさ》だった（明石家さんまからの紹介）。

その時の様子は『27時間テレビ』でも秘蔵映像として流され、タモリは「一番印象深いねぇ。困ったよ」と振り返る。なんとなれば当時、タモリは小田和正をはっきり「嫌い」だと公言していたのだ。

ふたりを包む独特な緊張感。終始苦笑いを浮かべてタモリに対峙していた小田は、「嫌われてるのに、どうしようかと思ったんですよ……」と言葉も少ない。

タモリは「以前からいろいろのことを申し上げて来まして……本当に失礼とは思ってませんでしたけど……」と精一杯の返しで客を笑わせていく。

「えーと、困っちゃいますね、こういう時はねえ……」「今、レコードをお作りになってる？ どんなふうになるんですかね？」

「きっと気に入らないと思います」

会話は最後まで噛み合わないままだった。

『SMAP×SMAP』の「ビストロSMAP」にタモリが出演した際（06年4月17日）、「毎日毎日ゲストと話をしていて、嫌いな人とか合わない人がいて困らないか」という質問があり、こう答えている。

「テレビに出ると、この人は合わないなと思うとますます合わないようにしてやろうと思うんですよ。合わないことを楽しもうとするんです。しゃべらない人が（ゲストで）来るじゃない？　こっちも黙ってようとする。どっちが先に困るんだろうと」

また、加賀美幸子との対談でも、こう語っている。

「もちろん苦手な人もやっぱり中にはいますよ」「でも、面白がる目で見ると、その嫌なところが面白くなるんです」［5］

しかし当時のタモリにとって小田和正は、そんなスタンスが通用しない強敵だったようだ。

その映像を見た関根勤《せきねつとむ》は「出てくる小田さんもすごいし、小田さんをNGにしないタモリさんもすごい」と舌を巻いた。

しかし爆笑問題の太田光が「今でも嫌いなんですか?」と投げかけると、タモリは「今は……」と言葉を濁すばかり。顔に浮かべた苦笑いが雄弁に本音を語っていた。

無思想で、明るく単純に楽しむのが、音楽なんだ

「オレもいろんなものに噛みついてるのは、やっぱり楽しんどるんだな」[6]というように、五木寛之《いつきひろゆき》や『一杯のかけそば』、日本文学、ミュージカルや演歌に女性評論家、果ては名古屋人まで、当時のタモリはさまざまな対象に毒を吐いていた。

そして小田和正に限らず、さだまさしや谷村新司《たにむらしんじ》など、いわゆるニューミュージック勢に対しても容赦なかった。

「ハッキリ言って、ニューミュージックは音楽界のガンだ」「やさしさ、思いやり、温かさ、青春、愛――こういう言葉を散りばめてりゃ、即、ニューミュージックに

なっちゃうのがイヤ」[3]

「(彼らが) 売れるということは、日本の文化も信用できない。日本の音楽文化は、絶望に近いって……」「詞がまた愚劣なんですよね。散文にもなっていない。文章にもなっていない」[6]

「(歌は) 軽薄でいい」「非現実的な方がいい」[7]、そして「無思想で、明るく単純に楽しむのが、音楽なんだ」[3] という思いが結実し〝ニューミュージック撲滅〟を目的として生まれたのが、『タモリのオールナイトニッポン』の中の「思想のない音楽会」というコーナーだった。

タイトルはもちろん『題名のない音楽会』(テレビ朝日) のパロディ。ニューミュージックとは対極にあるナンセンス・ソングを紹介していた。

その理想のひとつとして紹介されたのが、高田浩吉《たかだこうきち》が歌う「白鷺三味線」だった。

〽白鷺は 小首かしげて 水の中
わたしと おまえは

エーそれそれ そじゃないか
アア チイチク パアチク 深い仲

「この思想のなさ。ノリ一発、という明るさ。これですよ、これ。歌っていうのは、こうでなきゃダメだよ」とタモリは絶賛した[3]。

「思想のない音楽会」は『タモリのオールナイトニッポン』を代表する人気コーナーのひとつとなった。そこで紹介された〝さいたまんぞう〟の自主制作盤「なぜか埼玉」が話題となり、ついにメジャーデビューを果たすという珍現象まで引き起こした。

そしてある時、井上陽水《いのうえようすい》がスタジオにひょっこりやってきてこう言った。「僕の歌は、今まで思想がありすぎました。それに、暗い。これからは過去を絶ち切って、思想のない歌をうたいます」と。

「それからだよ、陽水さんの歌が変わったのは。明るくなったろ」とタモリは胸を張る[3]。

オールナイトニッポンは大事にしてました

『タモリのオールナイトニッポン』が始まったのは、76年10月6日。芸能界デビューからわずか1年足らずである。

当時タモリは赤塚不二夫や山下洋輔らと飲み芸を磨いていたが、そうしたメンバーの中にマンガ家の高信太郎《こうしんたろう》もいた。高は75年7月から9月まで『オールナイトニッポン』火曜1部のパーソナリティを務めており、その担当ディレクター・岡崎《おかざき》（本名：近衛《このえ》正通《まさみち》）に「面白い芸をする男がいる」とタモリの話をした。

すると岡崎は「そいつ早稲田（大学出身）じゃない？」と身を乗り出した。岡崎は早稲田のジャズ研出身。タモリの1年先輩だったのだ。さっそく、岡崎はタモリに連絡をし、オーディションテープを録ることになった。

タモリは得意の「四カ国語マージャン」「北京放送」「中国人の田中角栄」などを

披露したが、できは散々だったという。

「まいったよ、あん時は。なんたって、オレの得意芸ってのは宴会芸だからさ、ウケてくれる人がまわりに居てくんないとやりにくいわけ」「ノリが悪い分だけ出来も悪くてさ。この間も聞いたけどホント恥ずかしかったよ」「あれはハッキリ言って、オレの芸能生活の汚点だね」[3]

しかし『高信太郎のオールナイトニッポン』に「アグネス・チャンの熱狂的中国人ファン」という設定で電話出演、ゲストのアグネスとデタラメの中国語で会話したことが大評判となる。それを直接のきっかけとして、まだほとんどテレビにも出演していなかったにもかかわらず、タモリはメインパーソナリティに抜擢された。『オールナイトニッポン』からタモリの名が若者を中心に一般に知れ渡り、人気を博していったと言っても過言ではない。タモリ自身も特別な番組と位置付けていた。

「(『オールナイトニッポン』は)大事にしてました。もうどんなにスケジュール忙し

くてもとにかくやろうと」〔8〕

「面白さ」じゃなくて「おかしさ」です

『いいとも』や『タモリ倶楽部』が始まった82年をピークにタモリのスケジュールは多忙を極め、ニッポン放送側からも休暇の打診があった。「いつ復帰してもいいからしばらく休め」と。

しかしタモリは、「今んところ自分の顔みたいな番組はこれしかないから続けさせてくれ」と固辞する。

「いいやすいですからね、あそこでは。やっぱり昼間っていうのはどんなことといっても、どっかで意識が、誤解されちゃいかんというのがフッとあって、つい他の表現になっちゃうでしょ。深夜放送だとまず若い人しか聴いてないと思うから、どんなことでもいえるんですよね」「あの番組で、なんか、放送における自分の乗り方、乗せ方というのが初めて分かったんですよ」[8]

『オールナイトニッポン』ではさまざまなパロディ企画のコーナーがあったが、中でもNHKはよく素材にされた。「青年の主張」「夜の憩い」、そして、「NHKのつぎはぎニュース」などだ。

「青年の主張」では、『NHK青年の主張全国コンクール』を直接的にパロディにした（とんねるずの4枚目のシングル「青年の主張」が発売されたのは、これより後である）。

「あの欺瞞と偽善に満ちたワザとらしさ、クサさがたまらなく笑っちゃうんだよねぇ。パターンが決まってるんだよ。まず一念発起して何かを始める↓挫折する↓涙を振り絞って再び出発する。これだよ、クサいねぇ、クサくて鼻曲りそうだろ。これが面白いのよ」[3]

まさに「嫌いなものを面白がる」という、タモリの真骨頂が発揮されたコーナーだったのだ。

「『おかしみ』なんです。だから、僕はNHKのネタで笑ってくれなくてもいいんです。常識的なこと、普通のことが、『おかしいな』と思ってくれればいい。『面白さ』じゃなくて『おかしさ』です」[5]。

意味を探すから世界が重苦しくなる

「意味の世界はきらいなんです」

「いまだにそうです。イヤなんです、意味が」

「ぼくが音楽を好きだというのは、意味がないから好きなんですね」[9]。

タモリはそう断言する。


小学校3年生の時の国語の授業を、タモリは今でも思い出すという。先生が「この作者は何を言いたかったのでしょう?」と問うたが、「え? 言いたいことはそこに全部書いてあるじゃない……」としか思えなかった。「ずっと疑問だったんです。それからだんだん意味がきらいになってきた」とタモリは言う[9]。

「作者は、別にそれほど言いたいとは思っていないかもしれないし。たとえば、ただ、おもしろいものを書きたいだけで」[9]

そしてタモリは意味ありげなものや、深刻ぶって過剰に意味を込めたものに、強く嫌悪感を示すようになった。とりわけ80年代初めのタモリは、意味にまつわる重さへの批判を、より先鋭的に行っていた。

「何がいやって日本の文学のあの暗さ(笑)、あれ最悪ですね。暗ければいいという。悩むことが人間の一番崇高なことであるとか。なんかああいうのって、いやなんですね、非常に」[10]

「(日本文学は)病人が全部作った文学でね、本当、対処すりゃいいものをそこにとどまってジーッとねえ（笑）。病んでいく自分が好きだとか（笑）」[7]
「ワビ、サビっつうのはよけいなおせっかいだとおもうんですよね」「芭蕉なんか日本の文化を悪くしているんだろうなァ」[2]

初期のタモリが展開したこうした批判は一定の支持を受けた。事実、これらの主張の際に使用した「ネクラ」という言葉は流行し、一般的に使われるようになった。その後80年代後半に、タモリは当時を振り返ってこう語っている。

「まだあの時は、日本の状況がお笑いを許しても、そういうもの（日本の湿った文化風土や価値観）が一番上位にあるんだぞというような、すごい壁が厚かったですもんね。こっちも闘いがあった」[8]

『一杯のかけそば』ブームを終わらせたのもタモリだと言われている。
88年末にラジオで取り上げられ、その後国会の答弁でも引用されるなどして一大ブームとなった「実話小説」だが、タモリはその胡散臭さや矛盾点を指摘、「涙のファシズム」と一刀両断した[11]。

これをきっかけに週刊誌やワイドショーなどで「実話か否か」の議論が沸騰し、作者である栗良平《くりりょうへい》の経歴にまで言及され、ブームは急速に終焉を迎える。

もともとアングラ芸人で言いたいことを言っていれば良かったタモリは、『いいとも』抜擢以降ある種の「権威」になってしまった。タモリの発言のひとつひとつが、大きな影響を与えてしまう。

「ああいう人たちがしっかりしていれば、いう方もパワーあって向こうもパワーあって、世の中の緊張関係、面白かったと思うんですけどねェ」[8]

パワーバランスがタモリに傾いてしまった頃を境に、タモリの過剰で攻撃的な毒舌は影を潜めていった。とはいえ今でもその片鱗を見せることがある。

タカアンドトシのトシが爆笑問題太田のボケに「意味がわからない！」とツッコんだ時、「意味なんてどうだっていいんだよ……」とタモリはつぶやいた。

「意味をずーっと探すから、世界が重苦しくなるんだよ」[12]

なるべく異常なことを普通のようにやりたい

12年の『27時間テレビ』の深夜企画「今夜も眠れない」では、タモリ・ビートたけし・明石家さんまの「お笑いBIG3」が数年ぶりに勢ぞろいするという、お笑いファンにとって極上のシーンを見ることができた。

その中でたけしは「来年の『27時間テレビ』はこの3人でやらない？」と提案する。同席していた笑福亭鶴瓶や中居正広は大喜び。一方さんまは「やらへんよ！」と頑なに拒み、「――やりませんよね？」とタモリに振ると、タモリは当然のように「やらない」と答えた。

虚を衝かれたさんまは、「ここは『やる』と答えるのがお笑いのセオリー」と批難するが、タモリは「自分のお笑い以外は正しくないの？」と意に介さない。

「お笑い怪獣」とも称される明石家さんまは、どんな隙も見逃さず貪欲に笑いに変えていく。この日も登場からアクセル全開で、すべての話にオチをつけて笑いをとっていた。

その様子を見たタモリが「全部の話が面白くなきゃダメなの？」と口を挟むと、さんまは自らの笑いの哲学を垣間見せるように「ホンマにダメ！」と言う。「たとえつまらなくても、できる限り笑わす方向で行かなきゃダメ」「最低ね。最低、1ブロックにひとつふたつ笑いを入れる努力が必要！」と。

さんまは得意のパターンに持ち込むのに長けている。確固たる自分のセオリーを駆使して、多少の強引さも厭わず流れを作り、どんな話も鉄板に仕立て上げる「芸人」の権化のような芸人だ。そしてそれこそが笑いにとっての正義だという、確信を持っている。

鶴瓶には「おまえはな、面白話病や！」と揶揄され、タモリからは「自分以外は全部ダメな奴なの？」と諭されても、「テレビ的には俺が正しい」とさんまは胸を張るのだ。

さんまによれば、自宅にタモリを招いて酒席を設けた際、タモリが唐突にＳＭショーを始めたという。それも普通に会話をしている最中に、なんの前フリもなく、静かなテンションのまま服を脱ぎ出したと。タモリは小道具を入れた紙袋から鞭を淡々と取り出し、足を差し出して「お舐め！」と言い放った。

セオリーやパターンというのは理論であり、意味の集合体である。かつてさんまが多用した「意味ないじゃ～ん！」という決め台詞は、そこに意味があるからこそ成立するものだ。

さんまにとって意味は笑いをとるための最大の武器だが、タモリにとって「笑い」は意味から自由になることなのだ。タモリは言う。

「なるべく異常なことを普通のようにやりたい」

「シュール」といえばそうかもしれない。しかしタモリは、アンドレ・ブルトンの『シュールレアリズム宣言』にも疑問を抱いていたという。ブルトンもフロイトも気にくわない、「シュールはなまけちょる」と断じて憚らなかった。

「アレは意味の剥奪じゃなかった」「根が暗い人がやっているんじゃないか」[2]

壊れた大人でいよう、人間性も無視しよう

ナインティナインの岡村隆史《おかむらたかし》は、タモリを「東京のお父さん」と呼んでいる。そんな岡村はタモリと「パピルス」（08年10月号）誌上で対談し、「そろそろ道を譲ってくれ」「昔は40代半ばくらいでお笑いの方というのは、（別の道へ）舵を切る」ものだったと訴える。

それに対しタモリは、そういう人は本来真面目な人間にもかかわらず、お笑いでアホなことをするというギャップに年を追うごとに耐え切れなくなるからこそ方向転換をするのだと応じる。しかし、自分は違うのだと。

「いままでの〝お笑い〟というものと、自分の存在がちょっと違った」「俺は〝お笑い〟が自分の存在と同じだから」「不真面目な人がものすごく不真面目なことをやっているんです」「最強。存在と考えが一緒だからね」

だからこそ無意味で不自然なことも自然にできてしまう。そして、その極意は場の「流れに乗ること」だと。

「それ（流れ）をなるべくつかんで、それに乗れば、けっこうはなはだしいことも自然にできるんじゃないですかね」「流れを作るような、それほどの能力は人間にはないですから」［5］

流れを無理に作ろうとすると、作為的なものになってしまう。だからもともとの流れに身を任せればいい。たとえばゲストを迎えてトークをする際に話が行き詰まったとしても、タモリは慌てないし、無理に盛り上げようともしない。「澱《よど》みがしぶきを上げるとやっぱり不自然ですから」［5］。そのうちに流れが回ってくるのを待つのだ。

流れに乗ると、自分が自由にどんどん変われて、思ったことが言えて、思った動作ができることがあるのだという。その感覚は多くの場合、共演者が与えてくれる。ネタの積み重ねではなく、場全体の気配。それをつかむ。

「場のリズムをつかんだときは、おもしろいし、うれしいし、自由ね。自分が完全になっちゃったんじゃないかとおもうくらい、すごくいい気持ちになりますね」[2]

これはまさに「すべての出来事、存在をあるがままに、前向きに肯定し、受け入れる」という「これでいいのだ」の精神といえる。ゆえに「重苦しい意味の世界から解放」され、「その場が異様に明るく」感じられるのだ。

「俺たちはもともとちゃんとしていない。壊れた人たちなのよ。お笑いがないと、この世ではちゃんと認めてもらえないような人間だというのを自覚している」「(歳をとるほど)もっとバカなことをやってみたい、とにかく壊れた大人でいよう、と。人間性も無視しよう、いろんなものに俺は感動しないぞ、涙も流さないぞ、と」[13]

その場の流れが刻々と変わるように、タモリ自身も変化を求める。より自由に、より意味の呪縛から解き放たれようと。

「お笑いをやっていてどういう境地に行きたいのかというと、僕の場合、自分が自由になれることなんです。また変わることがお笑いのすばらしいところなんです」［5］

［1］『ブラタモリ』ＮＨＫ（11・12・8）
［2］『愛の傾向と対策』タモリ、松岡正剛／工作舎（80）
［3］『タモリが本屋にやってきた』オールナイトニッポン・編／ニッポン放送出版（83）
［4］『笑っていいとも！増刊号』フジテレビ（12・1・29）
［5］『ことばを磨く18の対話』加賀美幸子・編／日本放送出版協会（02）
［6］『タモリと賢女・美女・烈女』家庭画報・編／世界文化社（82）
［7］『今夜は最高！』タモリ／日本テレビ放送網（82）
［8］『対談「笑い」の解体』山藤章二／講談社（87）
［9］「はじめてのＪＡＺＺ。」『ほぼ日刊イトイ新聞』（05）
［10］「広告批評」マドラ出版（81・6）
［11］『笑っていいとも！』フジテレビ（88・5・19）
［12］『笑っていいとも！』フジテレビ（12・4・11）
［13］「パピルス」幻冬舎（08・10）

4

タモリにとって「言葉」とは何か

デビューは「インチキ牧師」

黒柳徹子の『徹子の部屋』（テレビ朝日）、毎年その最後の回にタモリがゲストとして迎えられるのは、もはや歳末の風物詩となっていた（２０１３年を最後に出演は途絶えていたが、２０２１年12月８日、８年ぶりに出演）。その初登場時は「森田一義」名義だったという。なぜならタモリは当時、まだ一介の素人だったからである。『徹子の部屋』に招かれるのは実績ある芸能人や文化人、スポーツ選手その他という不文律があると思われるが、当時はまだいい意味でのゆるさがあったのだろうか。タモリは振り返って笑う。

「あり得ないでしょ？『徹子の部屋』に普通の面白いおやじが出るってことは、考えられないでしょ」[1]

そのきっかけは黒柳徹子がたまたま見ていた『土曜ショー』（ＮＥＴ・現テレビ朝

日）という昼の生ワイド番組だった。75年8月30日、同番組で放送された夏休み特集「マンガ大行進！赤塚不二夫ショー」内の「漫画ができるまで」という企画で、素人だったタモリ＝森田一義が、インチキ牧師として登場したのだ。

黒柳はその面白さに驚き、赤塚に直接電話をして、すぐに『徹子の部屋』への出演が決まった。

しかし、まだ今後も芸能界で仕事をするかどうかも決めておらず、ゆえに芸名もなく、本名の「森田一義」での登場となったのだ。それがタモリ、2回目のテレビ出演だったといわれている（以上のような初出演の経緯は、番組内でも黒柳徹子、タモリ両名によって繰り返し語られているが、実際は、タモリが『徹子の部屋』に初出演したのが77年8月11日、タモリが初めてテレビに登場したのは75年8月。翌年にはすでにレギュラー番組を持っており、『徹子の部屋』がテレビ2回目の出演というのには疑問が残る。ちなみにタモリがデビューした75年には『徹子の部屋』は始まってもいない。この経緯で出演したのはおそらく『徹子の部屋』の前身番組で黒柳司会の『13時ショー』ではないかと思われる。しかしいずれにせよ、77年当時のタモリは『徹子の部屋』に出演するようなメジャーな存在ではなく、素人同然のカルト芸人だったことは確かだ)。

現在では毎年、『いいとも』年末特大号のオープニングで見ることができるタモリのインチキ牧師。それはもともと、やはり赤塚不二夫らの「今度飲みに行く店には牧師で行け」というリクエストから生まれた即興芸だった。

なぜそれをたやすくやってのけたのか——ことはタモリの中学生時代まで遡る。

言葉がものすごく邪魔をしている

当時タモリは、毎日のように教会に通っていた。

台風の日でさえも教会を訪れ、牧師の話に耳を傾けていた。「今日ココニ集マッタカタガタコソ信仰深イカタデス」と牧師は語り、タモリに「アナタハ敬虔ナ人デス」と熱心に洗礼を勧めるのだった。

しかしタモリが数年にわたり教会に通っていたのは、信仰心があったからではない。ただ単に、牧師の口調が面白かったのだ。

外国人の、しかも牧師特有の片言の日本語。当時でも日常的にはあまり使われない「アマツサエ」「ナカンズク」などの単語が織り交ぜられた仰々しい口調が、タモリにはとてもおかしかった。

キリストの教えという「思想」や「意味」ではなく、言葉の響きや牧師の口調を味わっていたのだ。こうした体験が、インチキ牧師の下地になったのは間違いないだろう。

さらに遡れば、福岡の地理的条件により容易に受信できた米軍放送や北京放送を、タモリは小学生時代から好んで聴いていた。

言葉の響きだけで意味がないもの。それをタモリは好んだのだ。

一方で宗教としてのキリスト教の教えは肌に合わなかった。むしろ仏教的な境地に惹かれていた。

「悩んでいるのが最高だと思っているのは、オレ大間違いだと思う」

「人間は生まれながらにして悟っているのかもしれない」[2]

浪人生だった時にタモリは、ふと座禅を組もうと思い立った。

正式なやり方はよくわからなかったが、とりあえず部屋の隅であぐらをかき、目をつぶった。

するとすぐに雑念がどんどん頭の中に入ってきて、さまざまな言葉が浮かんでくる。何時間もそれを続けていると、一種のトランスであろう「変な状態」になっていったという。とにかく目だけはつぶっていようと初めは思っていたが、その意識も薄れていった。

やがて、もうどうでもいいとヤケクソのような心境になり、ふっと目を開けた。タモリの視界に飛び込んできたのは、見慣れた窓の外のねずみもちの木。それがなぜか新鮮で美しいものに見えて感動したという。


「もしかしたらね、小さい頃はいろんなものがそういうふうに見えてたんだと思うんです。それが、だんだんそう見えなくなってくるのは、やっぱり言葉がいけないんじゃないか」「言葉が全ての存在の中に入りこんできて、それをダメにしている」「オレの中では言葉がものすごく邪魔している。一種言葉に対するうらみみたいなも

のが、なんとなくずーっとありました」［2］

その時「言葉とは余計なもの」だと確信したという。タモリ、19歳の時だった。

活字はあやしい

本は危ない、とタモリは言う。

「活字に対しての『あやしいぞ？』と思う気持ちは、いつもありましたね」［3］

ある本を読んでいた時、その著者が「異様に盛り上がっている」ことに気付いた。ごく当たり前の意見をやけに仰々しく記し、その勢いで、いかにも非現実的な前提を元に論を進めてしまっているのだ。

「だから、途中から、『バカじゃないか』と思うと同時に、『まちがっているけど、本人は、ものすごく盛りあがっていること』が、おもしろくなっちゃって」「最初につまずきはあるんだけど、それにもかかわらず、もう、勇んで、勇んで……！　勇み足、勇み足の連続で」[3]

自分の言葉に酔い、その無内容な言葉に言葉を積み重ねていくことで、どんどん論旨が逸脱し矛盾が膨らんでいく。しかし当の本人はそれに気付けない。

「本というモノの悪い面は、そこですよね。本の中だけで、いくらでも盛りあがっちゃうというか……」[3]

大切なのは「言葉」より「現実」

「言葉」と「現実」が齟齬をきたすのは、活字や本の世界だけではない。『人間、お互い話せばわかる』なんてウソ」だとタモリは言う。

「話せば話すほど言葉にだまされて、ますますわかんなくなる」「『話せば、わかる』じゃなくって『離せば、わかる』」だ[4]

またタモリは「言葉革新党の言いぶん」という語り下ろしの中で、ある言語学者の「日本の歴史が始まって以来、いまが一番言葉が変わっていない」という説を引いている。タモリはその説自体には同意しつつも、状況に対する危機感を隠さない。

「いまは現実そのものに何の意味もなくなり、言葉だけが意味をもつかのごとく祭りあげられている。だから、言葉は変化しなくなってしまった。これはヤバイ」「それならむしろ言葉がないほうがいい。なぜなら、おれたちにとって本来大切なのは、言葉よりも現実。この現実に重みをもたせなければだめだ」[5]

タモリは、あらかじめ存在する世界の秩序に言葉が付与されていくというフッサール的な実在論の立場を採り、言葉によって世界が分節されることで初めて認識が生じるとするソシュール的な構造主義の態度を排する。「言葉に権威や正統性を持たせようとするなら、そんなのはどんどん地に落として踏んづけないと、新しい言葉は生まれてこない」[5]とするタモリは、言語に対してあくまでラジカルであろうとする。

「俺は乱しているんじゃなくて、壊してるんだ、日本語を」[6]

こんばんは。春はハナモゲラ

「こんばんは。春はハナモゲラ。今天然のモレカケサはハレして今はげしくナレヘコキシタ。我命モノコトの我コユビロはハラモレタ。パラモレカネフケモレサッサ。そして今日付はヘケモシタ。どうも失礼しました——」

タモリが初めて出演したテレビCMは、ハナモゲラを駆使したものだった（77年・キヤノン110EDデートマチック）。「ハナモゲラ（ハナモゲラ語）」とは、タモリが得意とした「日本語の物真似」を主体とする言葉遊びである。当時トレードマークだったアイパッチを付け、撮影日が記録される新型のカメラを手に、意味がわかるようでまったくわからない言葉を並べ立てた。

放送作家の高平哲郎が「ぼくにとって、ハナモゲラはそのままタモリということで成立した。その起源がどうであれ、やっぱりハナモゲラはタモリ以外のものではなかった」[7]と言うように、ある時期までのタモリの代名詞といえば「ハナモゲラ」であった。

その「起源」をあえて問うた時、たとえばビートたけしは「インチキ外国語芸」の系譜にハナモゲラを位置付けた。「あれはタモリさんのオリジナルというよりも、藤村有弘《ふじむらありひろ》さんなんかが前からやってた線だと思う」と[2]。

また大橋巨泉のテレビCMにおけるアドリブ・フレーズ「みじかびの きゃぷりてとれば すぎちょびれ すぎかきすらの はっぱふみふみ」（69年・パイロット万年筆エリートS）が起源とされる場合もある。

さらには60年代からの筒井康隆や平井《ひらい》和正《かずまさ》、豊田《とよた》有恒《ありつね》らのSF小説、赤塚不二夫や谷岡《たにおか》ヤスジらのギャグ漫画、さらには紅テントの唐十郎《からじゅうろう》、コント55号などの影響も指摘されている。

さらに掘り下げるなら、キリスト教の一部の教派に見られる「異言」（意味不明の言語を操る能力）まで視野に入ってくるが、それこそ「勇み足」になりかねないのでひとまず置いておこう。

音楽プロデューサーの中原仁《なかはらじん》は、ハナモゲラの源泉をジャズに見た。1926年、サッチモことルイ・アームストロング（当時26歳）が「ヒービー・ジービーズ（Heebie Jeebies）」なる曲をレコーディングしていた際に、肝心の歌詞を忘れてしまったという。

そこで咄嗟にあらぬ言葉を並べたて、アドリブで歌いきってしまった。意味は不明だが、そこがなんとも魅力的で、真に迫っている。ゆえにそれはそのまま採用された。「スキャット」の誕生である。「ジャズの真髄は即興＝インプロヴィゼーションにあるが、それは通常、原曲の進行に乗って楽器で表現するものだ。ところがサッチモは、自らの肉声でそれを成しとげた」と中原は解説する[7]。

歌詞を忘れた、あるいは歌詞カードを床に落としたなどの説もあり、またいずれも都市伝説で、確信犯でそのように歌ったのだと考える向きも少なくないが、これをもってスキャットの嚆矢《こうし》とすることでは一致している。

言葉の無用さを知る魂

アート・ブレイキーらが一世を風靡した60年代を経て、69年に日本に山下洋輔トリオが誕生する。当時のメンバーは山下の他、森山威男《もりやまたけお》、中村誠一。この3人の間で「メチャクチャ言葉」が流行し始める。

そして72年にトリオに参加した坂田明《さかたあきら》が、73年頃にこの「メチャクチャ言葉」を「ハナムグラ」あるいは「モゲラ語」「ハネモコシ」と名付け、いつしか「ハナモゲラ」と呼ぶようになっていった。

山下洋輔によれば、「ハナモゲラ」の誕生に決定的な役割を果たしたのは、中村誠一だった。山下は語る。

『実は変なことを考えた』とやや顔を紅潮させ彼（中村）は言った。『生まれてはじめて日本語を聴いた外人にそれがどう聴こえるかを考えたんだ』」［7］

山下はその「日本語の物真似」に触れた時のことを「大きな驚きであり喜びであり、おそらくショックでもあった」と述べている。

そしてついにタモリが彼らと出会う。福岡にいる時は、ウケるわけがないと自ら思っていたタモリの〝個人的な芸〟は奇跡的に彼らと共鳴し、熱烈に受け入れられた。そして「ハナモゲラ」もタモリによって加速度的に進化を遂げ、完成される。

77年に発表されたファーストアルバム『タモリ』には、「演歌〝けねし晴れだぜ花もげら〟」「ハナモゲラ相撲中継」などの名作が収録された。また同年に開催された「第1回冷し中華祭り」（4月1日、有楽町読売ホール）でのタモリによる「あいさつ」は、のちに「当時のハナモゲラ芸の集大成」と評されるほどの完成度を見せた。

さらに78年のアルバム『タモリ2』には「ハナモゲラ落語」などが収録されている。

詩人・評論家の奥成達は「思考活動をもはや中止してしまおうとするような思考

活動」「フリー方向に自分を向けようとする思考活動」、それこそが「ハナモゲラ思考」であるとした。加えて「ハナモゲラ」とは表現そのものであり、だから常に新しい言葉、新しい形式でなければならないのだ、と。奥成は言う。

「ハナモゲラ語は、あるいはハナモゲラ精神というのは、すべての現象を受け入れ、すべての外的な表象を等質に愛さなければならない」、そしてそれは「言葉の無用さを知る魂のことではないか」[7]

それはまさに、言葉を壊し言葉と戯れることによって、言葉を意味や権威から解放し、自由な現実の世界と一致させようとしたタモリの精神そのものだ。

まず、言葉の意味をなくそう

タモリにとって言葉は、子どもの頃からの「遊び道具」なのだ。

「いっぱい知っているということは、それだけで遊び道具が多いのと同じこと」[8]

かつてタモリは黒柳徹子らと「中国の4文字表現の遊び」に興じていた。すべての発言を漢字4文字で表すもので、たとえば「痛いところをつきやがったな」は「痛所指摘」、「じゃあな！」は「後日再会」、「気をつけてね」は「交通安全」、芸能人が「よろしくお願いしまーす」というのは「愛玩希望」……というふうに。

当時工作舎で「遊」の編集長を務めていた松岡正剛《まつおかせいごう》は、それを聞いて非常に面白がり、「我々で受けつぐよ」と食い付きを見せた。

タモリと松岡は80年3月3日に長時間の対談を行い、それは『愛の傾向と対策』として書籍にまとめられた（文庫化に際し『コトバ・インターフェイス』と改題）。タモリはこれを「めずらしい対談だった」「忘れられない対談だった」と振り返っている。

「言語というものに復讐戦をしたくなる」という松岡に、タモリは同意する。

「コトバをやっつけようという気はありますね。コトバを使ってね」「コトバっつうと、まず意味でしょ。そのへんからやっつけたかった。意味をなくそうって……」[9]

松岡正剛との対談はスウィングしまくり、思わぬ方向に進んでいく。開始後3時間を越えても一向に話が尽きる気配がない。次の予定を控えていた松岡は「今日でも、遅ければまた再開してもいい」と名残惜しそうに持ちかける。その予定とは絵本作家レオ・レオーニ（小学校の教科書にも採用された『スイミー』の作者でもある）を迎えるイタリア大使館でのレセプションに出席することだった。

この前日に松岡からタモリのことを聞いたレオーニは、「ぜひ会ってみたい」と興味を示していた。彼もまたタモリ同様、6カ国語のデタラメ外国語を駆使する男だったのだ。それを知ったタモリは「その人、面白そうですねェ」と不敵に笑い、急遽、イタリア大使館へ同行することを決めた。

言葉に不信を抱き、言葉を壊そうと思った

レセプションはレオ・レオーニの来日と、彼の奇書『平行植物』翻訳出版を記念して行われたもので、レオーニ夫妻、イタリア大使館関係者の他、谷川俊《たにかわしゅん》太郎《たろう》、勝《かつ》見《み》勝《まさる》、中原佑介《なかはらゆうすけ》、高橋康也《たかはしやすなり》らが列席し、フォーマルエチケットを重視した静かな晩餐会が開かれていた。

そんな晩餐がたけなわな頃、ふたりの奇人が闖入してきたのだ。そのうちのひとりであるタモリはもちろん、全員が正装であっても、サングラスを外すことはしなかった。

食事が終わり、広い応接間での歓談になると、いよいよタモリを期待する空気が日本人客の間で高まってきた。

そこでタモリは多くのイタリア人が見守る中、デタラメなイタリア語によるイタリア映画の一場面を披露。冒頭1分で爆笑を誘い、レオーニたちから大喝采を受ける。そのままタモリはイグアナ、ショウジョウバエなどの形態模写、さらに四カ国語

マージャン、デタラメ放送などを続けざまに見せつけた。厳かだったその会を狂乱の宴に一変させてしまったのだった。

「バカウケだったね」とレセプションから戻った松岡は興奮を隠せない。

「今日いろんな人のタモリ観をきいたけど、みんなすごく親近感をもっていたねェ。『タモリ偉大なり』という反文化性がハッキリしていた。こうなると文明的課題というか、日本文化とか、そんな問題になってくるね（笑）」[9]

その後もタモリは天皇のモノマネやデタラメ外国語などを使ったいたずらなど数々のエピソードを披露して松岡を「気が狂うほど」笑わせ、ついには「とてもひとりじゃかなわないや」と「降参」させた。対談はイタリア大使館のパーティーを挟み、10時間にも及んだ。

そして「どうしても知りたいのは、なぜ、コトバに挑戦したかという一点に尽きる」と迫る松岡に、タモリはこう語った。

「かんたんに言えば、理由はコトバに苦しめられたということでしょう」「何かものを見て、コトバにしたときは、もう知りたいものから離れている」「コトバがあるから、よくものが見えないということがある。文化というのはコトバでしょ。文字というよりコトバです。ものを知るには、コトバでしかないということを何とか打破せんといかんと使命に燃えましてね」[9]

だからタモリは言葉を壊すしかないと考えるようになったという。言葉から逃げることはできない。それなら、言葉を面白くして「笑いものにして遊ぶ」しかない、と。タモリは言葉から意味を剥奪し、その価値を揺るがすことで言葉を自由にし、言葉から自由になったのだ。

「言葉に不信を抱き、言葉を壊そうと思った個人的ささやかな体験を人に話したのは初めてだった」[9]とタモリはその対談を振り返っている。

［1］『徹子の部屋』テレビ朝日（12・12・27）
［2］「広告批評」マドラ出版（81・6）
［3］「タモリ先生の午後2007。貧乏で幸福な無名時代。」『ほぼ日刊イトイ新聞』（06・12）
［4］「JUNON」主婦と生活社（89・8）
［5］『ちょっと手の内拝見 プロフェッショナル30人の読む、書く、話す』とらばーゆ編集部・編／就職情報センター（83）
［6］『今夜は最高！』タモリ／日本テレビ放送網（82）
［7］『定本ハナモゲラの研究』筒井康隆、山下洋輔、タモリ、赤塚不二夫、赤瀬川原平、奥成達／講談社（79）
［8］『ことばを磨く18の対話』加賀美幸子・編／日本放送出版協会（02）
［9］『愛の傾向と対策』タモリ、松岡正剛／工作舎（80）

5

タモリにとって「家族」とは何か

苗字も名前も逆になってるんです

タモリが福岡で生まれたのは1945年8月22日。終戦から1週間後のことだった。

「だから、ぼくは、『戦後にいちばん近い』っていう……。『戦後の象徴的な人物だ』と、自分では思っているんだけど、ま、誰も、そんなこたぁ、思っちゃいないですね」[1]

本名は「森田一義」。もともとは祖父が尊敬していた元総理大臣の「田中義一《たなかぎいち》」からとって「義一」と命名する予定だった。しかし元総理の名前をそのまま使うのは「恐れ多い」ということや、上が画数が多くて下が少ないと頭でっかちな人間になってしまうと姓名判断で判定されたりしたため、ひっくり返して「一義」となった。「森田」を逆にして「タモリ」となる予兆がこの時からあったのだ。

「僕は苗字も名前も逆になってるんです。逆人生」[2]

タモリは自らの家系をして「中学生程度の学歴では理解できない。高校卒業程度の学力が必要」だと笑う[3]。

タモリの祖父母（正確には養祖父母にあたる）には、子どもが生まれなかった。そこで祖父母は、それぞれの血を受け継いだ子を養子に迎えることにした。祖母は12人兄弟の一番下の弟を、祖父は妹の子を養子として引き取った。妹は早くに夫と死別しており、子どもがいると再婚に不利に働くのでは、という考えもあった。

この養子ふたりを育て、タモリいわく「学校に通わすなどの恩を売り」[3]、ふたりを結婚させた。そしてこのふたりの間にできたのがタモリの姉と、タモリである。

しかしタモリが3歳の頃に、両親は離婚。祖父母はタモリ姉弟を引き取り、育ての親となる。

「おふくろに聞いたら、始めから（おやじを）好きじゃなかったらしい。祖父《じい》さん

［タモリ家系図］

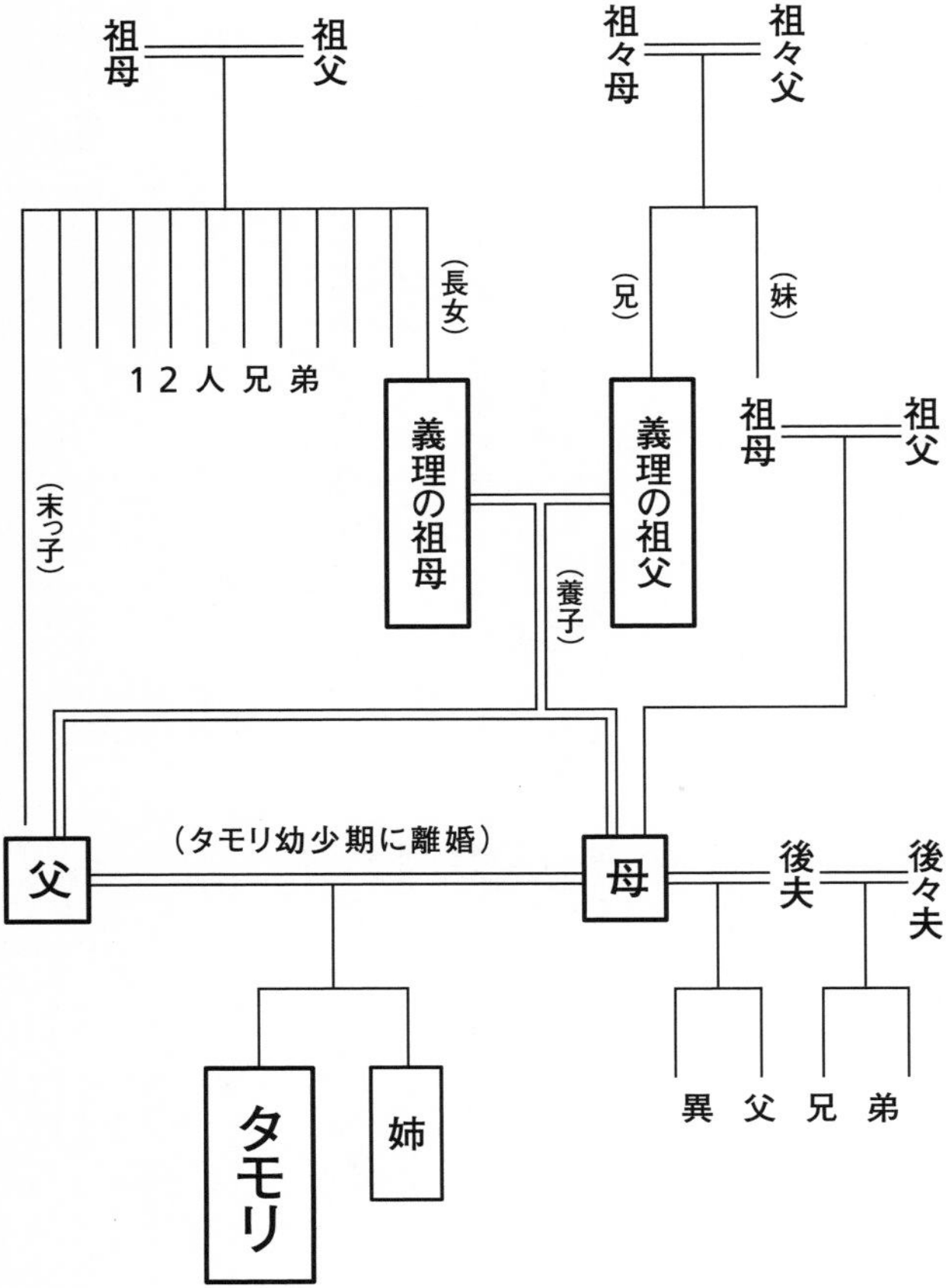
祖母
祖父
祖々母
祖々父
（長女）
12人兄弟
（兄）
（妹）
祖母
祖父
義理の祖母
義理の祖父
（末っ子）
（養子）
（タモリ幼少期に離婚）
父
母
後夫
後々夫
異父兄弟
タモリ
姉

に子供がいないから、うちのおふくろとおやじを強引に結びつけたらしいんですよ。で、恩があるからしょうがなくて……。でも、おやじのほうは（おふくろに）惚れていたと、おふくろはいらんですけどね」〔4〕

ある時、「嫌いと言いつつふたりも子供を産んでるじゃないか」とタモリが指摘すると、「私は妊娠しやすいタイプだから」と返されたという〔4〕。ふたり子どもを産んだといっても、セックスは最低限の数しかしていないかもしれないじゃない、というわけだ。

そんなタモリには、かつてある疑念が生じていた。自分は本当に父の子なのだろうか。「小さい時はその（確認）作業ばっかりだった」という。

「（昭和20年8月生まれということは）仕込みが19年になりますよね（笑）。で、私は調べたんですけども、19年はおやじは戦地に行ってるんですよね」「（おやじは）主計少尉かなにかで、宮崎から博多へちょいちょい帰ってきて、不自由して」〔4〕

そしてこう結論付けた。

「（おふくろは）妊娠しやすいタイプですから、それはまあね（笑）。近所に似てるおやじさんもいなかったし、そういう噂も聞かなかったから、それは安心してるんです。おやじも結構俺を可愛がったし……（笑）」［4］

祖父は南満州鉄道の駅長

「満州の話しかしないんですよ、うちの一家は」［4］

タモリが生まれる以前、曽祖父以下親戚も含め、多くが満州で生活をしていた。タモリの祖父母と両親も同様だったが、昭和13年頃、太平洋戦争勃発前に日本に戻ることになった。理由は祖母による「神のお告げ」だ。祖母は信心深く、仏教や神道に次々凝り始めるような人だった。

「ものすごく気の強い人で、ある日、『神のお告げがあった！』と言ったらしいんです。『ここには火の柱が立つから、私は日本に帰る！』」〔1〕

「そんなことは、ないから……」とみんなでなだめても「それなら良い、私だけは帰る！」と聞く耳を持たない。

「しょうがないから、うちの一家だけ、日本に帰ってきたんです。他の一族は、ほとんど満州に残ったままなのに。結果的には、うちの一族だけが無傷で帰ってこられたんですね。財産もぜんぶ現地で処分したから、お金も持って帰ってこられた、という」〔1〕

居残った他の親戚は後に引き揚げ船に乗ることになり悲惨な経験をしたが、タモリの祖父母、両親だけは、満州には良い思い出しかないようだ。だから母親は「自分のふるさとは中国だ」と言って、2年に1度ほど必ず中国へ赴き、かつての友人と再会していた。

正月などで親戚が集まっても、みんな満州のことしか話さないという。満州に比べて日本がいかにつまらないか……近所付き合いは窮屈だし、土地も狭く、食べ物はおいしくない、そんなことがよく話されていた。

タモリも母親から、大連の大和ホテルの料理がおいしかったこととか、「学校に行く途中に生首が電柱に下げられていた」などの話を聞かされている。「俺にとっちゃアングラはホームドラマですね。なんてことないんです」とタモリは言う[4]。

そうした話の中で熊岳城《ゆうかくじょう》という地名が出てくる。祖父は30代で南満州鉄道熊岳城駅の駅長に就任していたのだ。また父は大連商業という旧高商を卒業して南満州鉄道の経理課に勤めていた。満州で暮らしていたのはタモリが生まれる前だが、タモリの鉄道好きはもしかしたら〝血筋〟なのかもしれない。

タモリは高校時代に中国の地図を見て、初めて具体的に熊岳城を知ることになるが、それまでは「ユウカクジョウ」と、音でしか認識していなかった。

「(熊岳城は) 果物と温泉の町で、グラジオラスか何かの球根をロシアから買ってきて植えたら、それが咲く駅として有名になったらしいんです」「おふくろも、『熊岳城はよかったよねぇ、フルーツの町で！ いちばんおいしかったのはラ・フランスね？』って言うんです。ラ・フランス？ 今でこそ流通しているけど、当時は、『なんだよ、それは』と」[1]

当時、満州で地位のある者は馬賊の賞金首になっていたという。駅長を務めていた祖父もその対象になっていた。

母が祖父専用の車に乗っていた時に、馬賊に襲撃されたことがあった。走行中の車の両側から囲まれ、銃弾が飛び交ったという。「危ないから顔を上げないでください」と運転手は言ったが、少女時代の母は怖いながらも試しに少し顔を上げた。すると「真赤な夕日が沈んでいて、馬賊の馬がそれを横切った」のが見えたという[4]。

「それがおふくろにはすごくスリルがあっておもしろかったって」[5]

「旦那が出張だから飲みに行こう」

タモリの母は「かなり翔んではいた人」[5]だったという。

「おふくろは、あの歳には珍しく、道徳的なことはひと言もいわない」「『かくあらねばならぬ』というものが、一切ないです。それは、その上の祖母《ばあ》さんも同じですね」「いまだに、どういう女なのか実体がつかみにくいですね」[4]

タモリは80年代中頃、村松友視《むらまつともみ》との対談で、「最近、ちょいちょいおふくろと付き合うようになって、いろいろ話を聞くんです」と語っている[4]。横浜に住んでいる母と、彼岸や盆暮れなどの機会に、年に2回ほど会うのだと。時には「旦那が出張だから飲みに行こう」という手紙が来ることもあったという。この頃は60歳を越えていたが、酒はタモリより強かった。

「一応薄化粧したおふくろが訪ねてきて『ああ、そうか』って言って酒を飲んで、『じゃ、今日は泊っていけよ』って、本当に楽に付き合えるんですね」「（母親と）ドロドロした人間関係がまずないというので、本当に気が楽ですね。これが最高のおふくろとの付き合い方じゃないですか」〔4〕

その「翔んでいた」母を象徴するエピソードがある。17か18歳の頃に「東京―満州大逃避行」事件があったというのだ。

「反対を押し切って満州から東京に来て、悪い奴に騙されて犯されそうになって、それで監禁されて、命からがら逃げ出して満州まで一人で帰ったんです」〔4〕

もちろん当時、飛行機などは使えない。東京から汽車を乗り継いで下関まで行き、フェリーに乗って、ソウル経由で満州までたどり着いたのだ。幸いなことに、祖母が万一の時に備えて、お金だけは十分に持たせていたため、ひとりでも帰ることができた。

この話をタモリの母は、朝5時まで話していたという。

「講談ですよ。壮大な物語です。私は酔っ払って、ほとんど内容を忘れちゃったんですけどね（笑）」[4]

タモリの母は20歳でタモリの姉を初産、23歳でタモリを産み、その約3年後に離婚、タモリたちと別居した。その後2度再婚をし、それぞれふたりずつ、計6人の子を産んだ。

タモリが小学校高学年の頃、別居していた母が再婚のお見合いをするため、半年ほど家に帰ってきたことがあったという。お見合い相手のひとりは自衛隊員で、お見合いがてらよく麻雀をしに遊びに来ていた。真面目な人柄でタモリは好感を持っていたが、祖父は反対した。いわく自衛隊や警察など、「制服を着てる奴が大嫌い」だと。しかしタモリに言わせれば、「てめえは鉄道で制服を着てたくせに（笑）」というところだ[4]。

だが祖父ばかりでなく、母親も「どうもにやけ過ぎてる」と難色を示し、タモリの血筋だけあって弁の立つ祖母も「ああいう態度の男ははっきりしない」「濡れ雑巾みたいな男」「濡れナマズ」と散々な評価で、結局この話は流れてしまう。その後別の男と再婚するが、それが誰なのかはタモリの知るところではなかった。

一個の女として見ちゃう

その母が一時帰宅中、「久し振りに、一緒に風呂に入ろう」とタモリを誘ったことがある。小学5〜6年生だったタモリが応じると、母は黒いスリップ姿で現れた。

「俺は当時、女というのは三歳上の姉さんか祖母さんしか知らないわけです。祖母さんはでかパンをはいてましたからね（笑）。だから黒いスリップを見た時は、ドキッとしましたもんね」［4］

それがきっかけで、実母を「女として」見てしまうようになったのだという。

「前は、結構いい女だと思った覚えがあるんですよね。離れて育ってるから、おふくろを一個の女として見ちゃうんですね」「やっても不思議はないんじゃないかと。ただし、(母が)妊娠しやすいから気をつけてるだけでね(笑)。それが近親相姦に一歩ブレーキをかけてるだけなんだよね」[4]

福岡の下町でスポーツ用品店を営んでいた母は、働くことが好きだった。タモリが中学生だった57年頃、母は「今に日本中にゴルフ場ができる。そこで、みんなゴルフをするようになるし、これは社交上必要なことになってくる」とゴルフブームの到来を予見し、祖父と意見が一致。さすがにゴルフ場の経営はできないため、ゴルフ用品の販売会社「森田ゴルフ」を立ち上げた。

大量に商品を仕入れたが、しかし1年たっても2年たってもゴルフは注目されない。結局3年目に店を畳むと、皮肉なことにその後まもなくゴルフブームがやってきたのだった。

倉庫にフルセットが余りまくっていたため、タモリは高校時代からゴルフをしていた。だから大人になった時はすでにゴルフに飽きていた。「なにを今更、あれは高校生のやるもんだよ（笑）」と、まだゴルフを再開する前のタモリはうそぶいている[4]。

タモリが高校生の頃、3度目の結婚をした母は、やがて横浜に移り住んだ。横須賀中央駅馬堀海岸の先に住んでいた母や母方の祖母に会いに行く時は「赤い電車」の京急電鉄を使っていた。先頭車両に陣取りそこから前面展望を眺めては、「お、このカーブをこのスピードで突っ込んでいくのか！」[6]と興奮。また横浜を訪れた時、「自分が思い描いていた都会は横浜だ」[7]と感じ入り大好きになった。ちなみに東急東横線沿いに現在の家があるのは、そのためだという。

この男、俺と違うな

南満州鉄道の経理課に勤めていたタモリの父親は、戦後、洋服の卸商を始めた。父は祖父母とそりが合わなかったため、離婚後は別居していたが、それでも時折タモリたちには会いに来ていたようだ。

「うちのおやじは、じいさん、ばあさんと合わなかったんです。オレはそういう分け隔てないでしょう、おやじとじいさん、両方親みたいなもんで……。おやじがたまに来るとうれしいから、いろんなことをおやじに向かってしゃべってた。するとおやじが『おまえはよくしゃべるね、うるさいよ』と言ったわけ。それからおやじが嫌いになった。この男、オレと違うなっていう……」[8]

そんな父は、家を訪れるたびにお土産を買ってきてくれた。しかし、ある時それがなかったことに腹を立てたタモリが、しつこく「責任を追及」したところ、逆に怒りを買ってしまう。

殴られ方が異常だったため、タモリはそのことをよく覚えている。片方を母が、片方を祖母が持って、タモリは宙に浮いていた。その状態で父に尻の辺りをビタビタと殴られた。「あれから歪《いびつ》な性格に……（笑）」[8]

「真面目」で、「根は暗そうだったけど、冗談は好きなオヤジ」だったという。

「でも、オレにしょっちゅう言ってたのは、冗談とホントの区別をつけろってこと（笑）。オレは小さいころ、それが不思議で、なんで区別しなきゃいけないのかって思ってた。だったら冗談やる意味がない」[5]

3歳上のタモリの姉は、商売や交渉事のヤリ手だったようだ。ピアノをやっていた彼女は、楽器店の支店長に惚れられて結婚した。「そこでピアノの値段を大幅にたたくとか、かなりの手腕を見せた」[5]という。

家を買う時も、不動産屋の手数料を負けさせたりしていた。そのやり方が振るっていて、「おかしくもないのに、『負けなさい、ネ、アハハハ』とか相手を笑いにまきこんじゃって」負けさせたという。その手腕にタモリは舌を巻いた。

「オレは人前でみんなを笑わせることは得意だけど、姉のような才覚はない」[5]

「一義クン、キミには言わなかったが……」

タモリの祖父は30過ぎで満鉄の駅長になり、40過ぎで辞めてからは、満州で財産を処分した金を元手に借家を7軒と山を買って生計を立てており、86歳で他界するまでほとんど働かなかった。タモリの修学旅行にもついてきて、先生と宴会で盛り上がっているような人だったという。

祖父はタモリをいろんなところに連れて行ったが、子どものタモリの歩幅に合わせて歩くようなことはしなかった。タモリは祖父と出かける時はいつも小走りで、そのため足が自然と速くなったという。

親戚や友人たちとは、麻雀などで遊んでばかりいた。タモリは祖父から、生涯で2冊だけ本を買ってもらったという。その2冊とは『麻雀の打ち方』と『麻雀の勝ち方』。小学校3年生の時だった。一族はみんな麻雀をしていて、その輪に入るためには麻雀を覚えなければならなかったのだ。

「麻雀で仲たがいしてこなかった親戚もいたりして（笑）。それが折れてくると、うちのじいさんは『よくきたな。麻雀しよう』って、またすぐ麻雀にもどるんです」[9]

同じ頃、酒も教わった。「晩酌の日本酒に口をつけないと飯食わしてもらえなかった。厳しかったですよ」[10]

中学の頃にはもう麻雀も飽きていて、酒も嫌いだったタモリは、「中学に入って『これで晩酌と麻雀をやんなくていい』ってホッとした（笑）」[10]という。

祖父はまた「趣味で」福岡の中洲検番（料理屋、芸者、待合の業者による組合事務所）に勤めたこともあった。芸者の手配をやっていたという。子どもの頃は「硬くて融通のきかない真面目な」祖父というイメージをタモリは持っていたが、実は大間違いだった。

「あの人は、一生芸者から手を引けなかったという人なんです（笑）」[4]

タモリが東京でモダンジャズ研究会の司会者として活躍していた23歳頃、祖母が他界する。その後、祖父の面倒を見るため、タモリは福岡に呼び戻された。しかし祖父がひとり暮らしをしているはずの家の玄関には、見知らぬ女物の草履があった。「誰かお客が来てるのかな」と思ったタモリは客間を覗くが、誰もいない。2階に上がって祖父の部屋を開けると、祖父の横には女性がいた。気を利かせて外に出ようとすると祖父が口を開いた。「一義クン、キミには言わなかったが……」。祖父は76歳で62歳の女性と再婚していたのだ。

ある時タモリが、「だいたいできるのかね」と祖父に尋ねると、「一義クン、わたしどもの年になると、もうダメだね。一週間に一ぺんぐらいかね」と答えたという[8]。

福岡にいる理由がなくなったが、タモリはその後地元でサラリーマン生活を、30歳まで続けることになる。

タモリ一家は強烈なエピソードに事欠かない。「無軌道が森田家を発展させたわけです」とタモリは笑う[4]。

おとなしいんだよ、困ったことに

福岡に帰ったタモリは、親族によって半ば強制的に就職させられた。朝日生命の営業職に就いたが、保険勧誘時に「理論で屈伏させてやろうと、淀みなくしゃべり続けた」のが災いし、成績は振るわなかったという。人は「理論で押しまくられると、感情で反発するもの」だと実感することになる[11]。

苦戦していたタモリを救ったのが2歳年上の先輩、春子《はるこ》さんだった。「この人のところに行きなさい。きっと大口の契約をしてくれるわよ」と、大事な得意先をタモリに紹介したのだ。そのことがきっかけとなってふたりは交際を始め、やがて結婚したという[12]。

タモリはめったに妻のことを話そうとしない。80年頃に行われた檀《だん》ふみとの対談でも「面白くないもの、そんな話」と触れようとしなかった。

「どうして？　でも、どっかで読んだら、すばらしい日本女性の鑑みたいな」と檀が話を振っても「違う、違う。（話を）仕立てる人が多いの」と否定する。「でもわりとおとなしい……」と食い下がるが、タモリは「おとなしいっていうか、女のおとなしさってわからないじゃないの。そういう女に限って、陰で何やってるか本当にわからないね」と毒づくばかり。「じゃあ、奥様はおとなしくないんですか」とさらに踏み込むと、「おとなしいんだよ、これが（笑）、困ったことに」と笑う[13]。

この精一杯の照れ隠しの表現が、春子夫人への愛情の深さを雄弁に物語っていると感じられるのだ。

夫人は物事に動じず、愉快な人だという。福岡から上京し、そのまま赤塚不二夫邸にタモリが居候した時も、約半年間黙ってタモリを待ち続けた。タモリは「聞かれなかったから」と赤塚たちに春子夫人の存在を話さず、彼女にも連絡を取らなかったという。

上京する前もタモリは猫のようにふらっと家を出て行くことがあった。そんな時も、夫人は、「そのうち帰ってくるだろう」と意に介さなかった。

夫婦の間に子どもはいないが、常に猫や犬を飼っていて、パトラという猫がいた。ほとんど家族以外になつくことはないが、なぜか黒柳徹子にはすぐに心を許した。一方マツコ・デラックスには敵意むき出しで、これまでタモリすら見たことがないような表情で威嚇したという。

タモリは80年頃に、「ノラの餌付け」が楽しみのひとつだと述べている。

「暇なころの私は、博多で二回、友達のアパートに転がり込んでいた学生時代に二回、結婚してから一回、餌付けに挑戦し、二勝二敗一引き分け（いずれもKO勝ちで、うち一回は薬物入りオレンジ使用）の記録を持つ」[14]

人間をなかなか信用しない猫、それも成猫《せいびょう》の餌付けは、「忍耐、努力、理解、そして暇を必要とするもので、だからこそ、やりがいのあるおもしろさに満ちている」[14]と。

だが、成猫の餌付けには、「家が汚れ傷つく」「おのれが傷つく」「（理解のない）女房といさかいがおきて、刃傷沙汰になる」などのリスクを伴うと、「日本成猫餌付け協会・会長」を自称するタモリは主張するのだった。「セイビョウの餌付けは家庭を破壊する」[14]

しかし、タモリがコツコツと餌付けした猫たちは、タモリよりもすっかり春子夫人になついてしまったという。――タモリが彼女になついたように。

[1]「タモリ先生の午後2006。」『ほぼ日刊イトイ新聞』(06)
[2]『徹子の部屋』テレビ朝日(12・12・27)
[3]『徹子の部屋』テレビ朝日(88)※放送日不明
[4]『ビッグトーク』文藝春秋・編/文藝春秋(86)
[5]『愛の傾向と対策』タモリ、松岡正剛/工作舎(80)
[6]「TITLE」文藝春秋(06・10)
[7]「TAMORI CUP」公式HPインタビュー
[8]『タモリと賢女・美女・烈女』家庭画報・編/世界文化社(82)
[9]『こんな男に会ったかい 男稼業・私の選んだベスト9』村松友視/日本文芸社(84)
[10]『阿川佐和子のこの人に会いたい 8』阿川佐和子/文藝春秋(11)
[11]『加藤登紀子の悪男悪女列伝』加藤登紀子/潮出版社(85)
[12]『タモリ』武市好古・編/福武書店(83)
[13]『逢えばほのぼの 檀ふみ対談集』檀ふみ/中央公論社(82)
[14]『私の猫ものがたり』中村紘子、タモリ他/集英社(83)

6

タモリにとって「他者」とは何か

ずっと製材所の作業を見守ってた

2012年の『27時間テレビ』内「ネプリーグSP」に、タモリに関する常識クイズが出題される「タモリーグ」なるコーナーがあり、そこで往時の貴重な映像も放映された。

その中に、タモリが『11PM』(日本テレビ)に出演した際のVTRがあった[1]。この映像は局には残っておらず、たまたま担当のディレクターが私物として所持していたビデオを借りたのだという。

そこで当時33歳のタモリがイグアナやビーバーの、そして赤塚不二夫がワニの形態模写を行い、最後にふたりで「製材所」のネタを披露した。電動の木材加工機(カンナ盤)に、さまざまな種類の木材を手押しで送り込んでいく様子を再現する芸だ。丸太、皮つき杉、釘付き角材、ベニヤ板、木っ端などが、高速で回転する刃で削られる際にそれぞれ発する、音やブレ方などの違いを表現している。一般の人にはさほど馴染みがある光景ではないにもかかわらず、なんとなく「あるある」と笑いを誘われてしまうのだ。

VTRの後、この芸が誰の発案によるものか問われたタモリは、懐かしそうに語った。「これは俺が考えた」「昔、製材所が市場の横にあってばあさんと買い物に行った時、ずっと俺は製材所の作業を見守っていた。それを思い出して」と。

タモリは対象を注意深く〝観察〟する男である。

87年10月、開始から5年を経過してマンネリ感が漂っていた『いいとも』の現場に、プロデューサーとして着任したのが、かつて『オレたちひょうきん族』、そして『いいとも』のディレクターを務めた「サトちゃん」「ゲーハー佐藤」こと佐藤義和《さとうよしかず》だった。復帰した佐藤はディレクター陣を一新させ、出演者も大幅に入れ替えたという。

そこから間を置かず、佐藤にタモリから一本の電話があった。「飲みに行かないか」というのだ。なんの用事かと思いながら並んで飲んでいたが、タモリはバーのママとばかり話している。しかし次の日もまたタモリから電話がかかってきて、佐藤はバーに向かう。だがやはりタモリから何か話があるわけでもなく、ただふたり並んで飲んでいたのだという。

それが1カ月ほど続いたある日。タモリは「送っていくよ」と、佐藤のマンションまでタクシーに同乗した。そしてタモリはついに、佐藤に声をかけたという。「佐藤ちゃん、今度の改革、成功だったね」と。

佐藤は自身の著書『バラエティ番組がなくなる日――カリスマプロデューサーのお笑い「革命」論』でこう語っている。

「（タモリは）私がプロデューサーとして信用できるかを1ヶ月間、観察していたのだろう。私を観察しながら、番組の成り行きを観察し、やっと『君を信用するよ』というOKのサインを出してくれたのである」〔2〕

もともと孤独だから、俺は

製材所のエピソードでもわかるように、タモリの観察癖は幼少時からのものだ。第1章でも触れたが、タモリは「ぎんぎんぎらぎら……」とお遊戯するマリア幼稚園の園児たちを外から観察して「俺はこんな子どもじみたことはできない」と入園を拒否。その代償として、以後孤独な時間を過ごすことを強いられた。同年代の子どもたちはみんな幼稚園に通う中、残されたのはタモリひとり。家の中心は大人たちで、朝ごはんを食べた後は「死ぬほどヒマ」だった。

「じいさんばあさんの友達とか、大人たちの会話を聞くしかないんです。そうすると精神的にものすごく大人になる。会話も考え方も、どうも子供らしくなくなっちゃって」[3]

また家でしばしば行われる宴席においても、居場所を見出しづらかった。

「大人ばっかりが楽しんでるんですよ。親戚とか来て。酒のんでダジャレ言ってさ、下ネタとかね。麻雀かなんか始まったりして。俺たちはもうどんちゃん騒ぎの横のほうで姉と2人でコソッとご飯を食べて」[4]

当時のタモリの家は長い坂道の途中にあった。

玄関を出てすぐにある石垣にもたれ、その坂から見える町並みや、そこを行き来する人々を、来る日も来る日も観察していた。やがて誰がどの家の人かがわかるようになり、それがわからない人が坂を通ると、タモリは後をつけて、どこに住んでいるかを確認するようになった。

そして祖父母に、その人の家族構成や隣人関係を尋ねた。大人同士の会話に夢中だった祖父母も、その時は丁寧に教えてくれたという。もしかするとタモリは、道行く人々の観察自体を楽しんでいただけではなく、祖父母の話を聞きたくて、見知らぬ人々を探していたのかもしれない――というのは邪推だろうか。

坂の上に佇む少年の名が森田一義であることが近所の人々に知れわたる頃には、彼の頭の中に近所の家と人とを紐付けた地図が完成していたのだった。

そんな「孤独」と「観察」の日々に終止符を打ったのは、小学校への入学だった。

「私は団体の中に埋没する悦びを知り、以後、自己と対峙することも真摯に自己と向き合うこともありませんでした」[5]

それは逆に言えば、幼少の頃から孤独の中で「自己と対峙」し、「真摯に自己と向き合う」日々を送っていたということに他ならない。

以前タモリは「全然寂しくない。もともと孤独だから、俺は」とうそぶいたが[6]、それはあながちギャグでも誇張でもなかったのかもしれない。

根が暗いヤツを揶揄《やゆ》したい

数々のモノマネ芸において、タモリの観察眼は遺憾なく発揮される。有名な「イグアナ」や、前述の「製材所」などもそうだが、その真骨頂といえるのが「思想模写」だろう。しゃべり方や声、仕草を似せつつ、「架空のものでありながら、いかにもその人が語りそうなことを、延々と語る」というもので、これが後のモノマネ芸人たちに与えた影響は小さくない。

その代表作が「寺山修司」だ。実はこのモノマネの元祖は、三上寛《みかみかん》である。青森出身のフォークシンガーであり、新宿のスナック「ジャックの豆の木」の常連だった三上は、熱心なファンだった寺山修司のモノマネをタモリらに披露する。それは大ウケし、「最初に聞いた時はひっくり返った」というタモリは、そのモノマネを観察し完璧にコピーした。寺山の本は1冊も読んだことがないにもかかわらずだ。

かつて『すばらしき仲間』（TBS）という番組で、この元祖（三上寛）とコピー（タモリ）による「寺山修司対談」が披露されたこともあった。

コピー そういうことではなくてですね、つまりこのぉ、アイロン台のうえでミシンとこうもり傘が出会う不思議さっていうのをプルトンが言ったわけだけれども、僕は決して不思議ではないと思うわけです。つまり人間の長い歴史、あるいは自然の長い歴史を考えた場合に、パンジーがすぐにコップに乗り移ったとしてもそれは自然のひとつだと思うわけであります。

元祖 コップはコップであってもコップが壊れるであろうという真実の中ではすべての社会現象が壊れてしまうということでしょうか。

コピー つまりその周りを取り巻く現象の中で、つまり存在そのものが光りうるっていうひとつのことがあるわけですね。

元祖 つまりコップがここにあるっていう、つまりなぜあるのかっていうのは非常に西洋的な発想であって、つまり僕ら東洋人っていうのはここにある、つまり壊れてしまう、つまり世界をも変えてしまうこともあるということでもありますね。

コピー つまり存在っていうのは非存在の裏付けがあるから成り立っているとあなたは言いたいわけですね。

元祖 つまりこういう存在の裏の……観念的なこと……僕は観念は嫌いなんだな！

[7]

タモリの「思想模写」は他に野坂昭如《のさかあきゆき》や竹村健一、田中角栄、大橋巨泉、永六輔など多岐にわたるが、モノマネ自体は「自分で聞いてもへただと思う」と言う。

「練習したってだめだね、できないね。ほっとく、できないやつは。巨泉なんて、やろうと思っても二年ぐらい何にもできなくてね、ほっといたの。ある日突然できるようになるんだね」[8]

できない時は何もしない。そんな時にやっているとますます似なくなってしまう、やりすぎるとダメだという。もともとモノマネは「好きだけど得意ではなかった」ようだ。81年のインタビューでは、こう答えている。

「考えてみると、あの人の物真似をやろうと思うときというのは、ぼくの場合、いつもなんか『アノヤロー』っていう感じがあるんですね。『アノヤロー』って思うから物真似しちゃう」[9]

「何言ってんだ」と、聞いていて引っかかりがあるから真似したくなる。

「興味はあるんです。だから案外、自分も同じような部分を持っている人かもしれない。それだからできる、ということもあると思うんです。ただどちらにしても茶化してやろうという気分は強いですね」[9]

動機の源は「イジワル」だ。「根が暗いヤツを揶揄《やゆ》したい」[10]

マネも自分がまったく変わるほどにいくと面白い

タモリのモノマネの手法は独特である。

「たくさん材料を仕入れるより、何か一つ見て、それをヒントに自分の中でふくらませていく。そのほうがそれらしくなる」「その通りやろうとするとかえってギコチなくなる」[10]

タモリはあるひとつの要素をサンプルとして抽出し、想像の中でクローンのように培養し、モノマネとして再構築していく。その場合、形態模写はもちろんだが、そうでない場合もまず形から入っていくことが多い。そして「できればその人格が乗り移ってほしい」と思いながら真似をするのだ。

「そのものに、どうしたら自分がなり切れるか。どうやったらその心境までいけるか、そればっかりを一所懸命やる。なにか、そのほうが面白さが出ると思うんですよ」[9]

かつて「北海道でどんちゃん騒ぎをする会」というイベントが開催され、そこに女性記者が潜入し、帰りのバスでタモリにインタビューを始めた。タモリはそれに寺山修司の口調で答える。するとだんだんドライブがかかり、あたかもタモリに寺山が乗り移ったかのように、何も考えなくても、良いフレーズが次々に溢れ出てくる。「自分でもワァー、オレたいしたものじゃないかとおもうくらい(笑)」。そして「すごく楽なのね。自我滅却」と笑う。「マネも自分がまったく変わるほどにいくとおもしろい」[10]

タモリは他者を観察し、思想まで模写することによって、自我からも解放される自由を手に入れた。すでに幼少時にその萌芽があった観察眼は、タモリの複雑な家系、家族関係に因るところもあるのではないだろうか。そうした環境であればこそ、大人たちの動向をつぶさに観察せざるを得なかったのだろう。そこで幼いうちにも、家族を客観的に俯瞰して見るような身の処し方を会得していったと考えられる。言い換えればそれは、家族の中にあっても「他者」を意識せずにはいられないということだ。

82年、『テレビファソラシド』（NHK）で人気を博していたタモリは加賀美幸子とともに、首相官邸でのパーティに列席した。その際に加賀美は、タモリがずっと部屋の隅にいるのが気になって、そのわけを尋ねた。するとタモリは「ここが一番よくものが見えるんです」と答えたという。

「俺いつも隅っこにいるんです。小さいときも遊園地の隅っこにいた。結局、傍観者でいたいんでしょうね。でも隅っこで見ていると面白いですよ。いろんな奴が真ん中にしゃしゃり出て」[11]

そうしてタモリは、いつも外部からの視点で眺めてきたのだ。

軽く人間が好きじゃない

「友達なんかいなくたっていいじゃないですか。ゼロだってかまいはしないんですよ」[12]

タモリは「友達は多いほうが良い」という通念や、童謡『一年生になったら』の歌詞「ともだち100人できるかな」を「何言ってるんだよ」と批判する。

「(友達なんて)できる時はできるし、できない時はできない。いらない」[12]

幼稚園に行かず、倉庫に置いてあったガラクタを組み立て、列車を作るなどして「ひとり遊び」に興じていた幼少期。当時、子どもたちの間で流行っていたメンコやベーゴマも知らなかった。だから小学校に入るとそういう遊びが新鮮で面白くて仕方なかった。「始めは引きずり回され」るように、周りの友達に従って遊んでいた。

「そのうち自分が率先してやるようになって（笑）、人前でウケることを覚えたりして」[13]

やがてタモリは小学校2年生の頃には級長を務めるなど、クラスの中心となっていった。しかし、4年生になると状況が変わる。学年のボスのような存在が現れたのだ。身体が大きくてケンカが強い男。タモリはそれを取り巻く集団が大嫌いだった。

「カッコよく言えば一匹狼、悪く言えば仲間はずれだね。だから十人ぐらいに周り囲まれてなぐられたこともあるもの」[8]

自分を取り囲んでいる集団の中に、「こいつだけは俺の親友」だと思っていた者もいた。しかしその男こそが「間者となって密通していた」のだ。あまりのことにタモリは愕然とする。

「痛さよりも口惜しさで涙が出たね。あれからだよ、世の中を恨むようになったのは」[8]

そして再び、「急に友達がいなく」なったタモリ。「僕は人間がちっちゃいし、どちらかと言うと軽く人間が好きじゃない（笑）。人見知りで、まず人を否定するところから入る」[14]というタモリ独特の人間関係に対する距離感は、この時形成されたのかもしれない。

この世界では、人見知りしか成功しない

タモリは『いいとも』で、自分と同じく暗い幼少期を過ごした俳優・阿部《あべ》サダヲと、こんなことを語っている。

「人生ずっと、ど厚かましい奴って（芸人や俳優に）なれないよね」「いっぺんどっ

かでこうひっくり返るからなれる、みたいなとこ、あるよね」[15]

　タモリも小4の苦い経験を経て、5年生の頃には友達を強引に口説いて「カラス天狗」のコントを披露するほどになっていた。

　どこでも関係なくノリまくれるヤツはお笑いの世界で大成したためしがない、というのがタモリの持論だ。とにかく積極性が重視されがちと思われる業界だが、だからといって周囲のことなどお構いなしに、自分のペースだけで押し切ろうとするようなタイプは、やはり適性があるとは言いがたい。

「その場がどういう状況なのか、自分で感知する能力がないとだめなんだよ。どこでも同じノリをしちゃうヤツは、そういうのが働かない」[16]

　人見知りで悩んでいた南海キャンディーズの山里亮太《やまさとりょうた》は、タモリから「人見知りは才能」だと言われたことが救いとなった[17]。人見知りの人は、相手の気持ちを先回りして想像するあまり、相手としゃべれなくなってしまう。しかしそれこそが「神様から与えられたすばらしい才能」なのだと。
人見知りの人は、他者の言動や反応をよく観察し、思いを巡らせるがゆえに、そのリアクションを前もって想像することができる。これを言ったらいやがられるんじゃないか、と思えるのであれば、これを言ったら喜ばれるんじゃないかな、という想像もできるはずだ。であればその場の流れを読むこともできよう。だから人見知りは弱点ではなく武器になる。すなわちこうだ。

「この世界（芸能界）で戦っていく人は、人見知りしか成功しない」[17]

そう。つまり他ならぬタモリ自身も、大いに人見知りであるということだ。

テレビを見ていると、大体人間わかりますよ

タモリは芸能界入りするにあたり、自ら4つの戒律を定めたという。

1　だれの弟子にもならない
2　組織には属さない
3　頭をなるべくさげずにカネをもうける
4　色紙にサインをするときは、名前の横に添えるモットーのようなものは持たない[18]

戒律のうちふたつが人間関係に関するものだというのが、実にタモリらしい。「普通はタレントとしてある程度になると自分が親分になってグループを作るんだけど、タモリは一切そういうことをしないからね。そのセンスがかっこいい」とタモリを評したのは山下洋輔だ[19]。

自ら「だれの弟子にもならない」と考えるのと同様に、弟子志願の者が来ても断るという。「だって俺がやってるもので教えることなんて何もないもの」[3]とタモリは言う。

弟子は取らない主義だが、まれに「付き人」や「運転手」などという形で雇うこともある。現在、イワイガワというコンビで活躍する岩井《いわい》ジョニ男《お》もそのひとり。岩井は弟子入りしようと、タモリ邸の前で帰宅を待った。もちろんタモリは「弟子は取らないから」と相手にしない。しかし岩井はその後1カ月に渡り自宅に通い続け、ついにタモリは「近所迷惑だから」と岩井を自宅に招き入れ、弟子を取らない理由を真摯に語りかけたという。

「この世界はフィーリングだから、どんなに面白くても嫌われる奴はダメで、どんなにつまらなくても好かれる奴は成功する。それを君に教えることはできない」[20]

つまりこの世界では、人間性こそがもっとも大事だというのだ。その人間性を、その人の本質の部分を、テレビというメディアは如実に伝えてしまう。タモリは別のインタビューで、このように語っている。

「テレビっていうのはある面でおそろしいのは、その人の本当のところがよく映るんですよ」「テレビじっと見ていると、大体人間分かりますよ。表づらだけじゃなく。怖いですよ」[11]

テレビによって映し出される世界は、「現実」とは似て非なるものであり、いわば恣意的に作られたものだ。しかし、いやだからこそ、そこにいる人間のごまかしようのない部分は、よりリアルに生々しく浮き彫りにされてしまう。

ちなみに岩井はその翌日もタモリ宅を訪問。「昨日言ったことわかった?」と呆れられるもさらに通い続け、19日目についにタモリは根負けし、運転手として雇い入れたという。

東京のお父さん

一方でタモリは「少しでも才能のあるやつはつぶす」[21]などとうそぶき、果ては「こうなったらもうお笑い界の重石になってやろう」[22]と宣言し「(お笑い界の)フタ歴17年」[23]と胸を張る。

しかしオリエンタルラジオの中田《なかた》敦彦《あつひこ》は、タモリをこう称える。

「タモリさんは照れ隠しで『俺は若い芽を摘もうとするんだよ。だけど勝手に伸びちゃうんだよね』なんて言ってるけど、ひょうひょうとしながらもどんどん下が育ってる。名君の証」「史上最高の名君ではないか」[24]

ナインティナインの岡村隆史は、タモリを「東京のお父さん」と呼び、慕っている。他にもさまざまな芸人たちがタモリとの共演を「やりやすい」と語り、惜しみないリスペクトを捧げている。芸人だけではない。たとえばＳＭＡＰの草彅剛もタモリに強い尊敬の念を抱いている。『27時間テレビ』で１００キロマラソンに挑んだのも、タモリが司会を務めると聞いたからだ。

「今の僕があるのもタモリさんのおかげなんで」「『いいとも』の後説が終わるたびに毎週タモリさんの楽屋に行って『僕、しゃべれなかったんですけど、大丈夫でしたか？』『別にいいよ。そんなの気にすることでもないから。流れがあるから、それはそれでいいよ』みたいなことを言ってくれてそれは凄く助かりましたね。タモリさんの背中とか見てると自分の考えている悩みとかがなんか解消されていく瞬間っていうのが多々あって。ああいうお父さんいたらいいですよね」[25]

「絵を描いたらどう？」

タモリは共演者をよく観察し、その良さを引き出していく。意外な才能にいち早く気付き、たとえば片岡鶴太郎《かたおかつるたろう》が絵を描くきっかけを作ったのもタモリだという。

タモリが描いた、前述の佐藤義和プロデューサーの似顔絵が「サトちゃんシール」として、当時『いいとも』のノベルティグッズとなっていた。それに触発されて似顔絵を描いていた鶴太郎に、タモリは画家の村上豊《むらかみゆたか》を紹介したのだ。

初めて本格的に描き上げた鶴太郎の絵は、『いいとも』のオープニングコーナーで、「これは誰が描いたでしょう？」と披露された。玄人はだしの作品を前に、観客は首を傾げるばかり。「鶴ちゃんが描いたんだ」と明かすと、大きな驚きの声が返ってきた。

そして番組を観ていた横尾忠則《よこおただのり》から電話がかかってきた。スタッフが受けた電話を鶴太郎がかけ直すと、「この絵は売る気ないの?」「僕の絵と交換しない?」と絶賛されたという。そこから鶴太郎は、さらに本格的に絵の道に進むこととなった。

キングコング西野亮廣《にしのあきひろ》に絵本を描くのを勧めたのもタモリだ。仕事に行き詰まっていた西野に「絵を描いたらどう? 絵本を作るとか」と。その後創作が思うに任せず、くじけそうになっていた西野を、タモリは「厚揚げのおいしい店がある」と誘った。そこでタモリは店主に頼んで、カウント・ベイシー・オーケストラの映像を流してもらう。


「マスターがベイシーが大好きで大好きで、店名も『ベイシー』と付けた店があるんだよ。東京からずっと離れた田舎の店なんだけど、オープンから20年経って、なんと、ベイシーがその店に来たんだ。自分の名前を付けてる店が日本にあるという話が回りまわって本人の耳にも入ったってことなんだよな」[26]

そんなタモリの話に感心しながら西野はハッと気付く。

「これを言うために、タモリさんはここの店に僕を連れてきたんだと。続けることは大変だけど、その先には何かがある。アホな僕が話の本質に気付いた瞬間に、タモリさんが店主さんに『厚揚げ、ちょうだい』とおっしゃいました。あくまでも、目的は厚揚げを食べに来たんだよという優しさをこめて」[26]

そのように、押し付けではなく、さり気なく道を示しているのだ。

若い奴らは若い奴らでやればいい

「あまり他人のことっていうのは興味ないですね（笑）」[10]

「僕ね、人間関係をうまくやろうとか、気を遣って何かやるのはめんどくさいんです」[3]

などと言うが、タモリがもっとも気を遣っているのは他者との距離感だ。学生時代から親戚や友人の家に居候し居候人生を送ってきたタモリ。赤塚不二夫邸に居候し、テレビに居候するように出続けてきたタモリは近年も、自宅に3人の居候を住まわせていた。卑屈になったり、いちいちお礼を言い合うような他人行儀な感じだったり、あるいはベタベタした感じでもなく、「いつ来ても、出て行ってもいい」というような乾いたスタンスは、タモリの人間関係に通底する距離感だ。

「基本的な俺の姿勢は、若い奴らは若い奴らでやればいい、ということ。俺たちもそうやってきたわけだしね。同じ年代同士でやればいいんで、かかわりあいなんて必要ない」[27]

そうやって他者との関係も自由であり続けるのだ。

『27時間テレビ』で草彅は、タモリのそうした考え方を継承するかのように、「スタジオにタモリさんがいて、僕が外で走っている。そんなベタベタしてない距離感が良い」と語った。

〔1〕『11PM』日本テレビ（79・8・8）
〔2〕『バラエティ番組がなくなる日　カリスマプロデューサーのお笑い「革命」論』佐藤義和／主婦の友社（11）

[3]『阿川佐和子のこの人に会いたい 8』阿川佐和子／文藝春秋（11）
[4]『笑っていいとも！ 増刊号』フジテレビ（11・12・4）
[5]『タモリのTOKYO坂道美学入門』タモリ／講談社（04）
[6]『タモリ倶楽部』テレビ朝日（12・2・3）
[7]『すばらしき仲間傑作集 タモリの深夜の大狂宴』日本フォノグラム株式会社（92）
[8]『逢えばほのぼの 檀ふみ対談集』檀ふみ／中央公論社（82）
[9]「広告批評」マドラ出版（81・6）
[10]『愛の傾向と対策』タモリ、松岡正剛／工作舎（80）
[11]『やわらか色の烈風』加賀美幸子／筑摩書房（86）
[12]『笑っていいとも！』フジテレビ（13・1・8）
[13]『こんな男に会ったかい 男稼業・私の選んだベスト9』村松友視／日本文芸社（84）
[14]「SWITCH」スイッチ・パブリッシング（09・7）
[15]『笑っていいとも！』フジテレビ（11・4・22）
[16]「SAY」青春出版社（88・5）
[17]『ホンネ日和』TBS（11・5・29）
[18]「日刊スポーツ」日刊スポーツ新聞社（96・5・19）
[19]「クイック・ジャパン」Vol・41／太田出版（02・02）
[20]『Aトピちゃん!!』『ワタナベプラス』（12・10・27）
[21]『笑っていいとも！』フジテレビ（06・3・13）
[22]『とんねるずのみなさんのおかげでした』フジテレビ（07・10・4）
[23]「パピルス」幻冬舎（08・10）
[24]「オリラジ株主総会」『よしログ』（11・5・20）
[25]『FNS27時間テレビ』フジテレビ（12・7・22）
[26]「〈私の恩人〉キンコン西野を救ったタモリの一言」『THE PAGE』（13）
[27]『どっかおかしい』高橋章子／講談社（86）

7

タモリにとって「エロス」とは何か

ファーストキスは祖父

タモリは自分の「恋愛」に関する話を、なかなかしようとしない。たとえば「タモリさんってどれくらいお付き合いして結婚されたんですか？」と聞かれた時も「もう随分前だから忘れちゃった」[1]とかわしたり、たいてい「俺の話は良いよ」と話を終わらせる。

松岡正剛との対談で、得意のいたずら話の数々を披露した際に、そうしたいたずらは家庭内でも行うのかと尋ねられたタモリは、「うちじゃあまりやらない」と答えた。

「女房が根の暗いヤツだから、合わせてオレもおとなしくしてる。昔はうちも明るい家庭でね、いろいろ遊びを発見したりしてね（笑）。帰ってくるとどっちかが隠れてる。押入れの中だとかにね（笑）」[2]

夫婦間でかくれんぼをしていた——そんな微笑ましいエピソードが語られたこともあったのだ。

そしてタモリの性の目覚めも「かくれんぼ」と切り離せない。子どもの頃、防空壕跡で友人たちとかくれんぼに興じていたタモリ。すると隠れようとした場所に、当時好きだった女の子が先に立っていて、息を潜めていたのだ。そこに寄り添うように座ったタモリは、彼女の「腰」を感じていたという。「防空壕には甘酸っぱい思い出がありますよ。あの頃もう立派な男だったんですねえ」と『ブラタモリ』で語っている[3]。

そんな多感な少年だったタモリは、小学生の時に「キスというのは口と口を合わせるもの」だと知り、就寝時、祖父を相手に実践した。当然だがものすごく叱られたという。「あれ以来、オレ、キスつうのは、すごくいけないものだなあと……（笑）」[4]

男はエントリーしなきゃダメだよね

生涯でいまだに「告白されたことなんて一度もない」[5]というタモリ。ではただ単に女性からのアプローチを待つだけで、手をこまねいていたかというと、そうでもないようだ。

女性にモテなくて悩んでいたある若い男がいた。さまざまな面白い話で大いに盛り上げ楽しませているにもかかわらず、結局「いい人」止まりで終わってしまう。タモリはその男に「とにかく相手にしゃべらせろ。しゃべり尽きたときに、ちょいと餌を与えてやれ。それがモテる秘訣だ」[4]と助言した。1980年頃のエピソードである。

女性はもともとしゃべりたいものなのに、その機会を与えなければモテなくて当然だ。また男は女性から相談されるとなんとか解決策を見出そうと考える。しかし、真摯に答えを出せば出すほど女性は不満に感じるのだと、タモリは指摘する。

「(女性は) 解決しようと思って相談してる訳じゃない。喋りたいからその、全部喋ろうと思ってるわけね。だから女性との会話に対して『No』とか『Why?』とかはないんだ。『Yes』しかない」〔4〕

女性に対するコミュニケーション術においては、今でこそ一般的な考え方もしれないが、タモリはこれを30年以上前から実践していたのだ。

「男はエントリーしなきゃダメだよね。選択権は女にあるんだから。みんなが (速水《はやみ》) もこみち (のような美男子) を選ぶとは限らない」〔6〕

恥をかくのをいやがって告白しない男が増えているという話になった時も、「それはダメだね」と断言した。

「恥かいて恥かいて、それもう泥まみれになってケダモノとか言われながら、成長していくんだ。行かなきゃ！ ケダモノ呼ばわりされて、足蹴にされて、それでもハイヒールにくらいついていくんだよ」[7]

「惜しい」の色気

吉永小百合《よしながさゆり》は、タモリにとっての理想の女性像だ。

「小百合さんのような美しい顔は偶然にしろ何兆分の一の確率でできた顔だと思います。それゆえに守りつづけていかなければ……そうです、国が保護をして、国民の宝として有形文化財にしなければ、と痛切に感じております」[4]

吉永小百合の前では、タモリもひとりのミーハーになってしまう。同じ早稲田大学に通っていた頃、偶然にも学食で吉永と同席したことがあるという。タモリが天ぷら入りのラーメンをすすっていると、吉永がコーヒーとトーストを持って正面に座った。吉永はトーストを一切れ食べた後、二切れ目は少し口をつけただけで残し、席を立った。その残されたパンを前にして、タモリは煩悶した。

「持って帰ろうかと思って、考えていたんです。だけど、『オレは硬派の人間である。芸能人に媚びるような真似だけはしたくない』と思った。でも、やっぱり欲しい。で、やっと決心した瞬間、ウェートレスが来て全部持っていっちゃった」[4]

ちなみにこのエピソードはラジオでも話され、それが歪曲して伝わり、「タモリが吉永小百合の食べ残しをムシャムシャ食べた」と広まった。

その後初めて吉永小百合と料亭で食事をした時は「座布団のはじのフサフサを全部むしり取ってしまいました（笑）」というほど緊張したという[8]。

また85年1月15日には、一緒にラグビー日本選手権を観戦。ハーフタイムに吉永からもらった1粒のチョコレートを、半分かじっただけで「もったいないから、家に飾っとこうかな」などと言う始末。吉永が帰りの交通手段を案じていると知るやいなや「送ります」と真っ赤な顔で訴えた。そして吉永が座ったタモリのベンツの後部シートには「小百合ちゃん御席」と張り紙し、当分の間誰にも座らせなかったという[9]。

近年行われた糸井重里《いといしげさと》との対談でも吉永の話題になった。糸井の父親が「こんなな ぁ、足の太い女のどこがいいんだよって思うんだけどさぁ……」と言ったという話を聞いたタモリは、「聞き捨てなりませんね」と軽く気色ばんだ。糸井はすかさず、「どこがいいんだよ」というのは父親なりの「いいなぁ」ということだと説明する。「ああ、なるほど。『惜しい』の魅力ですね」とタモリは納得。「完璧な美貌のなかに『惜しい』もひそんでいる……。まったく希有な人です、あの人は」と噛み締めた[10]。

「われわれは『惜しい』って女性にいちばん『色気』を感じるんです」「（年を取ると）ものごとには『陰影がついてる』という事をわかるようになってくるんです」[10]

年を取れば女性に対する見方も変わる。若い時には完璧さに憧れるものだが、ある時点からそれがなくなった。「いまオレ、キンパツ（外国人女性）にまったく興味ない」とタモリは力説した[10]。

性というのは、固定観念で作られたもの

タモリは80年頃にこう語っている。

「いちばん安易に肉体や精神を支配できるのがセックスじゃないかとおもう。ずっと女が無類に好きでやっててある時期、なにが好きかっていうと人格無視してそのものが好きなわけです」[2]

であるのならば、相手が女である必要もないのではないかとまで、タモリは思考を突き詰めた。赤塚不二夫とのホモチャレンジもその実践だったのだろう。

「男ってね、3分の1ぐらい女を持ってんだよ」というのがタモリの持論だ[11]。

「男ってのは、女に添加物を入れてできたものなのよ。人間の完全なる標本残すとしたら必ず女なんだってね。だから男って言っても、男の部分と女の部分は結構、俺あると思う」[12]「性というものは、やっぱり固定観念で作られたものなんですよ」[13]

つまり「男」と「女」という性差は、本来峻別されるものではないと考えているのだ。にもかかわらずその枠組みが厳然としてあるように見えるのは、いわば単にそう思い込んでいるからに過ぎないというのである。

「ゲイにも憧れるんです、我々は。何か自由な生き方みたいだもんね。あれが男本来の姿じゃないの？　我々は何か騙し騙し育てられたんじゃないかな。『しっかりしなさい』とか『男らしく』『男なのに泣いちゃダメ』とかずっと言われて仕方なく〝男〟やってる。ほっとくと本来ああなるんじゃないですかね？」[14]

そういえばデビュー当時のタモリは、よくテレビでも女装を披露していた。「女装や化粧は楽しい」とタモリは言う。女装をしたうえで女性を見ると、通常の見方と異なって見えると言うのだ。

「女のカッコしてるんだって、強烈な意識が入ってくるんですよね。男からすこーし離れてものを見ることができるんですよ。女装の楽しみってのはそれがあるんですよね」「僕の場合は、ズレていって人を見れるというのがね、好きなんです」[15]

ちなみに女装したタモリは、自分の姉にそっくりだという。

尋常じゃないから、興奮する

早稲田大学を目指していたタモリは1年間浪人しており、その間、先に法学部に入学した友人のアパートに居候していた。しかし「あまりに雑念が多くて勉強ができなかった」という。友人の六法全書を見ても「売春防止法」の項目を熟読してしまう。「金銭を目的に不特定多数と性交する……」という一文だけで妄想が広がり、集中できない。

「そのときオレは、日本で一番スケベなのはひょっとしたらオレじゃないか、なんて真剣に悩みましたね」[16]

とはいえ無事に早稲田大学第二文学部に入学。その後同級生のアパートの2階が建て増しになるというので、居候先の友人とともに3人で一緒に住むことになる。その向かいの部屋には新婚夫婦が住んでいたが、夜中になると何かの鳴き声のようなものが聞こえてきたという。下宿には「マロン」という猫がいたから、それだと思い、ふたりで「マローン、マローン」と呼びかけると、ぴたりとやむ。なんだかおかしいぞと思っていたタモリは、ある時ハッと気が付いた。それ以来、毎晩その声を聞くのが楽しみになった。

「俺の友だちなんて、始まるのを待って、ドアをこうソォーッと開いて聞いてるわけよ。俺もその下から首だけ出して。と、そいつのパンツが俺の顔の前にギコーンとそびえ立ってるんだよ。それをカキーンと叩いてやったことがあるよ（笑）」[17]

初体験の相手は、偶然入った渋谷の喫茶店のウエイトレスだった。彼女に一目惚れしたタモリは、友人たちの助けもあり付き合うことになった。数カ月後、ひとり暮らしをしていたアパートに「ゴハンを食べにこない？」と誘われたタモリは、身体を許すということだと完全に思い込み、コタツに入っていた彼女を押し倒した。「初めは抵抗ぎみだった彼女も、やがて自然な形でその力をフェードアウトしていった」という[18]。

「からだは汗ビッショリ、メガネはズリ落ちていた。（略）それでも、ヤルことだけはヤった」[18]。しかしタモリが数日後、その喫茶店に行くと彼女はもういなかった。アパートでの1件があったその翌日に、彼女は田舎へ帰ってしまっていたのだ。それがタモリのほろ苦い初体験だった。

大学時代は全然モテなかったという。「お友だちにはなれるけど、それ以上進まない。オッパイをさわったりすると、笑われちゃうんです。さわるとき、急に黙るから（笑）」[18]。だが初体験を済ませますます性欲が高まったタモリは、その後すぐ友人と一緒にソープランド（当時の言い方だとトルコ風呂）に行くことにした。

「エロ週刊誌」を手当たり次第に買い込み情報を収集した結果、川崎のソープランドに決め、「早い時間に行ったほうが安い」という情報から、翌朝8時に家を出て、9時半には店に着いてしまった。もちろんまだ開店していない。ふたりで近所をブラブラして時間をつぶし、数時間後、ようやく入店が叶った。しかしタモリは「入浴料」しか持っていなかった。それ以外にも料金が発生することを知らなかったのだ。

「仕方ないんで、有り金全部はたいてスペシャルしてもらった。100円まけてもらってね」[18]

今でこそ「プロセックスの免許を持っている」[19]などとうそぶくタモリだが、当時はまだ純情だった。胸を触ろうとして「ダメッ！」と言われると素直に「ハイッ。すみません」と手を引き、触っていいのは「腰の周りだけ」と言われると、素直に従った。

「イキそうになって、フッと頭をもたげて見たら、ポコチンの先が俺の顔めがけてんだよ。ヤベえ！って思ってパッと顔よけたらさ、そこにかかった。あんときは『伏せろ！』って感じだったよ（笑）」[18]

金を使い果たしてしまったタモリは、遠い親戚が川崎警察にいるというか細い縁をたどって交番に問い合わせ、なんとか電車賃500円を借り上気した顔のまま帰ったのだ。

その後、80年頃の桐島洋子《きりしまようこ》との対談で「女は大好きです。女に関する限り、人種差別はありません」と語ったタモリ。「素人も玄人も、差別なしですか」と桐島が尋ねると「体力的なこともあるし」と笑いつつ言った。

「最近あまりお金を払ってまでというのは……。昔はそのお金を払うってことに対して、異常に興奮したんですけど。肉体というものを金で売り買いできるというのは、かなり異常でしょ」「あれ尋常じゃないから、興奮するんですよね」[4]

料理とタモリ

タモリの育ての親である祖父は、お湯を沸かすくらいしか家事ができない人だった。祖母はそれに懲りて「これからの男は、絶対料理ができないとダメだ」と思い、タモリを小学校の頃から台所に立たせたという。タモリが料理を得意とするのはそのためだ。「料理を作りながら『これを煮てる間に、今使ったフライパンを洗えば、ちょうどいい時間だ』なんて考えて」段取りよく調理していく[4]。

現在住んでいる家も、台所の使い勝手を重視して決めた。そして来客があると率先して料理を始めるのだという。

「隣の部屋で友達がみんなで酒飲んでるのに自分だけが台所の隅でごちょごちょ料理してると、何かだんだん自分が女になったような気分になるんですよね（笑）。

『ちゃんとしなくちゃいけないワ』なんて思ったりね（笑）」[4]

しかしこのタモリの過剰な料理好きが仇となり、明石家さんまをして「二度とこの家行かない！」と言わしめてしまった。ある日さんまはタモリ邸に招かれた。和室に通され掘りごたつに座ると、ほどなくしてタモリは夫人とともに台所に立ったという。ひとり残されたさんまは、床の間に飾ってあるかけ軸を眺めるくらいしかすることがなかった。

「おい、さんま、食えよ」

ようやく出されたのは、上等な肉料理。さんまは「やっとタモリと話ができる」と思い箸をつけると、タモリは次に出す料理を作るため、再び席を立った。さんまは食べる間もただただかけ軸と向かい合うしかなかったのだ。

「ひとりで食べて誰がおいしい？」と文句を言うさんま。タモリかあるいは奥さんか、そのどちらかでも傍にいてくれて「おいしいでんな」「そうでしょ」などと言い合って初めて料理はおいしく味わえるのだ、と。その和室から離れた台所に向かって「おいしいでんなー！」と大声で叫ぶと、「おお、そうか良かったなぁ」とタモリのか細い声が返ってきた。

結局、タモリと話をしたかったにもかかわらず、さんまにその時間が与えられることはなかった。

「2時間ほったらかしでひとりで食べて『全部食べたか？ おいしかったか？』『ホンマにおいしかったです、ありがとうございます！』『じゃ、帰るか』って」——そんなおかしなことがあるかい、とばかりに不満を口にするも「当然でしょ、おもてなしだもん」と意に介さないタモリに、さんまは呆れながら笑うしかなかった[20]。

料理と変態は身近な創造行為

さてここまで長々と料理にまつわるエピソードを紹介してきたのは、タモリがセックスに関して「あれほど手軽にクリエイティブなものが発揮できるのは、料理とともにほかにないんじゃないか」と、その類似性を指摘しているからだ[4]。「人間のセックスは頭でやってるものだから」[21]、創造性が遺憾なく発揮されるし、またそうでないと楽しくない。にもかかわらず「食について凝るやつはグルメといわれ、性について語るやつはスケベといわれてしまう」[22]と。

80年頃にタモリはこう語っている。

「何か違うものになっていくのが愉しみのところがある。それが身近にできるのがセックスだと思うんです。これを私は状況《サーカムスタンス》セックスと、言ってますけどね。いろんな状況を設定して、たとえば医者が診察室で人妻を犯すとかね」[4]

そんな時は服装まで凝るのだという。タモリはまだイメクラが存在しない頃から、それと同様のことを個人的に行っていたのだ。さらに実はタモリは、元祖〝熟女好き芸人〟でもあった。

「やるんだったら年増ですよ。あのタルーンという感覚がいいのだ」「創造力というのは、タルーンとした皺の間に培われる」[4]

加えてタモリは、マゾっ気を発揮することも厭わなかった。

「怒られる楽しみというのもありますね。オレ、女に怒られるのって、すごく好きなんです」「テレビで人に怒られて、帰ってくるとまた怒られるっていうのは、憧れの生活だなア、オレ（笑）」[4]

セックスにおいて創造性を発揮するのは人間の特徴であり特権だ。そして創造性を発揮すればするほど、人は必然的にいわゆる「変態」に接近せざるを得ない。

「俺ははっきり言って変態だよ！変態というのはね、人間しかいないんだよ。犬が雌犬を縛ったりしますか？変態というものは、エッチ以外のものにシフトしていく訳ですよ。ということは想像力で、シフトしていくわけです。だから人間しかできないんです、創造性豊かな人は変態であるべきなの。料理と変態というのは身近に一番簡単にできる創造的な行為ですから」[23]

さらに話を大きくすると、こうなる。

「男は変態のひとつもたしなんでないと。変態は文化ですからね。文明でもあるんです」[5]

これからの男は料理くらいたしなんでいないといけない、と祖母に教育されたタモリは、料理のみならず変態もたしなむ男になった。

人類、みな変態

タモリは多趣味で有名だが、一時期写真にものめり込んでいた。浅井《あさい》愼平《しんぺい》直伝で腕を磨き、83年4月には個展を開いたほどである。モチーフはほとんどが風景で、女性を撮ろうとは思わないと言うが、アラーキーこと荒木《あらき》経惟《のぶよし》の写真には共感を寄せている。

「何が卑猥かって、よく知ってるんだよね、あの人。女のアソコを撮ってるけどさ——女が股開いて、それを写真に撮ってるっていう状況がいちばん卑猥なんだよね」〔18〕

女が裸になっているのに、その周りに大勢の人がいる。そんな異常な状況自体を想像すること。それこそが卑猥で色気を感じるのだ。

「禁じられた部分に興奮するんですね。エロ写真を見るでしょう。女性の局部を大アップにした写真より、その撮影風景を写した写真のほうがいいな。女がいて、足を大きく開いた間にカメラマンがいて、その周りに助手がいて……。そんなことまで、若い人がしている、という状況が、異常にワイセツでいいですね」〔24〕

またタモリは学生時代、『婦人の冷感症』（正しくはシュテーケルの『女性の冷感症』と思われる）という本を古書で見つけて買ったという。

『婦人の冷感症』にいろんな例が出てて、耳じゃないと射精しない男がでていた。

医者に相談したり、仕方ないから脱脂綿をつめてやったとか臨床例ばっかりだった。これを想像力たくましく読む。オレって想像力をそういうところで鍛えた（笑）」〔2〕

タモリは糸井重里との対談で「（変態は）生殖からズレるわけですよ。で、だんだんだんだんズレて、もう性行為がなくなってるわけですよね」と語っている。「性は、観念によって、ずーっとズレていくわけですよね」と。

「つまり、ほんとの純粋なセックスは何かっていうと、犬ぐらいしかないですよね」「恋愛において、女の人が、『わたしは、愛してる人としかセックスできないの』って、もう、愛してるっていう観念がセックスに入ってきてるんですよね」

だからタモリは「恋愛っつうのは、変態の第一歩」と言う。つまり結論はこうだ。

「人類、みな変態ですね」〔22〕

恥ずかしいなんてこれっぽっちも思わない

そして観念の力を暴走させると、笑いにも近づいていく。07年の『いいとも』で、もし地球最後の日がやってきたらどうするかと問われたタモリは、「全裸で『いいとも』をやる」と答えている[25]。

また80年頃には「(明日世界が終わるとしたら)セックスに走りますね、テレビでえんえん五時間ぐらい、オチンチンを映しまくるから、ただそれだけをね(笑)」とも語っている。

「オレももちろん出演して、『全国棹自慢袋自慢』という番組作って(笑)、登場する人に『あなたは何自慢?』『棹です』『どうぞ、見せていただきましょう』って、それで優勝したりしてね(笑)。『24時間誰も地球を救わない』とかね(笑)」[4]

タモリはよく「一番金使わなくて、体力も使わない大人の遊びっていうのは妄想」

だと言っている〔26〕。実際にタモリは地図や時刻表を眺めながら、妄想だけで旅行を楽しむこともある。

「考えるというのは、いわば妄想みたいなもんで、この空間がこうなったらどうだ、という芸術的な妄想があれば、どんなにげすでもおもしろいことや変なことを考えついたりする」〔27〕

タモリが赤塚不二夫らとともに軽井沢の友人の別荘に泊まった時のことである。窓の外に、降る雪の中に立つ白樺の光景が見えた。まさに絵に描いたような美しさだ。

「ここに何かが加わると、恐ろしくおもしろいものになるのではないかという考えが浮かんで」最終的には赤塚不二夫が全裸でお尻にロウソクを挿したまま、四つん這いになって歩きまわった。「もう沸きに沸いた。その夜は、ヘンタイ妄想がすごくふくれあがっちゃった」〔27〕

タモリの芸は、さまざまに浮かぶ妄想に形を与えられることで生まれることも少なくない。もちろん妄想が湧き起こることは誰にだって常にあることだ。

「ただ、普通、それが恥ずかしい妄想だと、決まってそこで打ち切ってしまう。ところが、我々は打ち切るどころか、どんどん広げていってしまう。恥ずかしいなんて、これっぽっちも思わない。おもしろいっていうのは、そこの差だけじゃないのかな」[27]

観念の力を可能な限り解放することが創造性に結び付くという部分で、料理も性も笑いも共通する。それはややもすれば単なる「狂気」へと陥ってしまう危険性もはらんでいるが、タモリはそのぎりぎりの縁を渡って、見事にエンターテインメントに昇華させられるのだ。その類いまれなバランス感覚があったればこそ、タモリは昼の生放送を30年近くも続けることができたのだろう。

［1］『笑っていいとも！』フジテレビ（13・7・30）
［2］『愛の傾向と対策』タモリ、松岡正剛／工作舎（80）
［3］『ブラタモリ』ＮＨＫ（10・10・7）

[4]『タモリと賢女・美女・烈女』家庭画報・編／世界文化社（82）
[5]『笑っていいとも！増刊号』フジテレビ（11・9・25）
[6]『笑っていいとも！』フジテレビ（11・8・15）
[7]『笑っていいとも！』フジテレビ（10・10・27）
[8]『タモリのTOKYO坂道美学入門』タモリ／講談社（04）
[9]『プロデューサー感覚』横沢彪／朝日新聞社（87）
[10]「タモリ先生の午後2009」『ほぼ日刊イトイ新聞』（09）
[11]『笑っていいとも！』フジテレビ（03・9・30）
[12]『笑っていいとも！』フジテレビ（13・6・17）
[13]『笑っていいとも！』フジテレビ（03・2・21）
[14]『笑っていいとも！』フジテレビ（13・12・6）
[15]『今夜は最高！ part 2』タモリ／日本テレビ放送網（82）
[16]『ザ・ヒーローズ2 宝島ロング・インタヴュー集』JICC出版局（83）
[17]「広告批評」マドラ出版（81・6）
[18]『話せばわかるか 糸井重里対談集』糸井重里／飛鳥新社（83）
[19]『タモリ倶楽部』テレビ朝日（13・7・26）
[20]『FNS27時間テレビ』フジテレビ（12・7・22）
[21]『吉行淳之介エッセイ・コレクション 4 トーク』吉行淳之介・著、荻原魚雷・編／筑摩書房（04）
[22]「タモリ先生の午後。こんな職員室があればいい。」『ほぼ日刊イトイ新聞』（03-04）
[23]『SMAP×SMAP』フジテレビ（06・4・17）
[24]『加藤登紀子の悪男悪女列伝』加藤登紀子／潮出版社（85）
[25]『笑っていいとも！増刊号』フジテレビ（07・3・4）
[26]『笑っていいとも！』フジテレビ（10・5・15）
[27]『ちょっと手の内拝見 プロフェッショナル30人の読む、書く、話す』とらばーゆ編集部・編／就職情報センター（83）

8

タモリにとって「仕事」とは何か

「私で大丈夫なのか」

「横澤さんは初代『いいとも』のプロデューサーで、それまで夜の番組しか出せないと言われていた私を、いきなり昼の真ん中に起用しました。私自身は昼も夜も意識したことはありませんでしたが、『私で大丈夫なのか』と聞いたことがありました。その時の答えは『番組はもちろん、ライブまでリサーチした結果いけると確信しました』とのことでした。『いいとも』は今秋30年目を迎えます。大変お世話になりました」

2011年1月8日、肺炎により逝去した横澤彪。その死を悼むタモリのコメントでも語られているように、タモリを『いいとも』に抜擢したのは横澤だった。横澤は『いいとも』の前身である『笑ってる場合ですよ！』も手掛けており、それは80年、いわゆるMANZAIブームの流れに乗って始まった（ブームの契機となった番組『THE MANZAI』を手掛けたのも横澤である）。B&Bを司会に据え、日替わりレギュラーとして月曜日にザ・ぼんち、火曜にツービート、水曜に紳助《しんすけ》・竜介《りゅうすけ》、木曜に春風亭小朝《しゅんぷうていこあさ》、金曜日にのりお・よしおが担当。後に明石家さんま、九十九《つくも》一《はじめ》、ヒップアップらが加わることになる。

ツービートによる「ブスコンテスト」、NHKの人気バラエティ『お笑いオンステージ』のコーナー「減点パパ」のパロディで、明石家さんまによる「減点マネージャー」、山田邦子《やまだくにこ》らを輩出した「お笑い君こそスターだ！」などで人気を博し、これまで主に家庭の主婦層だったこの時間帯のターゲットを、休憩中のサラリーマンや若者へと拡大する大きな役割を果たした。

しかしMANZAIブームの沈静化とともに視聴率も低迷し始め、横澤は次の一手を模索していた。結局『笑ってる場合ですよ！』は2年と1週間で最終回を迎え、『いいとも』がスタートする。

12年10月1日、24年ぶりに「テレフォンショッキング」に出演したビートたけしは、タモリをしても「へぇ、知らなかったねえ」と言わしめる事実を明かした。いわく「俺にもこの話が来たんだ、（『いいとも』の）司会者」と。そして「俺やってたら大変なことになって、まあ3年で終わってた」と笑わせた。

しかし、横澤が最終的に選んだのはタモリだった。

そこでひるんだら、行けないんだよね

「どうしたら次のステップに進めるか」と考えた横澤は、『笑ってる場合ですよ!』にもっとも欠けていたのは「知性の要素」だと思い至ったのだという。横澤はタモリ起用に関してこう語っている。

「笑いというのはパロディーにしろナンセンスにしろ基本は凄く知的なもんでしょ。だから演る方もやっぱり知性が無いとまずいし。それからそれ以上に見てる視聴者のレベルが凄く高いということ。(略)客のレベルにね、どれだけ追いつけるかというときにやっぱり知的なファクターというのは凄く大事になるだろうと。そういう意味でね、僕はタモリしかいないんじゃないかと思ったわけ」[1]

しかし、当時タモリは『今夜は最高！』（日本テレビ）他レギュラー番組を多く抱え、そこへ正午からの生放送となる帯番組を入れるのはスケジュール的に厳しい。それ以前にタモリは夜のイメージが強かった。また収束しつつあるとはいえ一世を風靡したMANZAIブームから、離れた文脈にあったタモリに、『笑ってる場合ですよ！』の後継番組が務まるのかどうか。二番煎じの誹りを受け失敗する可能性は少なくなく、それによるイメージダウンも危惧される。タモリの事務所サイドも難色を示していた。しかし横澤は揺るがない。

「夜のイメージが強いだとかさあ、客前で出来ないよとかさ、主婦には受けませんよとかさ、マイナスの要素はいっぱい聞かされるわけね。でもね、わかんなかったんだけど、少なくともそういうふうに笑いを変えていかない限り、先に行けないと思ってたから。それにはどう勘定してもタモリしかいないと思ったからこだわったわけね」[1]

夕方に放送されていたラジオ番組『だんとつタモリ　おもしろ大放送！』（ニッポン

放送）でタモリが主婦層からも支持を受け始めていたことも横澤の背中を押した。

「これは森田一義ショー、つまりあなたのショーなんですよ」

横澤の必死の説得についにタモリは出演を了承したが、決して乗り気ではなかった。タモリは当時の心境をこう語っている。

「あれはね、オレ、3ヵ月で終わると思っていたんだ。3ヵ月の約束だったんですよ。オレ、毎日朝からはいやだし、どっちみちつなぎだろうと。だったら3ヵ月くらいやってもいいんじゃないかというぐらいの意識だったんですよね」[2]

消極的にではあったが、ここで出演を決断し引き受けたことが、結果としてタモリに大きな飛躍をもたらした。

「仕事って面白いもんで、自分が、『これくらいの力があって、もっと力を付けたいんだけども、この辺くらいに行った時にちょうどこの仕事が来ると良いな』と思ってたら来ないいんだよ。あれ、絶対（実力が備わる）前の段階で来るんだ。で、そこでひるんだらココまでまた行けないんだよね」[3]

それがまさか30年以上続き、ギネスブックに載る長寿番組になろうとは、タモリはもちろん横澤も含め、誰ひとり想像していなかっただろう。

「ようね、昼間やってますよ、私は。ほんとに。その分だけ偉いですね。その分だけ私は自分をほめたいですけどね。こんな男が」[4]

緊張できる仕事ができてるってことが幸せ

『いいとも』出演にあたり、タモリは昼向きにヘアースタイルをセンター分けから七・三分けに、ファッションもアイビー・ルックに統一、サングラスも薄目の色のものを着用。番組名に『森田一義アワー』と冠したのも、夜の顔である「タモリ」ではなく、「森田一義」という新しいキャラクターのショーなのだという、横澤の表明だった。

ちなみに『笑っていいとも!』という番組名の由来は諸説あるが、高平哲郎『今夜は最高な日々』(新潮社)によると、「いいとも!」とはジャズメンたちから生まれた言葉で、中村誠一がギャグのように使っていたフレーズが採用されたものだという。

また『いいとも』に先立ちスタジオ・アルタで収録が行われていた『笑ってる場合ですよ!』では、当日の先着順で観覧ができるようになっていた。それもあって後期は、番組そのものよりも「芸能人を間近で見たい」という中高生が目立つようになっていた。タモリはその状況に異を唱え、スタジオの雰囲気を変えるべきだと主張した。

「客層も違うでしょ、アルタ来てる。だから横澤さんと話して十八歳未満はいやだって言って」[1]

そして82年10月4日正午、いよいよ新番組『森田一義アワー 笑っていいとも!』

の生放送が始まった。オープニングテーマ『ウキウキWATCHING』を歌い踊る「いいとも青年隊」に続き、タモリが後方から登場、青年隊の「How do you do? ご機嫌いかが?」に「ご機嫌斜めはまっすぐに」と返す……はずが、タモリはなぜかまだ現れない。ほどなくして照れくさそうに出てきたタモリは、次のフレーズ「How do you do? 頭につまった」に「きのうまでのガラクタを処分処分」と返し、これが『いいとも』における第一声となった。

歌い終わったタモリは「いやー、こんにちは。えー、森田一義でございます」と挨拶。さすがのタモリもこの日ばかりは緊張の色を隠せなかった。

ちなみに近年、AKBのメンバーから「どうしたら緊張しなくなりますか?」と聞かれたタモリは「(秘訣は)ありません!」と言い切り、そしてまたこうも語った。

「緊張できるような仕事ができてるっていうことを幸せに思うことですね」[5]

無意識で番組をやっております

当初は観客のウケが気になり、苦労したという。そんなタモリに横澤は「この現場だけで笑う客を相手にしてるとギャグが言えなくなるから、テレビ観てる人が何万倍って多いんだから」とアドバイスをした[1]。そのあたりに関して、タモリはこう語っている。

「前のヤツ（スタジオ観覧客）には面白くなくても、これはたぶんテレビ見てるヤツは面白いだろうと思うときは、やっちゃうんですね。別の楽しみもあっていいいんじゃないかって。会場ではシーンとしてるんだけども、テレビ見てるヤツはワーッと……。当然、これはあってもいい」[6]

また横澤はタモリに「自然体」でやるようにも指示。当初は事前にゲストと打ち合わせを行い、トークの内容もある程度決めていたというが、それもやめた。続けてタモリの言葉を引用する。

「まずくいったときはまずくいったで、それを見せちゃったほうが、見てる人は〝今日、なんかちょっとぎくしゃくしてんじゃねえか〟って……。毎日やってんだからいいじゃねえかって」[6]

横澤は3日目で、タモリは1カ月で手応えをつかみ始めていた。「とにかく週5日の浸透力ってのはスゴイと思ったね」[1]とタモリは振り返る。開始2カ月くらいで「いいとも！」というフレーズや、「友達の輪、ワッ！」が流行の兆しを見せ始めた（ちなみにこれは82年11月17日の「テレフォンショッキング」にゲスト出演した、坂《さか》本《もと》龍一《りゅういち》の発案）。その時点でタモリは「これは3カ月では終わらない」と覚悟を決めたのだという。横澤はこう語る。

「それからね、彼（タモリ）がね、ふっきれたわけですよ。それで（83年）1月くらいからわりとリラックスしてやっぱり自分の番組として見るようになった」[1]

そして今や「ほとんど無意識で番組をやっております」とタモリは笑う[7]。

楽になると同時に打たれ強くもなる

横澤がタモリを『いいとも』に抜擢しようとした際に、周囲から受けた不安要素として、「密室芸人ゆえに、客前ではその持ち味が発揮できないのではないか」というものがあった。しかしタモリはそもそも、学生時代から客前の司会業を任されていたのだ。

「政経あたりはむずかしいし、とても入れんだろう……なら、文学部はやさしそうだし（略）結局、哲学科っていうのは適当に理論をふるってりゃ何とかなるんじゃないか、と（笑）。高校のときから、能書きで人をまくのが得意だったから、これなら向いてる！」[8]

そうして入学した早稲田大学第二文学部西洋哲学科だったが、授業は特に面白くはない。タモリは引き寄せられるように「モダンジャズ研究会」に入った。

「当時のジャズバンドってのは、テーマを全員で演奏するだろ、それが終わるといきなり、ピンスポットが当たって、トランペッターが立ち上がって吹くんだよ。カッコいいんだ。なんたって花形ッ！　ちゅう感じだよ。オレはそれがやりたくてペットを始めたんだから」[9]

「モダンジャズの帝王」といわれる世界的ジャズトランペット奏者、マイルス・デイビスにも憧れていた。しかしタモリはモダンジャズ研究会で、トランペット奏者としてはまったく評価されず、あげく「司会をやれ」と先輩から命じられてしまう。

「早い話が、トランペットは吹かなくていいっていうわけよ。かなり傷ついて、『どうしてですか』ときくと、答えはこうだよ。『マイルス・デイビスのペット聞いたことあるだろ、マイルスのペットは泣いてるんだョ。おまえのは笑ってる』だってよ。

ガックリきたね。それからオレはペットはあきらめた」[9]

そんな経緯から務めた司会業だったが、そこでタモリはどんどん頭角を現していった。「いつもは学年順に先輩からやるのが普通ですが、今日は顔のいい順に紹介します。まずは最初。司会の私――」などと言うのが当時の鉄板のギャグ。時には演奏よりタモリのトークのほうが長くなったという。先輩たちからは「お前のしゃべりの間に、演奏が入る」「俺たちはおまえのツナギのために演奏しているんじゃないから、勘違いしないでくれ」と言われた。

「しゃべりの人生はその辺から始まりましたね」とタモリは述懐する[10]。

当時は大学間の交流もあり、クラブ活動が盛り上がっていた。地方の公民館でライブをやっても満員になるほどだった。司会とともにマネージャー業も兼任していたタモリは大忙しで、それこそ大学へ行く暇もなく、全国を演奏旅行で回ったという。

「演奏旅行ったって、昔は貧乏で特急とか乗れませんからね。急行に乗るんですけれども、一番長い距離は鹿児島から青森まで行ったことがありましたね。鹿児島から東京へ朝着いて、上野を午後発つんですよ。疲れも何ともしなかったですけれどね」[10]

とはいえ当時の大卒の初任給よりも遥かに多いギャラが出ることもあり、そんな時は毎晩飲み歩いて連日宴会をしていた。そこでタモリの宴会芸が芽吹き始めたのだろう。まさにこの頃こそが「お笑い」としてのタモリの原点だ。

ただ迷いつつ手探りでやり続けております

ちなみに早稲田大学は、わずか1年あまりで抹籍されている。それは同級生ふたりと旅行へ行くために仕送りを使い込んでしまい、学費を滞納してしまったからだ。実は旅行の際に、タモリは他のふたりの旅費も立て替えていた。そのふたりは「後で仕送りが来るから」と言っていたが、一向に返さない。おそらくタモリも強く催促はしなかったのだろう。結果、学費未納により抹籍処分となった。それでもいまだに彼らとの付き合いは続いているという。

「ずーっと一貫してるのは、仲のいいともだちはバカっぽいやつばかりだったっつうことですね」[11]

大学を抹籍になってもモダンジャズ研究会の活動は続けた。司会にタモリ、ギタリストの増尾好秋《ますおよしあき》、ベースの鈴木良雄《すずきよしお》を擁した当時の早稲田大学モダンジャズ同好会は、大橋巨泉司会の『大学対抗バンド合戦』（TBSラジオ）で優勝。タモリは司会の才能を、大橋巨泉から認められる。

先輩の口添えから司会を始め、サラリーマン時代に出会った山下洋輔らに誘われ上京、赤塚不二夫の目に止まりテレビ出演を果たし、その後は瞬く間に人気を博していく。そして横澤彪に口説かれ、昼の帯番組を持つことになった。

「オレ、自分で苦労したって思ったことないよ。やる気になって仕事をしたことないし。生活が変わるときって、いつもだれかが『こういう仕事があるんだけどどう？』って声をかけてくれたんです。オレ、その流れに身を任せてきただけ」[12]

だから「若い人に何かひとことといってくれ」というのが一番困るとタモリは言う。

「青年はどうあるべきかなんていわれても、どうあるべきでやってきたワケじゃないからね。ただの運だから」「運しかないやつがしたり顔でなんやかんやいうのが不思議でしょうがない」[13]

文化・芸術・芸能の分野で優秀な実績をあげた人物に贈られる「伊丹十三《いたみじゅうぞう》賞」第2回（10年）を受賞した時も、タモリはこうコメントしている。

「いまだに何かをわかったわけでもなく、ただ迷いつつ手探りでやり続けております」

番組はマンネリと言われてからが勝負

千原《ちはら》ジュニアはタモリを「変態」と称している。「生態が変わっているっていう意味で、変態」と[14]。

08年4月から『いいとも』レギュラーになったジュニアは、テレビに映らない、スタジオアルタでのタモリを見て驚いた。たとえばオープニング後のCM中、タモリは客席に向けて、毎回決まったコール&レスポンスを行っているというのだ。

タモリ「ノってるか?」
客席「イェーイ!」
タモリ「昨日セックスしたか?」
客席「イェーイ!」

これを毎日欠かさずやるという。さらに番組終了後にも必ず「ここでもうひとり、ゲストで来てもらってます。福山雅治《ふくやままさはる》君です」と言い、客席を「キャー！」と沸かす。そして「ちょっとは考えなさいよ。来るはずないでしょ」とオトす。それをまったく同じ言い回しで、毎日行うのだという。もちろんどちらもオンエアはされない。千原ジュニアはこう語る。

「あのサービス精神と、客席が沸くならおんなじことを何回やったっていいって開き直り感は、ほんまにすごい。しかも、それを毎日やってるタモリさんが、曜日のレギュラー以上に汗をかいてる」[14]

笑福亭鶴光《しょうふくていつるこ》は「タモリの魅力はこういう繰り返しなんや」と語る。「繰り返しの面白さってあるよね。バカを演じるということは理性につながるってことなんや」[15]。余談だが、かつてのオールナイトニッポンでライバル関係にあった鶴光の、タモリに対するエールは感慨深い。

タモリ自身もまた「番組はマンネリと言われてからが勝負ですね。マンネリと言われると普通は慌てていろんなことをやろうとする。それで失敗するんです」という[16]。

「飽きるとか飽きないとかという時期は、もう通り過ぎてるじゃないですかね。（飽きた時期は）あったかもしれないけど、もう忘れてる。今は全てのことを超えちゃってます。やる気だとか、やんない気だとか、ああなるこうなるはもう考えない。だから意気込みも意気消沈もないです」[17]

「昼」は合わないと散々言われてきたタモリ。なんとなれば今でも「昼のタモリは本当のタモリではない」と、一部のファンから言われることもある。しかしその昼の生放送において、タモリはギネス記録を達成するほどの長寿番組を現役で作り続けてきたのだ。

「昼間の番組はファーストフードだと思うんだよね。（略）ファーストフードも極端にまずいなんちゅうこともないですよね。くり返しに耐えるっていうのは結局、薄味じゃねェかと思うんだ。濃厚で強烈な味はうまいとは思うけど、毎日は絶対くえないですからね」[18]

タモリは仕事を遊びにした

「(仕事を) しんどいと思ったことはないね。現場は楽しい」[19]とタモリは言う。

横澤彪は「タケちゃん(ビートたけし)は遊びを仕事にしたんだ。タモリは仕事を遊びにした」と評した[20]。

「笑いというのは贅沢品でしょう。精神のゆとりの中で笑ってるわけですからね」[21]というタモリは、それゆえ仕事の時も遊び心を何より大切にする。

以前タモリがキングコング西野亮廣と飲みに行った際、「仕事の遅刻は百歩譲っても、遊びの遅刻は許せない」と言ったという[22]。それほど、「遊び」には強いこだわりを持つ。

『いいとも』と双璧の長寿番組である『タモリ倶楽部』は、低予算ゆえスタジオセットが組めず、ほぼ毎回ロケーションで制作される。『いいとも』初回の月曜から4日後、同じ週の金曜日、82年10月8日から放送が開始された「毎度おなじみ流浪の番組」だ。

『タモリ倶楽部』は、タモリが所属する事務所・田辺エージェンシーの社長である田邊昭知《たなべしょうち》の後押しで作られたという。田邊は前述のように、『いいとも』でタモリが司会を務めることに対し当初懸念があり、それによってタモリがつぶれてしまわないよう、この番組を企画したという。

「『今のテレビはピシーッと隙間のない番組ばかり。だからこの番組は隙間だらけにしてくれ』って。注文はそれだけ。隙間は大歓迎なんです」[17]

だがそんな発想は、当時のテレビ界や広告代理店にもなかなか理解されなかったという。

番組開始当初の80年代は、中村《なかむら》れい子《こ》が共演し景山民夫《かげやまたみお》が脚本を書いたシュールな笑いのミニドラマ「愛のさざなみ」や、マンガ家・原作者の久住昌之《くすみまさゆき》と、彼の盟友であるカメラマンの滝本淳助《たきもとじゅんすけ》とともに、都内近郊の謎物件を巡る「東京トワイライトゾーン」、映画の恐怖シーンだけ集めてランキングにする「怖いですねアワー」、窪田《くぼた》ひろ子《こ》がアダルトな英語を教える「夜の英会話」など多種多様な人気コーナーがあった。

そして90年代に入ると鉄道や坂道、古地図など、タモリの趣味企画が多く放送されるようになった。

たとえば鉄道企画が初めて放送されたのは93年5月の「山手線ベルの旅」からだ。コーナー企画は、92年からの「空耳アワー」でほぼ固定化された。ちなみにソラミミストとしてコーナーを仕切る安齋肇《あんざいはじめ》にタモリは、「タレントだったらいっぱいいる、もっとできる人もいる、音楽評論家だっているけど、あんたみたいに何やっている人か分からない変な人がこういうコーナーやっているのが良いんだよ」と言ったという[23]。それはまさに、タモリ自身の芸能界でのスタンスを表しているかのようだ。

収録では3時間以上のロケを行うというが、それを30分に濃縮してもなお弛緩した空気が十分に感じられるのは、むしろこの番組の美点といえる。

「社会性なんてどうでもいいよ。俺の個人の趣味でやってる番組なんだから」[24]

そのようにタモリ自身が自然体で楽しんでいるからこそ、人気の長寿番組となっているのだろう。

「我々のテレビ番組に対してもすぐ『低俗だ』『バカバカしい』『下品だ』と決めつけるのは、知性のない証拠。バカなものにある、開放的というか、日常からはみでた突飛性という得体のしれない力を楽しむ、これは知性がなければできない。どんなものでも面白がり、どんなものでも楽しめる、これには知性が絶対必要」とタモリは言う[25]。

「知的っていうのは、知識や教養があるのはもちろんだけど、それも自由に使いこなせるのが大事なんだ。（中略）知識や教養がありながら、それを自由に駆使し、遊んで回ってる、精神的に子供っぽい人。見てても、なんであんな年齢の人が、あんなに可愛いんだろうと思える人が最高に知的」なのだと[25]。

「人をダマすの、大好きなんですよね」[20]と言うタモリのいたずらエピソードは、彼の遊び心を象徴している。たとえばかつて『オールナイトニッポン』放送中に、ゲストの近田春夫《ちかだはるお》と大ゲンカが始まったが、これはリスナーに対するドッキリだった。「たまたま飲み屋で会った近田と飲んでるうちに、何か面白いことやろうよってことになって、始めたのがきっかけ」[9]

「ぼくはもともといつも日常が遊びであれば、と思っている男です。〝遊び精神〟がゴチゴチの常識を破る…それをゲリラ的にやっていく痛快さがこたえられないんです」[26]

「教養なんてのは、あってもなくてもいい。大人のオモチャなんだから、あれば遊びが増えるだけの話」[27]

やられる楽しさがある

「私はラクをしたいので、なるべく自分はしゃべらず、相手に話していただいて、同じギャグなら出番が少ないほうが効率がいいわけで、これを芸能効率説といいます（笑）」[16]

この他力本願的な受け身な芸風もまた、横澤彪がタモリに惹かれた要因のひとつだった。普通、お笑い芸人は自己顕示欲の塊だ。隙があれば前に出て目立とうとするし、自分のテリトリーが侵されることを許さない。しかしタモリは違う。「やられる楽しさがある」とまで言うのだ。

「バッタバッタ相手にやられちゃうというのが。ウワァーまいったって、こう言ったら、またポーンと投げられて、ウワァーまいったって、どんどん、どんどんやられていくという楽しさもあるんですね」「結構乱してくれたほうが面白いし。乱れたペースに自分が入っていく楽しさもありますしね」[2]

他の共演者をつぶしにかからないのはもちろん、その長所を最大限に引き出そうとする。

「共演者は皆、できる人ばかりですからね。仕切りでも何でもやってもらわないと」

「どんな組織でも、社長が営業から広報までやるようじゃダメでしょ。全部自分でやらないで、下にやらせて楽をする。これが組織をデカくする近道」[28]

その緩やかな雰囲気をもって、「楽しくなければお昼じゃない！」という番組のコンセプト（放送開始当時のフジテレビのキャッチフレーズ「楽しくなければテレビじゃない！」の転用）通りの空気を作り出した。

横澤はタモリを「これほど、芸人として我のないやつに会ったことない」という[29]。また「攻撃力はない。でも受けに回ると、絶対ミスはない」と評し、以下のように語っている[30]。

「どう攻め込まれても、なんて言うか、柔らかいでしょ。非常にふところ広いし。やっぱりソフトだけどガード固いしね」「誰とでも会話出来るっていう。タモリやさしいじゃない。だから一緒に出ている人、なんとかたててやろうというのがプラスに出るときと、マイナスに出るときが半々にあるんだけどね（笑）」［1］

タモリはこう語る。

「もともとは一人でやっていたことが多かったでしょう。いろんな番組で一人でいろんなことやって、『おさわがせしました』、向こうへ行って『お邪魔します』じゃないけど、ワァーッと荒らして帰ってくるというのを一人でやっていましたよね。でも、だんだんと何人かでやっていくうちに、まず相手を見てやろうという気持ちが出てきたんじゃないですかね。だから、どうしても受け手になる」［2］

初期は番組のアクセントのように登場し、自分の芸を披露してその場をかき回し、そのアクの強さによって一部から熱烈な支持を受けた。しかしタモリは、徐々に出演者や周囲の状況を俯瞰的に見るようになる。それは幼少時より培われた、「対象を観察する」という彼の資質によるところが大きいのではないだろうか。タモリは「柔よく剛を制す」スタイルへとシフトしていく。

「オレあんまりでしゃばりじゃないと思いますよ。そう言うと何を言うかって、絶対にみんな言うと思いますよ。おまえほどのでしゃばりいねえじゃないかって」[2]

やる気のある奴は、去れ

タモリの〝省エネ〟は徹底している。「自然に盛り上がるのは、べつにかまわないんですけどね。陰湿に（無理矢理）盛り上げるというのはいやなんですね」[2]と言い、また『いいとも』新レギュラーには「コツはね、はりきらないこと」とアドバイスし、また「関係あることばかりに集中したら面白くもなんともない」[31]とも語っている。

自然体すぎるタモリの司会に対し、鶴瓶や若手芸人たちが「もっと声を張ってください」と言っても、「俺から言わせてもらえば、みんなが力入れ過ぎなの」と答えるのみ。テレビの前の視聴者と、テレビの中の出演者のテンションには、もとより温度差がある。そんな時に、画面から飛び出さんばかりに大声を張り上げる芸人たちを見てもうるさく感じるだけだ。「感情を入れれば入れるほど客は引く」[32]

「『伝える』ということを勘違いしているんでしょうね。（略）こっちも『すごい』と思ってるのにそっちで泣かれたら泣けないんです。興ざめする。『ほんとにうるせぇな』って。テレビは絵があるわけですから、そんなに説明もいらないし、涙もいらないんです。絵があって便利になったのに、余計なことするから逆に伝わってこないんです」[33]

タモリのテレビにおける表現、コミュニケーション観が垣間見れるが、そもそもタモリはエモーショナルな人間を好まない。

「俺、熱い人ダメなんだよ、熱く語る人いるじゃん。『やんなきゃ！』『やっていかなきゃ人間はダメなんです！』って。そういう人いるとすごい俺テンション下がるの」[34]

それだけではない。「お笑い」という仕事の観点からも過剰な「やる気」は邪魔にしかならない。

「やる気のある奴っていうのは、中心しか見てないんだよね。お笑いっていうのは、大体周辺から面白いものが始まってくるじゃない」「やる気のある奴はそれ見てないんだよ」[35]

だからタモリは常々言っている。

「やる気のある奴は、去れ」と。

それは、タモリのテレビ観と美学に基づいているのだ。

[1]『極楽TV』景山民夫／JICC出版局（85）
[2]『若者たちの神々 筑紫哲也対論集Part4』筑紫哲也／朝日新聞社（85）
[3]『笑っていいとも！』フジテレビ（10・9・23）
[4]『笑っていいとも！ 増刊号』フジテレビ（10・4・4）
[5]『笑っていいとも！』フジテレビ（10・8・18）
[6]『こんな男に会ったかい 男稼業・私の選んだベスト9』村松友視／日本文芸社（84）
[7]『笑っていいとも！』フジテレビ（04・8・27）
[8]『ザ・ヒーローズ2 宝島ロング・インタヴュー集』JICC出版局（83）
[9]『タモリが本屋にやってきた』オールナイトニッポン・編／ニッポン放送出版（83）
[10]「第800号記念 タモリ ロングインタビュー」『早稲田ウィークリー』800号（97）
[11]「タモリ先生の午後。2008」『ほぼ日刊イトイ新聞』（07-08）

[12]「週刊平凡」マガジンハウス（86・10・31）
[13]『話せばわかるか 糸井重里対談集』糸井重里／飛鳥新社（83）
[14]『うたがいの神様』千原ジュニア／幻冬舎（11）
[15]「伝説のパーソナリティが今を語る オールナイトニッポン 45時間スペシャル」ニッポン放送（13・2・22-24）
[16]「Ｓｏｐｈｉａ」講談社（93・4）
[17]『阿川佐和子のこの人に会いたい 8』阿川佐和子／文藝春秋（11）
[18]『対談「笑い」の解体』山藤章二／講談社（87）
[19]「パピルス」幻冬舎（08・10）
[20]「タモリ先生の午後。こんな職員室があればいい。」『ほぼ日刊イトイ新聞』（03-04）
[21]『筒井康隆スピーキング 対談・インタヴュー集成』筒井康隆／出帆新社（96）
[22]「２００９年7月30日」『西野公論 ラフブロ』（09）
[23]「Ｇｉｒｌｉｅ」ｖｏｌ・7／アスペクト（05）
[24]『タモリ倶楽部』テレビ朝日（04・4・23）
[25]「ａｎ・ａｎ」マガジンハウス（84・9・21）
[26]「ヤングレディ」講談社（77・4・12）
[27]『ブラタモリ』ＮＨＫ（09・10・1）
[28]「週刊ポスト」小学館（01・8・31）
[29]「タモリ先生の午後。２００８」『ほぼ日刊イトイ新聞』（07-08）
[30]『爆笑問題のニッポンの教養』ＮＨＫ（10・9・21）
[31]『笑っていいとも！』フジテレビ（07・3・29）
[32]『タモリ倶楽部』テレビ朝日（05・8・26）
[33]『ことばを磨く18の対話』加賀美幸子・編／日本放送出版協会（02）
[34]『笑っていいとも！ 増刊号』フジテレビ（09・5・10）
[35]『上柳昌彦 ごごばん！』ニッポン放送（13・10・22）

9

タモリにとって「希望」とは何か

切っちゃったもんはしょうがない

笑福亭鶴瓶は以前、伊豆にあるタモリの別荘に招待されたことがある。

そこにはたくさんの木の切り株があり、座るためのものかと鶴瓶が思っていると、タモリは横で「あ、切ったんだ」とつぶやいた。

実はタモリは10本の古い木を気に入って土地を買い、その木を活かした設計で別荘を建てていた。そして鶴瓶を招待するにあたり、枝を手入れしてもらうつもりで「木、切っておいて」と管理人に連絡をしていたのだ。しかし管理人は勘違いをし、あろうことか10本の木そのものをすべて切り倒してしまった。

「切っちゃったもんは、しょうがない」と執着しないタモリに「普通、怒るでしょ」と呆れる鶴瓶[1]。しかしタモリは「キチンと説明しない自分が悪かった」と逆に鶴瓶をなだめたという[2]。

こうしたタモリの執着のなさには驚嘆させられる。

明石家さんまはタモリの特異性として、「我々のようなお笑い芸人からすると信じられない切り替えの早さ」をあげている。「タモリさんは演芸場にも出てらっしゃらないし、そういう意味では畑違いのところがありますから。普通、前のコーナーがウケないと我々お笑い芸人は引きずるんですよ。次のコーナーに入った時も汗かいて、『あかんかったなー』って取り返そうとするんですけど、タモリさんは取り返そうとしない（笑）。あのドライさは凄い。あの人しか『いいとも』はできないと思います。あの切り替えの早さと引きずらない凄さ」と。しかしさんまは「でも……俺は引きずりたい」と言い、こう続けた。

「僕たちは引きずりたいし、背中にイヤな汗をかきたい。それで『なんとかしよう』と思って挽回したときの嬉しさもあるし」[3]

反省なんかしたらやっていけませんよ

だがタモリは「ダメ出し、やりませんね。もうダメ出ししたらキリがないですからね。終わったものは仕方がない」と言い[4]、反省をしないことが『いいとも』のような長寿番組を続ける秘訣だと、事あるごとに語っているのだ。

「反省なんかしません。反省なんかしたら毎日やっていけませんよ。悪いことといっぱいあるんだもの。俺が自分の番組一切見ないのも、悪いことばっか見えちゃうから。自分の番組見てたら自分大嫌いになりますよ。自分のこと大嫌いですから。番組中は自分のこと忘れて結構やってるから、後であういうことやってる自分を見たらいやだもの」[5]

「僕はあれ毎日こうやって（自分の番組を）見てたら絶対反省して、こんなに長くは続けられないと思ってますよ」[6]

「毎日反省してたら生きた心地がしない」[7]

タモリは岡村隆史との対談で、「終わったものはしょうがないと思っていても、寝られなかったりする」という岡村に「真面目な人は苦しいと思うよ、この業界は」と語ったうえで、自身の「反省しない」スタンスを実践的に語っている。

「反省と一口に言っても、勝手に自分だけが悪いと思っている場合があるからね。そこでもう一回、その反省をもとにして、同じ状況に立って、こうすれば良かったと思ったことを再びやったときに、それがその場にそぐうかそぐわないかは、また疑問だからね。そんなことのために反省してもしょうがないものね」[8]

そしてタモリは、「俺なんか毎日が上出来だもん。今日も良かったって」と語るのだった。

ハングリー精神なんて邪魔

過去を反省しないタモリは、未来に対する展望も持たない。

「人生成功せにゃいかん、ナンバー1にならなきゃいかん、それには何歳までにこういうことをやっておかないといかん（笑）。ダメだよ、それじゃあ。苦しくなるから」[8]

「ご利用は計画的に」と消費者金融のCMで呼びかけているタモリだが、実はそれは自身の考え方とは真逆なのだ。「計画」を立てないタモリは「目標」も作らない。岡村隆史に「30歳でデビューして、この世界で天下とってやるんだ！という気持ちはなかったんですか」「大きなビジョンとかもなかったんですか。『タモリの～』という冠番組やろうとか」と矢継ぎ早に問われた時も、タモリは「あんまり思ったことはないね」と笑う[8]。

「結構大変だったんだよ。俺、30歳で芸能界に入って『いいとも』が始まったでしょ。だから、毎日その日その日のことをやっていかないといけなくて。将来の夢なんていうのは、ほとんど考えられなかったね」[8]

MANZAIブームの時は「俺なんかまったく顧みられなかった」と述懐する。

そうした番組に呼ばれはしても、周囲にはまったく期待されていない。「そしたら、なんだ？ と思わせるような、難しいことをやるしかないんじゃないか」「ちょっとした反骨心もあるからね。何が漫才だ、という気持ちで、ウケないのが気持ちいい。お前らどっちみちわかんないだろうって」と、「誰でもできるチック・コリア（ジャズ・ピアニスト）」などの芸を披露していた[8]。

やがて37歳で『いいとも』が始まり、約1年で軌道に乗った。しかし自分はすでにその年齢を過ぎてしまった——と嘆く岡村に、タモリは「だから、そういうふうに考えないのよ」と諭す。「他のことに興味が出てくると、ちょっとは自分を見る見方も変わってきて、それは余裕になると思うよ」と[8]。

そしてこの岡村との対談の前年に行われたインタビューでは、もっとはっきりと、このように述べている。

「ハングリー精神なんて邪魔。この世界ハングリー精神じゃダメだと思うんですけどね。笑いなんか人間の精神の余分なところでやってるわけでしょ」[9]

行き当たりバッタリが一番

タモリの座右の銘が「適当」であることは有名だ。他にも「現状維持」「俺は努力ということをしない」などをあげることもある。共通点は「頑張って向上する」ということを拒否した言葉であるということだ。「向上心なんてなかったですからねぇ。今もないし」とタモリは言う[10]。

「なんかいつも、みんな何年後かに私はこうなりたいとかいうでしょ。目標を持って努力して頑張ることが、いいことのようにいうけど、いつも違和感があったんだよね」[5]

「目標なんて、もっちゃいけません」とタモリは言う。その理由はこうだ。

「目標をもつと、達成できないとイヤだし、達成するためにやりたいことを我慢するなんてバカみたいでしょう。（略）人間、行き当たりバッタリがいちばんですよ」[11]

タモリが支持されたのは、そういったスタンスが時代のニーズにあったからではないかと自身も分析している。

そしてタモリはまた、「夢」を無条件で賛美する風潮にも異議を唱える。「努力すれば夢は叶う」とマスコミは喧伝する。しかしたとえば自分は中学の時に短距離の選手になりたかったが、どんなに頑張っても世界記録は出せないだろう、と。

「やっぱり、中学の時に勉強できない奴がいっぱいいるんですけれども、勉強できない奴にどんなに勉強さして、尻を叩いても、先生方は『みんな勉強する能力は同じだよ』と。

違うんですよ。だから勉強できなくてもいいわけです」[12]

にもかかわらずこのような状況に陥っているのは、「資本主義という全体主義」が元凶であり、しかしそれはもはや行き詰まりを見せているのだとタモリは語る。

タモリの根幹には「なるようにしかならない」という思想があるのだろう。過去の自分にも、未来の夢にも執着しないで、現状を肯定する。大学でトランペットを志したタモリは、先輩の言葉によってその夢が断たれた。しかしその先輩の勧めで始めた司会業こそが天職だったように、タモリは流れに身を任せて生きてきたのだ。

「夢なんて無くたって生きていけるんだよ」[13]

人間の不幸は、全体像を求めるところにある

1982年に行われた糸井重里との対談で、タモリは自らの性格を「もう刹那的そのもの」と語った[14]。さらに「ボクは、分裂的アメーバ人間。三角だろうが、四角だろうが、どうなふうにも、合わせることができる」と自身を形容している。

「人間にとって一番大切なのは人生である」——タモリはサインを頼まれた時、ふ

ざけてこう添えることがあるという。それを見た人が妙に感心してしまったりするというが、タモリの思想はその正反対にある。

「分裂が許されるということは、全体像がないということなんだよ。だから、おもしろい。オレなんか、全体像にまったく欠けている。で、全体像のないところには、人生っていうのはありえないよね。だから、オレには人生がない」[14]

一般的には「全体像」を持つ人間が、高級であるとか文化的であると評価される。タモリの言い方だとそれは、全体像を持っていない人間は「喜劇的」に見え、逆に全体像を持つと「悲劇的」に見えるということになる。

「人間の不幸は、どだい、全体像を求めるところにあると思うんです」[14]

全体像を求め、全宇宙を包括して理解したいという欲望を持ったとしても、実際にはそんなことは不可能だ。我々が認識できる範囲には限界があり、時間的にも、空間的にも、それを超えて世界を把握し、また普遍的な揺るぎない自己を確立させようとするのは不幸の始まりである。逆にそのような大それた欲望を捨てると、アメーバのように自由自在に自身を解放できるのだ。ゆえに世界は「谷岡ヤスジの漫画みたいな」「平板な世界」でいいのだとタモリは主張する。

「このへんで〝全体像撲滅運動〟っていうのをやらなきゃダメだね」[14]

節操があると心が自由にならない

ところで、『いいとも』の司会を始めてのち、「タモリは変わってしまった」と評する言説が、一時期少なからず見られた。

たとえば当時、山藤章二《やまふじしょうじ》はタモリを「『深夜の密室芸人』から『白昼堂々芸人』になり下がった」と批判し、それを受けて初期の『タモリ倶楽部』で作家を務めていた景山民夫もこう語った。

「これを言っちゃうと悪口になっちゃうんですけど（略）前から知ってるタモリに対するイメージと違うことを彼が始めたっていうのは確実に……」『笑っていいとも！』が始まって一年半ぐらいは、タモリ自身ももとのタモリの部分にかなりしがみついていたんですけども、怖いもんで、毎日、週に五日間、あのオバさんとミーハーのバカな女の子の前に出ると、つまり自分が接してる人間に合わせてるんですね」「とくに、あれは公開ですからねェ。そちらのレベルに合わせていく芸にどんどんなって……。だから、はっきりいってしまえばつまり流す芸になっちゃったと」[4]

しかしこうした批判が、タモリの一面を見たものでしかないのは、今となっては明らかだろう。自身の一貫性にこだわらないタモリは、どんな「場」にでも合わせることができるだけだ。

先の対談から20年以上たった04年。再びタモリは糸井重里と対談をしている。糸井は開口一番「毎日、まったく変わんないみたいですね、タモリさんの日々っていうのは」と言い、タモリも「変わんないですね、ほんとに」と返した。

すでに先の対談でもタモリが「俺自身、何も変わっていないんだけど、すごく変わったようにいわれると戸惑う」と語っていたことを糸井が引き合いに出すと、タモリは「子どもの時からそうだ」と言うのだった。糸井はそんなタモリを「絶えず『日々を営む』ことを優先している」と分析する。タモリはそれに頷き、さらに持論を展開した。

「なんとか生き延びるっていうことが最優先。観念によって生きかたが規制されるっていうのが、あんまり良くないですね。正義であるとか、こうしなければならないとかいうために、自分の生きかたを規制されるっていうのは、結局、言葉だけを信じて生きてるみたいなもんですからね。お題目になっちゃう」[15]

まさしくこれは「全体像を持つと不幸」「こうあるべきとか位置付けると不幸」という20年以上前の対談での言葉とまったく変わらない考え方だ。

タモリは「タモリはかくあるべき」というような観念に縛られず、自由で、常に「変化する」ことを厭わない、という点において何も変わっていないのだ。そのところを、タモリは端的に述べている。

「節操はないほうがいい。節操があると心が自由にならない」[16]

一番恥ずかしいのは、立派になるということ

タモリは高田純次《たかだじゅんじ》を見ると「不安を覚える」という。何を考えているのかさっぱりわからない、と。「俺はね、世界に厚みを持たせるのをやめようとしてる」。しかし高田純次の場合は厚みが「ない」とタモリは言う。

「俺は、薄さが徹底してないんでしょうね。あれ、(高田純次は)厚みをなくそうとか、目指してないように見えるんだよね。だからすごいんですよ。こっちは多少、目指してるところあるから、ダメなんでしょうね」「ああいう人が、ちゃんと成立する分野がないと、やっぱり社会はおもしろくないですよね」[15]

深刻ぶらず、世界に意味や意義を持たせずに生きていくほうが楽しい。それはタモリも重々承知し実践している。すでに少年時代からその萌芽は見られた。

タモリが通った中学校は、当時全校生徒2300人を超えるマンモス校だった。そこで生徒会副会長を務めていたタモリだが、議事録の類は一切残していなかったという。中学の歴史始まって以来の無責任っぷりだった。「君は無責任だ」と教師になじられても「あ、俺は無責任なんだ」と自覚するだけで反省などはしなかった。

「反省心がもともと僕にはないんです。責任感もない。それは通信簿にも書かれた（笑）」[17]

しかしタモリは今もって、やはりどこかで世界の意味や自己の有りようを意識しつつ、同時にそこから逃れようとしている部分があるのだろう。つまりタモリは、「あえて」反省しないことを選んだのだ。タモリの中からそうした自意識の葛藤が、ちらりと顔を覗かせることがある。

『いいとも』などのちょっとしたコーナーでタモリが絵を描く時、それが意外なほど繊細なタッチで描かれることは少なくない。タモリはもともと絵を描くことに興味はあるのだが、しかし、本格的に取り組むことには逡巡している。

「僕は、なんとか絵を描きたいと随分前から思っているんですよ。ところが、これがまったく駄目。一枚描くたびに、その絵を見て自分の品性の下劣さに愕然とする」[18]

タモリは高校時代に、教科書で見た長谷川等伯《はせがわとうはく》の松林図屏風に、思わずうなり声が出るほど衝撃を受け、「ゾッとするほどすごい」と感じたという。必要最小限の描写で、単純であるのに「松の存在があるとしたら、あれしかない」と思わせる表現に惹かれた[18]。それ以来、日本画や水墨画が好きになった。しかし自分で絵を描こうとすると、うまく描こうという意識や、ある種の表現欲といったものが出てしまうし、そうした欲求があること自体がいやになってしまう。

「自分をあまり好きじゃないんですよ。だから絵を描くと、自分を見せつけられるようで嫌なんです。『なんだ、これは』ってかき消したくなります」[18]

何物にもとらわれず、無心になって描くということは難しい。どうしても自意識が邪魔をする。そうした縛りからいかに自己を解放していくかが、タモリのテーマでもあった。

「俺、全然大人になってないですもん。むしろ拒否した。もう俺はいいんだって、俺はこうなんだ、こういうものなんだってこと、やっぱりこう周りにも見せないとね。アホだぞっていうのをね」[19]

「人間にとって一番恥ずかしいことは、立派になるということです。僕にダンディズムがあるとすれば、このへんですね」[20]

夢があるから絶望があるわけですから

タモリフリークであり、『タモリ論』も上梓した作家・樋口毅宏《ひぐちたけひろ》は、小説『さらば雑司ヶ谷』の作中人物に、タモリを「四半世紀、お昼の生放送の司会を務めて気が狂わないでいる人間」と語らせている。「タモリが狂わないのは、自分にも他人にも何ひとつ期待をしていないから」と。小沢健二《おざわけんじ》の『さよならなんて云えないよ』の歌詞「左へカーブを曲がると 光る海がみえてくる 僕は思う この瞬間が続くと いつまでも」を、タモリが『いいとも』で絶賛したという、実際のエピソードに絡めた場面だ。

それは96年1月29日の「テレフォンショッキング」中のトークだった。

「道を行くと、向こうに海が見えて、きれいな風景がある。そこまでは普通の人も書くんだけれども、それが『永遠に続くと思う』というところがね。それすごいよ、すごいことなんだよ、あれ」「あれで随分、やっぱり考えさせられたよ。あれは、つまり生命の最大の肯定ですね」[21]

「僕の作品をびっくりするぐらい理解していただいていて」と感謝を述べる小沢健二に、タモリは「そこまで俺は肯定できないんだよね……」とつぶやいた。

別の場でタモリは、「私は大体感動したり、感激したりする人間が嫌いなんですよ」と語っている。

なぜなら、あれはなんでもかんでも「カワイイ」と言ってる女の子が、そうすることで自分の可愛さをアピールしているのと同じで、「感動している俺っていうのは、人間的に素晴らしいだろうと言っているようなもの」だと。そして「感動する人間ていうのは、だんだん感動がなくなっていくと思う」と。そしてその話題に続けて、『夢なんか語らねえんだ』と。夢があるから絶望があるわけですから」と語っている[12]。

夢が必ず叶うものだと思い込むことの弊害を説くタモリ。

「いろいろ私はあきらめて生きてきましたよ」[22]とタモリは言う。だが、あきらめてもそこで終了ではない。

「（挫折によって）『自分がいかに下らない人間か』ということを思い知ることで、スーッと楽にもなる」「一度はドドドーンって落ち込むけどね。すぐに立ち直って、明るくなっちゃうんだよ。『なんだ、俺はいままでこんなつまらんことにこだわってたのか』って。そして楽になると同時に、打たれ強くもなるんですよ」〔23〕

「人生とは後悔するためにすごすものである。どんな選択をしても人間はどっかで後悔するんだよ」〔24〕とタモリは言う。だからこそ、悩んだところで仕方がないのだ。挫折と無縁の人生などあり得ない。それにもかかわらず「夢は当然叶うもの」と思っていれば、挫折の後にはもはや絶望しか残されていない。タモリは言う。

「夢がなかったら、自殺者がだいぶ減ると思うんです」〔12〕

何事においても期待していないところがある

「お前戦争って何で起こるか考えたことあるか？」

キングコング西野から、絵本のアイデアを聞いたタモリはこう言った。

「好きって気持ちがあるから人を攻撃したり妬んだりそういうことをするんだよ。そんな感情が一切なければ、親が殺されても殺した人になんの恨みも抱かない、好きという感情にはデメリットもあるんだよ」[25]

そんなやりとりを経て生まれた『オルゴールワールド』は、タモリが「原案」として名を連ねた、西野3冊目の絵本（名義は「にしのあきひろ」）だ。空中帝国に住む少年が、地上の少女に恋をすることから始まる物語である。

以前もタモリは「人間の社会は嫉妬で成り立っています」と語っている[26]。

タモリはある番組で、「恋愛しなきゃいけないっていうのもおかしいよね。しなくたっていい。恋愛に夢をかけすぎ」と語った[27]。

また同番組では、漢字の「幸」の起源についても触れている。かつて手に枷をはめる刑罰があり、それが転じて「幸」という字になった。なぜそれが「幸せ」なのかといえば、本当は死刑になるところを、命を落とさずにすんだからという。

「だから『幸せ』というのは前の上を見るんじゃなくて、後ろの下を見ること。望むものじゃなくて感じるもの」[27]

つまり「幸せ」とは、今ここにない「理想」の状態を追い求めることではなく、今ここにある現状に満足することであると言うのだ。

「反省」もしない、「目標」も立てないのは、タモリが単純な虚無主義だからではない。むしろ逆で、過去の自分を振り返ったり、将来のことを考えてしまいがちな自分をいやというほど知っているからこそ、あえてその執着を捨てたのではないか。

それは「過去」の自分にも「未来」の自分にも縛られないということだ。「過去」からも「未来」からも自由になる。それは短絡的な絶望でも、安易な全肯定でもない。

「オレは何事においても期待していないところがある」[28]

さまざまな紆余曲折を経たうえで、悲観も楽観もせず「これでいいのだ」とありのままに受け入れ、自由に生きる。それこそがタモリをタモリたらしめているのだ。

その現在にしか希望はないのだ。

[1]『FNS27時間テレビ』フジテレビ（12・7・22）
[2]『ざっくりハイタッチ』テレビ東京（13・11・9）
[3]「本人」vol・11／太田出版（09）
[4]『対談「笑い」の解体』山藤章二／講談社（87）

[5]『エチカの鏡 ココロにキクTV』フジテレビ（09・2・1）
[6]『徹子の部屋』テレビ朝日（05・12・23）
[7]『笑っていいとも！』フジテレビ（11・12・9）
[8]「パピルス」幻冬舎（08・10）
[9]「STUDIO VOICE」INFASパブリケーションズ（07・3）
[10]「タモリ先生の午後2007。」『ほぼ日刊イトイ新聞』（06-07）
[11]「MINE」講談社（98・8・10）
[12]「はじめての中沢新一」『ほぼ日刊イトイ新聞』（05-06）
[13]『笑っていいとも！』フジテレビ（04・12・20）
[14]『話せばわかるか 糸井重里対談集』糸井重里／飛鳥新社（83）
[15]「タモリ先生の午後。こんな職員室があればいい。」『ほぼ日刊イトイ新聞』（03-04）
[16]『ブラタモリ』NHK（10・12・10）
[17]『ことばを磨く18の対話』加賀美幸子・編／日本放送出版協会（02）
[18]『対談集 堀文子粋人に会う』堀文子／清流出版（09）
[19]『笑っていいとも！』フジテレビ（08・2・12）
[20]「週刊読売」読売新聞社（95・1・22）
[21]『笑っていいとも！ 増刊号』フジテレビ（96・2・4）
[22]『笑っていいとも！』フジテレビ（09・2・27）
[23]「BIG tomorrow」青春出版社（95・11）
[24]『ジャングルTV ～タモリの法則～』TBS ※放送日不明
[25]「タモリから大事な言葉、キンコン西野絵本最新作本日発売」『お笑いナタリー』（12・11・10）
[26]『笑っていいとも！』フジテレビ（05・8・5）
[27]『タモリ・中居の手ぶらでイイのに…!? ～ドラマチック・リビングルーム～』フジテレビ（11・10・10）
[28]「週刊現代」講談社（93・3・27）

10

タモリにとって「タモリ」とは何か

テレビに出てるほうが本来の自分

「ねえ、タモリって『ONE PIECE』に出てる人ぉー?」

『ブラタモリ』(2010年11月25日放送)収録中、保育園の前を通りかかったタモリたちに向かって、園児たちは叫んだ。

おそらく、アニメ『ONE PIECE』(フジテレビ)に続いて始まる『いいとも! 増刊号』のオープニングを見ていたからなのだろうが、さすがのタモリも苦笑いだった。

またある時タモリが町を歩いていると、「タモリ、歩いてる!」と言われ面食らった。そりゃあ、歩く。女子高生には「超、タモリ!」などと指を差されたこともあるという。

しかしテレビで見ない日はないおなじみの有名人と、ふいに遭遇した時の反応としては、まったく理解できないものでもない。

「私はどっちかっていうとテレビの中でしか存在してないように思われてますから。半分アニメ化されてるみたいなもん」[1]

タモリはテレビの中で、「タモリ」というキャラクターを象徴するアイコン、記号的な存在であると自覚しているのではないだろうか。赤塚不二夫への弔辞で「作品のひとつ」と自称したのは、赤塚の厚意があって今の自分があるということと同時に、赤塚によって「タモリ」というキャラクターに生命を吹きこまれたということでもあるのだろう。

「普段の自分とテレビの自分をよく見て考えると、テレビに出てるほうが本来の自由な自分のような気がするんだよ。日常生活のほうが、俺はなんか演技しているように思えてくる」[2]

社会が俺を克服した

『いいとも』の放送が始まって間もない頃は、タモリは自らを「国民のオモチャ」と称していた。

「いつも、自分からいってるんだけどね。オレは、国民のオモチャだって。遊ばれて、捨て去られるって……」と[3]。

ちなみに山瀬《やませ》まみが「国民のおもちゃ、新発売」というキャッチフレーズでデビューしたのは86年。もちろん、タモリが「国民のオモチャ」を自称していた後のことだ。『ミュージックステーション』でこのことに触れ「これは許せないな」と笑った[4]。

「国民のオモチャ」となったタモリは一気にその好感度をあげていく。近藤正高《こんどうまさたか》による「タモリはどう語られてきたか」(エキサイトレビュー)によると、81年の千趣会の新聞広告にタモリが起用され『1年前、女性たちがいちばん嫌い、に挙げた人。なのに、ことしはいちばん好きな人、です』というコピーが踊ったという。タモリ自身もその状況を「おかしいと思うよ」と振り返っている。

「かつては〝嫌いな男ナンバー1〟なんてキャッチフレーズもあったし……。デビューした時なんて、サンタンたるもんで、女のコのファンが3人しかいなかった(笑)」「男(のファン)ははなはだしいやつしかいなかったね。ネクタイしめてるのなんて、ひとりもいない」[3]

当時は女性たちにはもちろん、「ちゃんとした」大人たちにはそっぽを向かれてしまう。その理由についてタモリは、こう自己分析した。

「なんとなく危険に見えるんじゃないですか。自分個人じゃなくて、なんか日本全体のね、オーバーに言えば安定の基盤としたものを、簡単に蹴られるような不安感があるんじゃないですかね」[5]

しかし『いいとも』が始まり、タモリの存在が非日常から日常へと接近していくにつれ、好感度が増していった。一方それと反比例するかのように、うるさ方のお笑いファンや評論家は「毒がなくなった」などと見限るような態度をとるようになっていく。タモリはそうした状況にあって「(悔しかったら)好かれてみろ。ここまできたらとことん好かれてやるんだ、どうにでもなれる」と一笑に付した[6]。

とはいえ、「俺の時代が来る」などと思ったことはないとタモリは言う。

「なんかやれば攻撃が来るし、いろんなことを言われるわけでしょう。それがだんだん少なくなって、一応好感度のほうになってきましたよね。それは、やったという気分よりも、むしろちょっと待てよ、社会のほうからオレはやられているんじゃないかという気分のほうが強いんです。オレが、社会というかテレビを見ている人たちを克服したんじゃなくて、向こうがオレを克服したんじゃないかという感じがありますね」[5]

「リスペクト・フォー・タモリ」ブーム

『今夜は最高！』が89年に終わったのと軌を一にして、同年にダウンタウン、ウッチャンナンチャンらお笑い第3世代が『いいとも』レギュラーになった。特に90年代におけるダウンタウンの大ブレイクは目覚ましく、お笑い界に大きなインパクトを与える。しかし松本は「あそこ（『いいとも』）の客はまるで自分たちが出演者でもあるかのようにギャーギャーうるさく、このオレ様が天才的なボケをかましているのに、変なタイミングで声援したりしやがる」と不満を募らせ［7］、93年に『いいとも』を降板する。

同じ頃、高田文夫《たかだふみお》は「もうサラリーマンだもん。お笑いの区役所みたいなもんだよ。お役所仕事みたいなもんだろ、タモさんて」などと痛烈に批判［8］。90年代前半のタモリは「つまらない」と揶揄されることが多くなっていた。

そんな中で転機となったのは、90年代半ばのナインティナインとSMAP（中居正広、香取慎吾《かとりしんご》、草彅剛）の『いいとも』レギュラー加入だ。彼らは、タモリを「タモさん、タモさん」と「お父さん」あるいは「おじいちゃん」のように慕い接した。『タモリ倶楽部』で鉄道など、タモリの趣味に沿った企画が見られるようになったのもこの頃だ。『ジャングルTV～タモリの法則～』（TBS）ではナインティナインと共演し、「ジャングル・クッキング」のコーナーで得意の料理を披露した。

いつしかタモリは「趣味人の好々爺」という側面を見せ、00年代初頭には「タモリにリスペクトを捧げるのが流行っている」とナンシー関《せき》は皮肉った。「『リスペクト・フォー・タモリ』ブーム」であると。

「何年か前から、テレビの中でよく耳にするようになった『タモさん、タモさん』（2回繰り返しが重要）という声が、このブーム（本当にブームなのか）の前兆だったのかもしれない。若手のお笑い芸人やアイドル、ミュージシャンが口にする『タモさん、タモさん』は単なる呼称ではなく、『対タモリ』観、ひいてはタモリを定点とした自分の位置宣言という側面もある。タモリを『タモさん』と呼ぶこと自体よりも、タモリを『タモさん』と呼ぶ自分に意味があるのである」[9]

彼女は『空飛ぶモンティ・パイソン』から『今夜は最高！』に出演している時までを「タモリって面白い」と言われた時期とし、その後、数年を「本気になりさえすれば面白い」とマニアから支持されていた時期、そしてそれが徐々に薄れ「まるで風景のようになってしまった」と分析し、こう評した。

「みんなが見ているけれども、誰も見つめてはいないというある意味『テレビタレント』の一つの到達点に至ったと言ってもいいかもしれない。もうタモリは何も期待されていないのである。期待されなくてもいいという所にいたのである」[9]

爆笑問題の太田光は、『いいとも』についてこう語る。

「タモリさんをいかにみんなで楽しませようかっていう、青臭いですが、本当にみんなその一心でやってました」「みんながタモリさんを喜ばせたい。それは出演者、プロデューサー、ディレクターだけじゃなくて、美術、音声、カメラさん、技術……みんながタモリさんを喜ばせたいの。みんなタモリさんが大好きで」[10]

それは言い換えれば、（少なくとも『いいとも』においては）タモリに往時のような尖った笑いを期待していなかったということだ。

しかし併せて太田は、タモリが『いいとも』の終了をほとんど誰にも相談せずに、突然サラッと発表したことに関して「忘れてた。タモリってのは危ない芸人です。ビートたけしも明石家さんまも危ない芸人ですけどタモリも危ない。一番ちゃんとできる人だと思われてますけどあいつが一番危ない」とつぶやいたのだった[10]。

「博多グループ」と「福岡グループ」

タモリが生を受けた福岡県は、北九州地区・筑豊地区・博多地区・筑後地区の4つの地域に分かれている。そして各地区の人間は、それぞれ互いに「違う人種だな」と思っていると、タモリは言う。「だから、（地区間での）同県意識っつうのは、あんまりないんですね」と[11]。

さらに博多地区は「博多グループ」「福岡グループ」「周辺郡部グループ」に分か

れるという。タモリはこの分類で言えば「福岡グループ」だ。

「（福岡グループは）郊外のグループなので鷹揚に構えてるんですけど、いちばんセクト主義なのは博多グループなんです」[11]と、いわゆる「はかたもん」とは違うことを強調している。

「（博多は）ヒエラルキーが好きなんですよね。博多の人間が必ず言うのが、『おお、あいつ？ああ、俺が面倒見た』って。必ず言うんですよ、面倒見たって」「もう、生き甲斐なんですね。生きる目標が『面倒見』ですから」と分析したうえで、「あれは博多の町中だけ」と断言している[11]。

つかこうへいが福岡を「一番捨てやすい故郷だ」と評したことに、タモリは深く共感している。「とくに郊外のほうで育ったオレたちっていうのは、土地に執着心がまるでない」[6]。たとえば上京する場合、東北から東京に行く人たちは「〝決意型〟の上京」だとタモリは言う。「博多ナショナリズム」がある博多も同様だ。

「博多の中になるとかなり凝り固まったヤツが、博多っ子純情ってんで、みょうに東京に対抗意識を持ってる」[12]

「ほら、言わんこっちゃない、失敗した」

しかし、「福岡」の場合は違う。

「福岡は城下町で博多のほうは商売の下町なんですけど、川ひとつしか隔ててないんだけど福岡の人間というのはどこ行っても同じだという考えなんですね。東京行こうがどこ行こうが」「(福岡の人間は) みんな『東京に行ってどーおするとや』かなんかいう気持は言うんだけども、心の中じゃあ〝ちょっと行ってみたいなぁ〟っていう感じがあるんです。『おまえ、故郷捨てて』とか口では言うんだけども、本心は自分も行きたい。行けないから行くヤツにワァワァ言うんです。で、帰ってきてまた大喜びする。『ほら、言わんこっちゃない、失敗した』(笑)」[6]

大学進学のために上京し、一度福岡に帰った経験があるタモリが言うから説得力がある。

「決意がないですもんね。失敗したらどうのこうのなんて考えない。失敗したらまた帰ればいいいじゃないかって」[6]

芸能界には福岡出身者が多いというイメージがあるが、タモリはそれについて「数が多いのは他の県もあるんですが、とにかく目立つヤツが多い」と分析する[6]。

タモリは武田鉄矢《たけだてつや》の「あの当時に博多で高校時代まで過ごせば、芸能界の基本的なことは全部習得している」という持論を紹介している（ちなみに武田は筑紫郡出身で「周辺郡部グループ」。タモリによると、武田が「博多の男たい」と強調していると「博多」の人間にニセモノだと批判されるらしい）。

タモリも中学、高校の時から「ユニークでなければいけない、面白くないヤツは駄目だって」という空気に鍛えられていた[6]。

「表情能力とか、言葉の表現能力とか、だいたいレポート上手ってのがいて、昨日起こった事件をレポートにするヤツが各所にいる。授業が始まる前はそいつが机の上に座って、『昨日、知っとおや?』ってのが始まって、これ、またペラペラしゃべる。まあ、その一人だったんですけど（笑）」[6]

松岡正剛が「九州」の人間からは「闘争感覚」や「下からのエネルギーを感じる」というと、タモリは同意しつつ「根は明るいですよ」と笑った[12]。

ネアカとネクラ、俺は中間じゃないか

昔、タモリとある冴えない男が酒席をともにしていた。周りがどんちゃん騒ぎをしている中、彼はほとんどしゃべらない。それを見ていたタモリは「アンタ、根が暗そうだけど、ここで、オマンコって叫んでみない?」と持ちかけた。当然、男は怪訝な顔をしてタモリを無視して飲み続ける。無視されるとタモリも逆に面白くなって「言ってごらん、ここで。言ってごらん、大きな声でオマンコって」と煽り立てた。イライラして酒を飲むペースが速くなったその男は、しつこいタモリに耐え切

れなくなって、ついに大声で叫んだ。「オマンコォ！」と。

「そのときから性格が一変しましたね。楽になったんですね。よくまァ、ペラペラとしゃべり出すんですね。陽気になってね。こっちはもう圧倒されるほど」[12]

「ネクラ」「ネアカ」はタモリが『タモリのオールナイトニッポン』の中で用い、流行した造語である。最初に使ったのは78年初頭の放送だという。

「オレは人を判断する基準というのがわからなかった。（略）この業界に入って急にいろんな人と付き合うようになって、何がいい人で何が悪い人なのかという判断基準に困ってたんだけど、簡単なことを発見した。それが根が明るいか暗いか」[5]

それを示す言葉として「ネクラ」「ネアカ」という言葉が80年代に急速に広まっていった。当時タモリは「ネアカ」の柔軟性に言及し、このように評している。

「根が明るいやつは、なぜいいのかと言うと、なんかグワーッとあった時に、正面から対決しない。必ずサイドステップを踏んで、いったん受け流したりする。暗いやつというのは真正面から、四角のものは四角に見るので、力尽きちゃったり、あるいは悲観しちゃったりなんかする」「でもサイドステップを肝心な時に一歩出せれば、四角なものもちがう面が見えてくるんじゃないか。そういう時に、いったん受け流したりして危機を乗り越えたりなんかする力強さが出るし、そういう男だと、絶対に人間関係もうまくいく」[5]

一方で「ネクラ」に対しては「(根が)暗いやつが明るいやつのように振る舞うのは見苦しくて悲惨もいいとこだ」とし、「ネクラ」な人間とは「もう付き合う必要はない」と痛烈に批判している。むしろ「暗いやつは暗いまんまで表明したほうが、かえって面白い場合がある」と[5]。

しかし、一般的に思い描かれるタモリ像には、「ネクラ」と感じられる部分も少なからずあるのではないだろうか。事実タモリ自身も「(ネアカとネクラの)オレは中間じゃないですか。あれの害があるのは、極端の二つのものでしかものごとを判断しなくなったということなんじゃないかと思うんですよ」と言っている[5]。またタモリは一般論として、こうも述べている。

「表面が明るそうに見えても暗いやつがいる。オレが言ってるのは根の問題なんだ。表面が暗くても、根の部分で明るいやつがいるから、だから、黙って暗くしているからといって、こいつは根が暗いと思っちゃだめだ」[5]

その意味ではタモリは、二面性を持っていると言えるかもしれない。しかしフレキシブルな柔軟さこそが「ネアカ」の必要条件とされるのであれば、タモリはやはり「ネアカ」であると結論付けざるを得ないのだ。

ドキュメンタリー〝タモリの真実〟

髙平哲郎が著した『ぼくたちの七〇年代』や『スラップスティック・ブルース』

によると、普通の眼鏡に地味な格好をしたタモリが、仕事場である新宿に電車で向かうところから始まるドキュメンタリーが、かつて制作されたことがあった。

新宿駅に着くとタモリはコインロッカーに向かう。ロッカーの前で着替え、髪の毛を七・三からオールバックにする。そしてレイバンのサングラスをかけるタモリ。「ロッカーナンバー1223。この扉が森田一義をタモリに変える」とタモリ自身によるナレーションが入る。

仕事風景がひとしきり映されると、慎ましい普段の生活をカメラは追う。奥行き二間のアパートに、病弱で寝込んでいる妻と5歳の女の子、それから赤ん坊とともに住んでいるタモリ。

そのタモリ自身の口から〝タモリの真実〟が語られるのだ。

仕事を終えたタモリは、近所の若者たちを連れて酒を酌み交わす。

そして酔うほどに、仕事に対する虚しさが募ってくる。ついに彼は見えない片目から大粒の涙を流すのだ。

その涙のままストップモーションとなり、エンドマーク――。

これは78年7月に東京12チャンネル（現・テレビ東京）で放送された『青春の日本列島』におけるタモリのドキュメンタリーだが、内容はもちろんデタラメである。コインロッカーで着替えるわけはないし、またタモリには子どもはおらず、妻は病弱ではない。いわゆる今で言うフェイク・ドキュメンタリーだ。ちなみにほとんどが〝ウソ〟だが、妻役として出演しているのは実際の妻・春子さんであるという。

『青春の日本列島』は毎週日曜の昼12時から放送されていた、30分のドキュメンタリー番組（タモリはつくづく昼の12時に縁がある）。

「タモリにはウソも本当もない」

そのディレクター陣の中にはあの山路徹《やまじとおる》もいたようだ。山路は「日活創立100周年記念特別企画〝生きつづけるロマンポルノ〟」（横浜シネマジャック&ベティ）でのトークイベントで、この番組に少しだけ触れている。

「(ロマンポルノが衰退してきた頃)僕は『青春の日本列島』という30分ドキュメンタリーテレビ番組を作っていました。当時僕は24、5歳の最年少監督で、崔洋一《さいよういち》監督や柳町光男《やなぎまちみつお》監督などもいました。1本のギャラはそこそこ良かった代わりに、撮影期間は3日。経費として使えるのは5万円。30分番組で貰えるフィルムはその3倍分だけという制約の中で作らなくてはなりませんでしたが、制約が厳しい分アイデアや知恵を絞って作っていました」

そんな中で、Kというディレクターが、タモリを題材に撮りたいと話を持ちかけてきた。しかし普通のドキュメンタリーを撮っても面白くもなんともないと思ったタモリと髙平が「ウソでも構わないか?」と聞くと、K氏は「もちろん構わない」と快諾。ならば日曜お昼のお茶の間の主婦たちに、「タモリって実はかわいそうなのね」と思わせたい――そんな目論見でこのドキュメンタリーは作られた。

しかしやはりこの作品は局内で問題になり、一部改変を余儀なくされた。

タイトルはタモリ案の「涙と悔恨の日々」から、「涙と笑いのウソ」に変更。タモリが泣いて終わる本来のラストの後にカットを挟み、顔をあげて「もういいかな？」と大笑いするシーンが足された。さらに「タモリにはウソも本当もない。このドキュメントは事実に即してはいない。たとえば私、タモリに子どもはいない」というナレーションが入り、そしてK氏による「これもまたドキュメントなのである」という注釈が付け加えられた。

通常のドキュメント番組の枠で、タモリたちは堂々とフェイク・ドキュメンタリーを作り、放送してしまったのだ。30分の番組ラスト5分まで視聴者を騙すという、タモリ流の遊びを見事にやり遂げた。

結果、この作品はギャラクシー月間賞を受賞し、彼らの遊びは大成功に終わった。しかしその引き換えのようにK氏は番組を降ろされてしまう。70年代後半、メディア・リテラシーなどという言葉もなかった時代だったが、この早すぎた傑作は封印されたように、歴史の中に埋もれていった。

「(『いいとも』などで)演技してないかっていうと、そんなことないんです。してるんですよ。ただそのベースに置くものが〝地〟なのか〝地〟でないのかの差だけで。だから地のところの振幅をちょっと増幅してやってるだけの話なんですね。だから演技はしてるんだけど、いわゆる役者の演技とは違うんです」[13]

その存在の仕方自体が虚実皮膜。「タモリにはウソも本当もない」という、まさにこのドキュメントのナレーションを体現しているのだ。

その時点、その時点で時間が生きてなきゃ

88年から99年まで、『タモリ・たけし・さんま BIG3 世紀のゴルフマッチ』（フジテレビ）は、お正月の風物詩のように放送されていた。当時でも3人がそろう番組はほとんどなく、タモリも「奇跡みたいな番組」と第1回のオープニングで語っている。当然ながら高視聴率を叩き出したこの番組も、しかし90年は放送されていない。それはタモリの「負けず嫌い」によるものだ。

12年の『27時間テレビ』でひさびさに3人がそろうと、さんまとたけしは真っ先にこのことに触れた。

『あいつらに負けるのが悔しい』って2年目（※実際は3年目の90年）休んだよな？　練習したいからって」とさんまが詰め寄る。「そうだっけ？」と返すタモリに、たけしが追い打ちをかける。「ふたりで笑いすぎたんだよ。（そしたら）怒っちゃって。だって（悔しくて）池の周りグルっと回って帰ってきたんだから」。さんまが続ける。「バカにされるのがいやで。あれね、あんたが下手で成立する番組だったの。それをあんた『うまくなる』って言って1年休んでんやからね」。するとようやくタモリも「ああ思い出した」と苦笑いした。

88年の第1回はタモリが、89年の第2回はたけしが優勝。翌90年の対決は行われていないのだ。

そして91年のオープニングで、司会の逸見政孝《いつみまさたか》がタモリに「しばらくゴルフやめてたそうじゃないですか。どうしたんですか？」と意地の悪い質問をした。タモリはバツが悪そうにニヤニヤしていたが、そこでさんまが助け船を出すように「この番組がやめさせたんやないか！」と逸見にツッコんだ。

たけしは「仕方ないからふたりで『さんま・たけしのデスマッチ』っていってやろうって言ったら（タモリが）聞きつけたらしい」がためにBIG3の再開が決まったと、冗談交じりに話した。

タモリは第2回の雪辱を晴らすため、『いいとも』が終わると練習に向かい、連日800打近くを打ち続け、プロ顔負けの腕へと変貌を遂げた。絶対に負けたくなかったのだ。が、満を持して再開した91年の第1打は横にそれ、カメラマンを直撃するという失態。悔しかったのか動揺したのか、タモリはカメラマンを心配するのも忘れて、黙々と次の1打の準備を始めた。

プロデューサーの横澤に、「またタモリが負けて辞めると言い出したら困る」と告げられたたけしは「今年は接待ゴルフをしにきたんだから」と笑った。そのためかあるいは最終的に特訓が功を奏したのか、以降、第8回（たけしが優勝）を除く第10回まで、すべてタモリが優勝している。

「大きなところでは、もう、どうでもいいんだけどね。小っちゃいところでは負けず嫌いなの」[11]

BIG3の『ゴルフマッチ』に限らず、『いいとも』や『タモリ倶楽部』など他の番組においても、タモリの「負けず嫌い」っぷりはしばしば見ることができる。ちょっとしたゲームや競技でも、本気で勝ちに行ってしまうのだ。過去にも未来にもこだわらないタモリにとっては「今」「ここ」こそが重要で、それにかける気合は半端でない。かつて山下洋輔や赤塚不二夫らと、アドリブの応酬で、競い合うようにギャグを繰り出していたことと同様である。

かつてタモリは「無計画、無責任、無目標、無国籍、無専門」の「5無主義」を掲げていた。反省もしなければ計画も立てず、目標も持たない。向上心も持たない。

前章でも述べたが、タモリは過去や未来にこだわることの不毛さに対し、若い時から（あるいは幼少時から）問題意識を持ち、考えぬいた末に「現状を肯定する」という生き方を選択した。いかに執着を捨て、刹那的に生きることを選べるか。その実践として、「タモリ」がある。

かつてその特異性をもって「恐怖の密室芸」と称され、テレビには不向きな芸人と言われていたタモリ。しかしタモリの「現実を肯定する」という生き方は、「今の状況」を映すテレビというメディアの特性と合致した。

「その時点、その時点で時間が生きてなきゃいけないですね。その時点で時間が生きるということは、それの前と後ろが切れてなきゃ絶対生きてこないわけでね。未来と過去とかあって、その連鎖の中に時間があったんじゃ、その瞬間瞬間の時間は絶対生きてこない」[14]

俺の人生、なりすまし

「俺の本当の芸は、なりすましってやつだよ」

タモリは自らの芸人人生をそう評した[15]。けっして若くはない年齢で芸能界入りしたタモリ。「30歳で入ったから、ほとんどが先輩だった」と言うように、異例とも言える遅いデビューだったが、本当に異例なのはその出世のスピードだ。

「どうやって本流にすわーっといって同輩ヅラ、また先輩ヅラするかっていうのが70年代の一大命題だった」[15]

ゆえに「悩んでたふうを出しちゃ、ますます乗り遅れる」と思い、卑屈にならず堂々と振る舞っていた。そうしたらデビューからわずか5年足らずで『お笑いスター誕生!!』（日本テレビ）の審査員に抜擢されたのだ。「われながらうまくいったと思った」というように「なりすまし」に成功したタモリは、ほとんどが自分より芸歴の長い相手に対して「偉そうに」審査をしていたのだ。

思えば芸能界入りのきっかけのひとつである、山下トリオの宴会への乱入からして「なりすまし」だった。彼らの仲間になりすまし、そしてそのまま仲間になった。同じようにテレビの世界に突然乱入してきて、そのままテレビの住人になりすましたのだ。

「ずーっとなりすましてる。俺の人生なりすまし」[15]

また遅いデビューについては「オレ、10年早く出てきたら、だめだったんじゃないかと思うんですよ。だから、30（歳）からのデビューは遅いと言われるけど、オレとしてはちょうどよかったんじゃないかと思うんですよね」とも話している[5]。タモリのような異質な芸を受け入れる土壌が、それ以前にはまだ整っていなかったのだ。

だが、タモリの素人感覚を忘れない批評性が、時代に合致した。

「どうしても『こっちの世界』だけの感覚にはなりきれないんですよね。いまだに」「まだ『博多でテレビを見ていた人』の感覚が残ってるんですよ。奥のほうに」[16]

だからタモリは番組を無理に盛り上げようとしないし、興味がないことにはどこまでも無関心で、嫌いなものは嫌いだとはっきり言う。番組を破綻なく進行させることよりも、ハプニングが起こることを期待する。すなわちプロフェッショナルであることに拘泥せず、アマチュアリズムに徹しているのだ。タモリは自らが「完成」してしまうことを嫌う。

「芸じゃないですよ、オレのやってるのは。むしろ芸といわれたらもう終りっていうか、イヤなんです。極端にいえば芸はやりたくないし、芸として成り立っているものを壊そうと、いつも思ってる」[17]

『いいとも』の企画会議で横澤は、スタッフから提案された企画に必ず「その企画は何をバカにしていますか?」と聞いていたという[18]。これはまさにタモリのスタンスそのものではないだろうか。タモリは視聴者の目線と出演者の目線を行き来しつつ、テレビも視聴者も言葉も意味も芸も俯瞰し、そして「タモリ」自身をも小馬鹿にしているのだ。だから何事にも動じないし、ひるまない。

そしてそれが受け入れられた。タモリはもはやジャンルを超え「タモリ」としかいいようのない存在となった。しかしだからといって、世間に対し自分のすべてを受け入れてほしいなどとは、ゆめゆめ思っていない。

「俺、あんまり社会と関わりたくないんだよね。勝手にやってるから勝手に見てくれたほうがいい」[19]

だからタモリはどこまでも自由だ。プロらしい振る舞いからも、「過去」にも「未来」にも「社会」にも、そして「自分」にも縛られることはない。

いいトモロー

数年前、ビートたけしの楽屋を通りかかったタモリはふらっとそこに立ち寄った。そしてこう言ったという。

「仕事辞める時は僕に言ってね。先越されるのはいやだから。あなたがやってるから私もやってるんだから」

それに対したけしが「俺、辞めたらすぐ辞めるの?」と聞き返すとタモリは「辞める」と答えたという[20]。

30年以上続いた『いいとも』の終了をサラッと発表したように、いずれ、なんの執着も感慨もないかのようにサラッと芸能界を引退していくだろう。いや、その発表さえしないうちに、彼は僕らの前に姿を現さなくなってしまうかもしれない。それが日常に空気のように存在したタモリにとって、相応しいようにも思える。しかしそれは間違いなく、テレビにおけるひとつの時代の終わりに他ならない。

「俺なんてテレビで伝えようと思ったことがないもん。だいたい伝えたいことがない」[21]

タモリはいつだって、確固たる思想に裏打ちされたうえで、不毛で無意味な虚無の存在であり続けた。だから僕らは、無益で無意味なことが、かけがえのないものだということに気付くことができたのだ。

喜怒哀楽のうち「楽」は軽んじられがちだ。「喜」とも混同されやすいが、しかし明確に違う。タモリは「笑わせる」でも「笑われる」でもない「笑い合う」という

「楽しい」笑いを、日々お茶の間に届け続けたのだ。淡々とした中にほのかな狂気を潜ませながら。

How do you do? 頭につまった
きのうまでのガラクタを処分処分
（略）
冷たくされてもあり、ありがとう
冷たくしたら I'm so sorry
笑っていいとも ウキウキ Watching

今日がだめでも いいトモロー
きっと明日は いいトモロー
いいともいいとも いいトモロー

（『ウキウキWATCHING』）

その歌詞は悲観でも楽観でもなく、諦観を孕ませながらも、ただ現状を肯定し楽しもうとするタモリそのものを象徴しているかのようだ。

「タモリ」は日本人の共通言語になった。日本人のほとんどが、それぞれの「タモリ」観を持っている。その人の「タモリ」観を知れば、その人のテレビや物事の見方、価値観を知ることができる。そうやって語り合い、笑い合う装置こそ「タモリ」という存在なのだ。

『いいとも』は終わった。けれど、「森田一義アワー」はどこまでも続いているのだ。「笑っていいとも!」と。

[1]『ブラタモリ』NHK（11・2・3）
[2]『SMAP×SMAP』フジテレビ（06・4・17）
[3]『話せばわかるか 糸井重里対談集』糸井重里／飛鳥新社（83）
[4]『ミュージックステーション』テレビ朝日（13・8・16）
[5]『若者たちの神々 筑紫哲也対論集 Part4』筑紫哲也／朝日新聞社（85）
[6]『こんな男に会ったかい 男稼業・私の選んだベスト9』村松友視／日本文芸社（84）
[7]『遺書』松本人志／朝日新聞社（94）
[8]「DIME」小学館（93・8）
[9]「噂の眞相」噂の真相（02・3）
[10]『JUNK 爆笑問題カーボーイ』TBSラジオ（13・10・23）
[11]『タモリ先生の午後。こんな職員室があればいい。』『ほぼ日刊イトイ新聞』（03-04）
[12]『愛の傾向と対策』タモリ、松岡正剛／工作舎（80）
[13]『対談「笑い」の解体』山藤章二／講談社（87）
[14]『男の本音 深田祐介対談』深田祐介／ティビーエス・ブリタニカ（84）
[15]『われらラジオ世代』ニッポン放送（13・10・24）
[16]「タモリ先生の午後2009」『ほぼ日刊イトイ新聞』（09）
[17]『タモリ』武市好古・編／福武書店（83）
[18]『今夜は最高な日々』高平哲郎／新潮社（10）
[19]『われらラジオ世代』ニッポン放送（13・10・23）
[20]『クメピポ！ 絶対あいたい1001人』TBS（09・7・29）
[21]『笑っていいとも！ 増刊号』フジテレビ（13・7・7）

あとがき——僕にとって『タモリ学』とは何か

2013年10月21日。

3年近くかかって、ようやく本書の草稿を最終章までひと通り書き終えたのが、その日でした。一晩寝かして編集部に送ろう、そう思った翌日、タモリさんの口から『笑っていいとも！』の終了が発表されたのです。もちろん原稿は大幅な修正を余儀なくされました。本書の企画が立ち上がったのは11年6月。まさか発売の頃に『いいとも』が終了するなんて、思ってもみませんでした。

本書の企画が生まれたきっかけは、南海キャンディーズの山里亮太さんとオリエンタルラジオの中田敦彦さんでした。ふたりはテレビ番組で11年の5月末から6月初めにかけて、タモリさんにまつわる興味深い話を立て続けに語っていたのです。僕はそれをまとめ、個人ブログ「てれびのスキマ」に記事として投稿。そしてツイッターに「こういうタモリさんのエピソードや発言をまとめた本を作ってみたい」と書いたのです。すると本書の担当編集者であるイースト・プレスの堅田浩二さんが、真っ先に声をかけてくれました。

すぐに打ち合わせをし、書籍化前提で本格的に資料を集め、まずそれらを読み漁ることから始まりました。最近では滅多に雑誌のインタビューなどに出ないイメージのあるタモリさんですが、80年代頃は意外なほど多く登場していたことにまず驚きました。そしてその発言の数々が、想像以上に今と変わっていないことにまた驚かされました。

ところで「てれびのスキマ」というのは、僕がまだ会社勤めをしていた05年から個人で始めたブログで、その最初の記事もタモリさんについてでした。テレビ番組やその出演者の魅力をより多くの人と共有したいと思い、当時はまだほとんどなかった、テレビ番組での発言を抽出し書き起こした記事を中心に掲載。それをきっかけに雑誌やWEBなどから声をかけていただき「てれびのスキマ」名義でコラムなどを書かせていただけるように。お陰様で連載も増え、本書のような書籍原稿の仕事も滞りがちになったため、意を決して13年秋に十数年勤めていた会社を辞め、フリーの文筆家になりました。

最初の打ち合わせの時、僕は「1年後くらいには完成させたい」などと甘い見通しを立てていたのですが、やはりタモリさんを捉えるのは至難の業。送った原稿はボツになるばかり。完全に迷走し、出口が見えない時期がありました。

しかし、事態は大きく動きます。

タモリさんを司会に据え放送された、12年の『27時間テレビ』。それを見た僕の目の前に光が射したような気がしました。この番組にはタモリさんのエッセンスが詰まっている。この番組を縦軸にして書けばいいのではないか、と。

その放送の翌週の日曜日、僕は数時間で一気に本書の第1章にあたる「タモリにとって『偽善』とは何か」を書き上げました。

本書はもともと書き下ろしの予定でしたが、書き手である僕のモチベーション維持や読者の方の反応を見るために、イースト・プレスが運営するWeb文芸誌「マトグロッソ」に掲載しませんかという提案を受け、12年8月にアップ。すると、僕にとっては空前にして絶後のありがたい反響が数多く返ってきたのです。

僕が本書で書きたかったのは「僕のタモリ論」ではありません。凡庸な僕の考えなんてどうでもいい。そうではなく、これまでのテレビ、ラジオ、書籍、インタビューなどの発言やエピソードを抽出し、タモリさんの〝哲学〟を浮かび上がらせることがしたかったのです。

それは「観念」に縛られることを嫌うタモリイズムに反することなのかもしれません。けれど、そんなタモリイズムに囚われることもまた、タモリイズムに反するのではないかと思うのです。

また本来であれば、タモリさん本人や周辺の人たちへ直接インタビューしたりすれば、より深いタモリさんの哲学を知ることができたかもしれません。だけどタレントと視聴者という距離感こそが、「タモリ」を知るうえでもっとも適切な距離だと思ったのです。だから本書に引用した発言や紹介したエピソードはすべて、僕のような一視聴者、一読者の立場でも見たり聴いたり読んだりできたものばかり。〝ウラ話〟的なものは一切ありません。すでに〝表〟に出ているものをまとめるだけでも、こんなにも立体的に面白く見ることができるんだ、とテレビっ子として証明したい思いもありました。僕は本書でそれを実現できたのではないかと自負しています。もちろん、その対象がタモリさんという、あまりにも魅力的な人物であるということが大きな要因なのだけど。

本書が、担当編集者である堅田浩二さんの助けなしでできなかったのは言うまでもありません。テーマや構成、方向性などの助言をしていただき、遅々として進まない原稿を根気強く待ち続けてくれ、僕の回りくどく読みにくい文章を整理していただきました。本当は、共著として名を連ねてほしいほど不可欠な存在でした。90年代後半に青春時代を送った僕にとって堅田さんといえば、あの『COMIC CUE』の2代目編集長。不定期に刊行されるこの漫画誌の発売の噂を聞くと、それを探し求め、置いてありそうな街中の本屋を手分けして探しまわるのが、僕と弟の一大イベントのひとつでした。そんな思い出深い雑誌の編集長と一緒に本が作れたことを、当時の僕に言ってもとても信じてくれないでしょう。これほどの幸せはありません。その堅田さんの人脈に頼って、畏れ多いと思いながらも大好きな小田扉先生にイラストを描いてもらうことを提案し、それが叶った時の嬉しさったらなかったです。また、共同編集をしてくださった浅井さんをはじめ、本書に関わっていただいた方々、やる気を起こさせてくれた友人たち、感想や励ましを寄せてくれた方々、一人ひとりにお礼を言って回りたい気持ちでいっぱいです。どっちを向いても感謝です。

何よりもタモリさんに。そして、妻に。

最後に、本書を読んでくださった方々、そしてまだ読んでない方にも感謝を申し上げます。どうもありがとうございました。

２０１４年３月

戸部田誠（てれびのスキマ）

文庫版あとがき

「明日もまた見てくれるかな？」

2014年3月31日。『笑っていいとも！』というなんの情報も意味もないくだらない放送を32年間続けてきたタモリさんは、その最終回となる「グランドフィナーレ」で32年間続けてきたいつもどおりの言葉を使って締めくくりました。

本書の単行本版が発売されたのは、『いいとも』最終回直前の3月26日。おこがましすぎることを言えば、タモリさんのこの締め方は本書のラストと呼応しているかのように感じました。

『いいとも』以後のタモリさんの仕事で特に鮮烈だったのは2014年10月から1年間放送された『ヨルタモリ』（フジテレビ）でしょう。基本的に番組の企画に口を出さなかったタモリさんが初めて企画段階から自分で考えた番組だと伝えられ、「タモリ史」を語るうえでも極めて重要な番組だったのではないかと思います。

『ヨルタモリ』でタモリさんは常に誰かに「なりすまし」していました。だから、それまではあくまでもゲストを迎える「聞き手」でしたが、「なりすまし」して自分ではないからこそ、逆に自分の考えや話を積極的に話してくれていました。それらの話を聴いていると、また僭越なことを言えば、本書に書いたこととの答え合わせをしているかのような感覚に陥ることがよくありました。

たとえば「変態」について。

「僕は変態ですよ。人間誰だって変態ですよ。変態の第一歩は恋愛だと思ってますからね。生殖行為っつうのは、第一義は子孫を残すことでしょ。それに精神的なものが入ってくること自体が変態。恋愛というのは生殖行為に精神性が入ってくるわけでしょ。精神が入ってくると変態の第一歩。変態っていうのはクリエイティブなことですよ。建築をつくるのと同じなんですよ。クリエイティブな人間の精神性の最高のものがない限り、変態にはなりえないんですから」

あるいは「友達」や「夢」や「愛」について。

「教育がおかしいよね。夢を持ちなさい、友達を持てって、友達なんかいなくたって生きていけんだよね」

「愛ってすばらしいよねって言うけれども、愛が達成されなくなったら人を殺すんだよ。執着なんだよ」「愛ってキレイなものじゃないんだよ。良い時だけがキレイなの。悪くなったらものすごい汚いものになる」

「愛と夢と友達を言うヤツは、俺信用しないんだよ」

「若い子は愛というと恋愛と勘違いするんだよね。恋愛はあれは恋なんだよ。あれは愛ではない」

「愛というのは神しかいえないことじゃないの?」

これらの言葉の真意は、本書を読んでいただいていれば、スッと理解できるのではないでしょうか。


この番組でタモリさんは最高の褒め言葉として「ジャズな人」という形容をよく使っていました。

「ジャズっていうジャンルがあるようで、ジャズっていう音楽はないの、実は。〝ジャズな人〟がいるだけなの。ジャズな人がいて演奏するから、それがジャズになるの」

「音楽がなくてもジャズな人はジャズなのよ。スウィングする人はスウィングしてるのよ」

そんな「ジャズな人」の概念をより具体的に語ったのが草彅剛さんがゲストに訪れた時です。レギュラーの能町みね子さんが「草彅さんはジャズですか?」と尋ねるとタモリさんはこう答えています。

「ジャズだね。ジャズな人って何かって言うと、向上心がない人のこと」「誤解されちゃ困るけど、向上心がある人は、今日が明日のためにあるんだよ。向上心がない人は、今日が今日のためにあるんだよ」「向上心＝邪念ってことだよね」「夢があるようじゃ、人間終わりだね」「夢が達成される前の区間はまったく意味がない、つまんない世界になる。これが向上心のある人の生き方なんだよね。悲劇的な生き方。夢が達成されなかったらどうなるんだ?ってことだよね。Ｕ－ｚｈａａｎさんとかこう（タブラを）やるのは、夢じゃないんだよ。やってるだけの話だよね。好きでやってててこうなってるだけの話」

つまりはいかに今を濃厚に生きるか。まさに「ジャズな生き方」とは、本書で書いたように、過去や未来に執着せず、「今」を自由に生きるという生き方なのです。

本編で引用した発言の多くはもう数年〜何十年も前のものです。ですが、驚くほどタモリさんの考えが変わっていないのがわかります。

僕は『タモリ学』の中で、タモリさんは「常に周囲のリクエストに応じた芸を見せ続けた」という点で密室芸時代も『いいとも』時代も、もっといえば学生時代も「変わっていない」と書きました。けれど、『ヨルタモリ』は、自分の好きなように企画した番組でした。

タモリさんは「変わった」のでしょうか。

そうではない、と僕は思います。タモリさんはついに「本当に自分の好きなことを自由に作る」ということを強くリクエストされ、それに応じただけなのです、きっと。

『タモリ学』は僕の書籍デビュー作でした。それが文庫化されるのは何よりの喜びです。しかも、あまりの文量のため単行本には収録することができなかった「大タモリ年表」を念願叶って収録することができたのも感無量です。僕のわがままを実現させてくれた文庫版編集の岡田宇史さんには頭が下がる思いです。

本書を刊行して以降、たくさんの感想をいただき、そのどれもに感激しました。読者のみなさん方からたくさんの価値をつけていただいた感じがしました。文庫版あとがきという場でお礼をいう機会をいただけたことを感謝します。本書を手にとっていただき本当にありがとうございます。

タモリさんは『いいとも』の打ち上げの際、こう乾杯の発声をしたそうです。

「日本のバラエティに乾杯！」

ならば、本書を締めくくる言葉はこれしかありません。

「タモリに乾杯！」

戸部田誠（てれびのスキマ）

2021年12月

大タモリ年表

大タモリ年表

1945年（0歳）～1974年（29歳）

1945年（0歳）　誕生

▼8月22日、終戦の一週間後に福岡県福岡市南区市崎に誕生。この日、天気予報が再開され、市内は気温34度と報じられた。タモリは「赤ちゃんコンクール」で優勝したという。ちなみに姉・和子は同コンクール2位だった。本名は「森田一義」。もともとは祖父・真（まこと）が好きだった元総理大臣の「田中義一」からとって「義一」と命名する予定だった。しかし姓名判断で上が画数が多くて下が少ないと頭でっかちな人間になってしまうと判定されたためひっくり返して「一義」に。「僕は苗字も名前も逆になってるんです。逆人生」[1]

▼みのもんた、土居まさるといった日本を代表する司会者と同じ誕生日。また菅野美穂や北川景子も同じ日のため一緒に誕生日会をやろう」とよく言っている。一方でタモリは「反記念日主義者・アンチアニバーサリスト」のため番組などで「誕生日にケーキを持ってくるのも厳禁にしている」[2]。

▼一家は1938年（昭和13年）頃まで満州に住み、祖父・真は黒田藩の家老を務めた名門の出身で南満州鉄道・熊岳城駅の駅長、父は大連高等商業学校卒業後、南満州鉄道の経理課に勤務していた。祖母・マツの「神のお告げ」により、一家は戦火が及ぶまえにいち早く日本に帰国。

▼福岡で父・春吉は洋服の卸商、母・富美子はスポーツ用品の販売に従事[3]。母はジャズ、父はフラメンコとコーヒーを好む。ちなみにタモリは後に喫茶店のマスターになるが、そこに父の影響があったかどうかは定かではない。

▼3歳上の姉とふたり姉弟。姉は後に楽器店の支店長と結婚し長崎に移住。

▼遠い親戚に女優の伊佐山ひろ子がいる。伊佐山とは78年公開の映画『博多っ子純情』で共演。

1948年（3歳）～　幼少期

▼父がおみやげを買ってこなかったことにしつこく文句を言っていると、母と祖母に両側から持ち上げられ、宙に浮いた状態で父に尻をビタビタ叩かれるという「異常な」体罰を受ける。「あれから歪な性格に……（笑）」[4]

▼3歳の頃、両親が離婚。祖父母に引き取られる。なお両親はともに祖父母の養子で、従って正確には、タモリにとって祖父母は義理の祖父母にあたる。母によると父に対して「愛情はなかった」が祖父母に対する恩義で結婚していた。

▼別居した父親はたまに家に来たが、そうした時にタモリが父に会えた嬉しさで、いろんなことを話していると「お前はよくしゃべるね、うるさいよ」と言われてしまう。「それからおやじが嫌いになった。この男、オレと違うなっていう……」[4]

▼家は高級住宅地の南区高宮の石垣に囲まれた大邸宅。西鉄（西日本鉄道）と国鉄（現・JR九州）の筑肥線が交わるあたりにあり、ずっとSLを見て育った。

▼祖父のもとに遊びに来ていた友人の会話を聞いて「偽善」という概念を感じ取る。4歳～5歳が精神的にもっとも大人で、年を追うごとに子どもになっていった、とタモリは述懐している。

▼入園予定のキリスト教系福岡海星女子学院マリア幼稚園(64年に高宮から老司に移転)を見学するため、徒歩20分かけてひとりで訪問。「♪ぎんぎんぎらぎら夕日が沈む」と童謡『夕日』に合わせてお遊戯する園児たちを見て「こんな子どもじみたことはできない」と入園を拒否。

▼近所に同世代の子どもがおらず、隣の「トミコちゃん」くらいしか友達がいなかった。

▼家の外で石垣にもたれながら、一日中坂道を歩いている人を観察。あとをつけたり、後で祖父母に素性を聞いて調べたりして、その家族構成などを妄想していた。

▼倉庫にあったガラクタを組み立て列車を作ったりして遊んでいた。

▼祖父はタモリをいろんなところに連れて行ったが、子どもの歩調に合わせることはせず、そのためタモリは自然と歩くのが早くなった。しかし後に東京に出た時に、それが普通だったので驚いたという。

1951年(6歳)~　小学生時代

▼南区の福岡市立西高宮小学校に入学。初めて社会性ができる。暇から解放されたことが嬉しくて反動で同級生に教わりながら子どもっぽい遊びをたくさんしていた。

▼防空壕でかくれんぼをした時、女の子に寄り添うように座って「腰を感じながら」隠れたタモリ。「防空壕には甘酸っぱい思い出がありますよ。あの頃もう立派な男だったんですねぇ」[5]

▼皇居の方角の東に向かって校長が万歳三唱をすると言って「東向け、東」といった瞬間、タモリは「バンザーイ」とやりだしてしまい大ウケ。「あれからオレ、この世界に入ろうと思ったりして……(笑)」[4]

▼食料や衣服の配給が行われていた時代。「自転車で帰るとき、転んで(配給の)せんべいをめちゃくちゃに砕いちゃったんですよ。それが泥の中に落っこちて食べれなくなったんですね。ぼくのほうは、足を切って血を出している。大人が心配して助けにきてくれましてね、『ぼうや、傷は大丈夫か?』ぼくのほうは、ただ『せんべいが、せんべいが……』って泣いている。貧しかったんですねえ」[6]

▼祖父はお湯を沸かすことぐらいしかできず、そのため祖母が「これからの男は料理ができないとダメだ」とタモリを台所に立たせていた。当時は眺めるだけだったが、料理好きになるのはこの体験によるものだろう。

▼叔母によると『一休さん』などのトンチ話をするのがうまかったという。音楽も好きで、姉のピアノに合わせて、よく童謡を歌っていた。

▼低学年の夏、19歳の従姉妹と親戚の家に行くため山道を歩いていた際、息を荒げる彼女のお尻を「早く行こうよ」と押した時、不意に何かこみ上げるものを感じ、女性のお尻を初めて「すいたらしいもの」(原文ママ)と意識した[7]。

▼2年生の時、級長を務める。伝達事項を自主的に板書して伝えたところ教師から好評を博し、人前で何かをやることの快感を覚える。「ぼくにとっての初舞台は教壇であった」[8]

▼2年生の頃、家庭訪問の先生を追いかけて街を歩く。「2年生にしては遠くまで来たなぁ」と思っていたら、戻ろうにも帰り道がわからなくなり迷子に。不安になりながら歩き続け、ようやく自分の家が見える丘の上の坂に立った時に「助かった」と思った。その時の坂からの風景がとても印象に残り、以来、街歩きが好きになっ

た。
▼3年生の頃、祖父から『麻雀の打ち方』『麻雀の勝ち方』という本を買ってもらう。タモリが祖父から買ってもらった本は生涯その2冊だけ。夜は週の何日か麻雀に興じ、その際に酒も教わる。晩酌の日本酒に口を付けないと食事をさせてもらえなかったという。それから解放されるのは中学入学以降。
▼3年生の頃、近所の工事現場をずっと観察していた。
▼3年生の頃、図書館にあった伝記『吉田松陰』を読み、感銘を受ける。命日に「墓みたいなの」を自作しお参りをするほど。しかしその後『西郷隆盛』を読み、こっちのほうがすごいんじゃないかと吉田松陰のことは忘れてしまう。
▼3年生の頃、教室で誰かの書いた文章を読んでいて、先生が「さて、この作者は何を言いたかったんでしょうか?」と問われ不思議に思う。「え? 言いたいことはすべてここに書いてあるじゃない」と[9]。
▼4年生の頃、学年のボスに反抗。10人くらいに囲まれ殴られる。自分が親友だと思っていた男が密通していたことを知る。それからまた友達がいなくなった。「あれからだよ、世の中を恨むようになったのは」[10]。
▼4年生の1学期、社会科見学で東公園を訪れた際、電柱のワイヤに顔をぶつけ、針金の結び目が右目に突き刺さって負傷。すぐに担任教師の高津文により大島眼科に連れて行かれたが、その場で「完全に失明」と診断される(この経緯は「3年生の頃に下校中」など諸説ある)。2カ月休校して治療したものの、視力は戻らなかった[11]。
▼5年生の頃、小学2年生の女の子を好きになる。「俺は自分が小学生でありながら、すでにロリコンだったんだよ(笑)」[12]
▼5年生の時、予餞会(卒業生を送る会)で友達を強引に口説き「コント烏天狗」を披露。それがウケずトラウマに。「いまだに番組の企画だとかにかかわらないのはその傷のせい」[13]。また、友人と漫才も披露していた。
▼未亡人でヒステリーの女教師が父兄参観日にコロッと態度が変わり猫なで声になったのを見て、女は信用できないと学ぶ。
▼祖父が浪花節を好きで、寿々木米若や春日井梅鶯などを見に行っていた。ラジオで夜8時からの『浪曲天狗道場』を聴き、9時からのNHKニュース解説を聞きながら眠りにつくのが日課。またNHKラジオ第2放送『気象通報』などの意味のわからなさが心地よく、FEN(現AFN:米軍放送網)や北京放送もよく聴いていた。これが後の外国語モノマネの基礎となる。さらにラジオドラマも好きで真似をしていた。「とくにあの暗い奴がいいですね(笑)。妙にマがあいたりなんかして」[14]
▼落語が好きでよく聞いていた。当時は志ん生、文楽という違うタイプの名人が活躍していた。
▼高学年になって行動範囲が広がり、筑前高宮駅で線路の分岐を見るようになる。「線路の上をずっと乗り継いでいけば、日本中どこにでも通じているんだ、というのが不思議な感じでね」[15]
▼電車の運転手や車掌に憧れる。しかし中学に入ると全然その気がなくなったという。
▼通信簿にはずっと「落ち着きがない」と書かれる。
▼極度のなで肩だったため付いたあだ名は「矢印」。

1957年(12歳)～ 中学生時代

▼南区の福岡市立高宮中学校に入学。同校の後輩には森口博子、氷川きよし、高橋真梨子、博多華丸らがいる。タモリ宅で2013年に同校出身の芸能人で「高宮会」が開かれた。
▼陸上部で活動、短距離走(100m、200m)では学年で2位だったが、どうしてもトップの「野田」には勝てなかった。ちなみに50mのタイムは6秒8。
▼1年生の頃、母親がゴルフブームの到来を予期してゴルフ用品店「森田ゴルフ」を開くも3年で廃業。タモリは高校生の頃からフルセットでゴルフをしていた。
▼2年生の頃から1年半～2年近くにわたり毎週のように平尾バプテスト教会に通う。理由はR.H.カルペッパー牧師の話す言葉が面白かったから。この時の体験がニセ牧師の芸につながっていく。嵐の日にも教会に行き、信心深いと勘違いした牧師に感激される。年に1度開催された女子高生も参加する海水浴も楽しみのひとつだった。
▼2年生の頃、トランジスタラジオを自作。それまでも鉱石ラジオや真空管ラジオを自作していた。高校生の時には短波ラジオを製作。「まず俺はラジオの『作り手』から入ってるからね」[2]
▼2年生の夏休み、福岡の郊外にあった金持ちの友人の別荘に3日間宿泊。初めて別荘でする掃除や料理はどれも新鮮で楽しすぎて「泥酔」したようなハイテンションな状態(もちろん酒は飲んでいない)になった。ボートを海に出してみんなが海に飛び込み泳いでいるのにあわせて、タモリも飛び込んだ瞬間、「俺は泳げないんだ」と気付いたという。「でもそれから泳げるようになった」[16]

▼2年生の時、学級委員長を務めるがほとんど何もやらず、担任から「君は無責任だ」と言われ自分が無責任なのを自覚する。
▼2年生の時、自ら立候補して弁論大会に出場。絶対に優勝すると意気込んで「放射能がどれだけ怖いか」をテーマにスピーチするも入賞すら叶わなかった。教師からの講評では「大局のことを言っている人がいましたがもっと身近なことを」と半ば名指しで批判された。翌年、再び立候補。今度は「もっと挨拶をしよう」をテーマに語り、宣言通り優勝を果たした。「コツがわかったんです。この学校の先生の考え方が」(『ラジオ深夜便』14・10・27)
▼修学旅行は関門海峡を通って山口・広島に。タモリ「ものすごい綺麗なバスガイドさん。名前をサインしてもらったことがあって、シミズ……シミズなんとかって。ものすごい綺麗だった。修学旅行中、ずっとその人見てた」
▼3年生の時、生徒会副会長に。当時、高宮中は日本有数のマンモス中学で、もっとも生徒が少ない3年生でも11クラスあった。2年生は第1次ベビーブームだったため21クラス、1年は22クラスで全校生徒は2300～2400人。
▼3年生の頃、アイススケートをやりたくなって母親と一緒にスケートリンクに。しかし、母親が満州時代やっていてうまかったため、スポーツを母親に習うのがイヤですぐにやめた。
▼暇があれば港に行き、貨物船などを見る。2年生の頃になると、貸しボート屋の「Aクラスディンギー」が目に止まりヨットに興味を持ち始め、船の種類を調べいつか自分も乗ってみたいと思うようになった。またヨットの小説を書き始めるが3行で終わってしまったという。
▼授業を聞いていないふりをして外を眺め、教師に「こいつ聞いてな

いな」と思わせておき、指されるとちゃんと答えるという遊びを開発する。
▼中学の時は、先生はかわいそうな存在だと思っていた。安月給でよく面倒な悪ガキを教えていると。新任の先生が来た時は、「早く一人前になってほしい、冗談がわかるようにみんなで育てなきゃいけないとね(笑)」[4]。ちなみにタモリはTBSドラマ『自主退学』(90)で、生徒からリンチを受ける教師を演じている。
▼満州出身のため餃子がよく食卓に並び、ひとりで52個食べたことも。だが最近は1日2食で量も少ない[17]。

1960年(15歳)~ 高校生時代

▼県内有数の進学校、福岡県立筑紫丘高校に入学。卒業生に池田成志などがいる(池田も早稲田大学第二文学部哲学科中退)。
▼共学だったが、1~2年生の時は女子だけのクラスがひとつあったのみ。3年生になると志望校別の混合クラスが3クラスほどでき、タモリは運よくそこへ。だが女子とは「どう話していいのか、どう接したらいいのか、まったくわかんなかった」[17]。
▼剣道部と吹奏楽部を両立[18]。ラグビーに興味を持つが、試しにラグビー部の友人とスクラムを組んでみたところ、向いていないと諦めた。
▼数学に関しては「白痴」。一方、国語と社会は得意だった。『現代文の森田』といったら、大変なものだった」[9]
▼2年生の時、『シャボン玉ホリデー』放送開始。タモリの好きな番組になる。
▼2年生の頃、アマチュア無線の免許を取得。船舶の無線通信士を志すが、苦手な数学・物理・化学が必須科目だったため挫折。
▼気象通報が好きで地学を選択。授業で気象通報の録音を聴き、天気図に等圧線を引くのがたまらなく楽しかった。小学生の頃から無茶苦茶な等圧線を描いて遊んでいた。
▼2年生の頃、柳生新陰流兵法居合道の2段を取得。通っていた道場が福岡のローカル局から取材を受け、タモリの練習風景がテレビに映る。従ってタモリが初めてメディアに登場したのは、実はこの時だった。
▼3年生の頃、近所の後輩の家でアート・ブレーキーの『モーニン』を聴き衝撃を受ける。音楽好きの家庭に育ち、自身も小さい頃から民族音楽などを耳にしていたが、こんなにわけのわからない音楽は初めてだと、むきになって繰り返し聴いたことでその虜になる。
▼吹奏楽部では、なんとか前面に出たいという思いからトランペットを練習、「陰の工作」で先生に認めさせトランペット担当になった。
▼3年生の夏休み、西九州を友人たちとヒッチハイク旅行。長崎の西海橋などを訪れる。
▼美術の教科書にあった長谷川等伯「松林図屏風」に衝撃を受け、日本画と水墨画を好むようになる。70歳を過ぎると曾我蕭白の自由奔放さにも惹かれ始めた。
▼同級生によると「不快感を与えたくないから」とよく右眼を手で隠していたという。
▼実母が3度目の結婚。初婚・再婚・そしてこの3度目の結婚で、それぞれふたりずつ、6人の子どもを産む。「私は妊娠しやすいタイプ」とタモリに語っている。
▼博多のジャズ喫茶「リバーサイド」に通い始める[19]。
▼自分の中に潜んでいる「龍」がいつか出てくるんじゃないかと思っ

ていたが、高校卒業時くらいに、そんなものはいなかったと気付く[17]。
▼どうせ行くなら面白いところがいいが、国立大学には行けそうもない。地元の私大は面白くない。早く家を出てひとりで住みたいと思い、早稲田大学を目指す。
▼受験まえの1カ月間、寝台列車「あさかぜ」に乗って上京。目黒の「石政石材店」の裏のアパートに住んでいた従兄弟のところに居候し、毎日その石屋を眺めていた。通りを挟んだ向かいに中国人姉妹が住んでいて、その家のまえでめちゃくちゃな中国語を大声でしゃべって「誰カ、キタカ?」と言われるのを楽しんだ。そして銭湯からあがって坂を下りながら「どうなるのかなぁ、俺は一体?」と思っていた[20]。

1963年(18歳)　浪人生時代

▼受験に失敗し浪人の身となる。庭と石垣が両側にあるはなれの部屋で勉強。
▼座禅を組み、言葉の無用さを悟る。
▼法学部に入った友人のアパート「静住荘」(東横線都立大学駅近く)の2階に居候。木造モルタルの6畳一間で小さなキッチンがついていた。あまりに雑念が多くて勉強ができず、六法全書の売春禁止法の項目を読んだりしていた。
▼渋谷で地下鉄に乗ろうと地下を探したがなく、地上を走っているのを知ったことがきっかけで、土地の「高低差」に興味を持ち始め、坂道が好きになる。

1964年(19歳)　大学生時代

▼早稲田大学第二文学部入学。適当に論理をふるっていればなんとかなるんじゃないかと西洋哲学科に。高校時代から能書きで人をまくのが得意だったから向いている、と。授業は「おもしろくなかったね(笑)」[21]
▼「モダンジャズ研究会(通称ダンモ)」に在籍。「タモリ」と呼ばれるようになる。同期には後に世界的ギタリストとなる増尾好秋、1年先輩にベースの鈴木良雄、『タモリのオールナイトニッポン』初代ディレクターでジャズ評論家の岡崎(本名：近衛)正通らがいる。
▼モダンジャズ研究会の合宿の通過儀礼、岡崎(近衛)による号令のもと新入生が脱がされる際に、タモリは自らストリップを始め、腹がすわっていると称賛される。ちなみにタモリは「俺の尻は色白でプリンプリンしていて、キュンと持ち上がってて、すごく可愛いカッコイイお尻」と自画自賛している。また「赤ちゃんの肌」のようにスベスベしているとも。もともと肌荒れしやすい体質だったが、エスキモーの風習にならい石鹸を使わずに入浴することで改善。石鹸は肌を守る皮脂も落としてしまう、身体の汚れは10分以上お湯に浸かれば自然と落ちるというタモリ式入浴法は医学的にも実証されており、福山雅治らも実践。
▼都立大学駅付近で居候していたが、その友達とともに、学芸大学駅付近に住んでいた同級生のアパートに移って3人で約2年間、住む。家主の尾西一家からはなぜか「ケメマロ」と呼ばれていた。食堂「龍」や洋食屋「フレンド」などによく通った。その向かいの部屋が新婚で、その時初めて喘ぎ声を聞く。「もう毎晩聞くのが楽しみになった(笑)」[21]

▼また大学の近所の、友達の下宿にも出入りする。宿泊禁止だったが、大家のおばさんや親父さんを懐柔、おばさんからは「洗剤さん」と呼ばれ可愛がられて、一緒に酒を飲んだりしていた。「年寄りに対するアマチュアのインタビュアーとしては、ピカイチ、ですからねぇ……。戦前の事件とかをきいて『そういうことですか、真相は！』と。まぁ、当時から、『いいとも』やってたんですね」[17]

▼仲の良かった名古屋出身の友人のアパートにも居候（後に赤塚邸で自作のラジオドラマパロディを作る「劇団仲間」のメンバー）。その兄がヴィブラフォンやマリンバの有名な奏者で、テープレコーダーやステレオなどの高価な機材を所有しており、そこで番組のパロディを作って遊ぶ。「そのなかの一つで『朝の教養講座』というのがありましてね、そこで『ココアの歴史』というのをメチャクチャに語る。大学教授が（笑）」[14]。またこの兄弟との生活で名古屋人の特性を知り、後に展開する名古屋人批判のベースとなる。

▼1年生の時は授業にも結構ちゃんと出ていたが、2年生の頃から早大闘争が始まり、大学に行かなくなる。

▼2年生の時、憧れの吉永小百合が第二文学部に入学（西洋史学科）。学生食堂で偶然向かいの席になる。残したトーストに手を付けるか迷った挙句「俺は硬派な人間である」と思いとどまる。

▼2年生の5月、連休中に同級生3人と旅行。その時、最初に仕送りが来ていたのがタモリだったため旅費を立て替えたが、その後ふたりとも返さない。そのため大学は3年時に「学費未納のため抹籍」に。「でも、あいつらとはいまだに付き合ってますけどね」[22]。抹籍後もモダンジャズ研究会は続けた。

▼20歳の頃、偶然入った渋谷の喫茶店のウエートレスに一目惚れ。友人たちの助けもあり付き合うことになり、数カ月後、半ば強引に初体験。翌日、相手は田舎に帰ってしまった。その直後、高まった性欲が抑えきれず、友人と一緒に川崎のソープに行く。

▼マイルス・デイビスが好きだったタモリはトランペットを担当したかったが、先輩から「マイルスの音は泣いてるけど、お前のラッパは笑ってる」[22]と言われ司会の道へ。この先輩が誰だったのかは、鈴木良雄、菅原正二他諸説あったが、「ＳＷＩＴＣＨ」（２０１５・５）のインタビューで故・瓜坂正臣であると明言。ちなみにこの直後、マイルスは『マイルス・スマイルズ』（66年）を発売。「マイルスも笑ってるじゃないか！」

▼当時の早稲田にはハイソサエティ・オーケストラ、ナレオハワイアンズ、モダンジャズ研究会、ニューオルリンズジャズクラブ、オルケスタ・デ・タンゴ・ワセダの5バンドがあった。ハワイアンでは司会を務めていたのは、後のフジテレビアナウンサー露木茂、および同じく後のフジテレビ松倉悦郎。タンゴの司会は後のＴＢＳアナウンサー松永邦久。ハワイアンの副マネージャーは後のＣＭディレクター川崎徹。ハイソには「日本一音の良い」と言われるジャズ喫茶「ベイシー」のマスターで、オーディオマニアの菅原正二がいた。

▼司会術の基礎を松倉悦郎に教わったタモリのトークは評判となり、メンバーからも「俺たちはお前のしゃべりの合間に演奏しているんじゃない」と言われる。「俺はしゃべりでいけるかもしれない」とタモリが思ったのはこの時が最初だという。

▼大橋巨泉司会の『大学対抗バンド合戦』（ＴＢＳラジオ）で優勝。タモリの司会は巨泉にも一目置かれる。

▼司会とともにマネージャーを務める。マネージャーは重要なポジションゆえ選挙では選ばれず、直接先輩マネージャーから指名される。4年生の時の夏休みの演奏旅行で、半分ぐらいまで来たところ

で、その先輩から鞄を渡される。それが完全な引き継ぎの儀式。ただ一言だけ「お前、これ持て」それで今日から自分が全権を持つと把握する。マネージャーが早稲田のOB会「稲門会」から演奏の仕事を取るために、ジャズ研から託される接待費は8～10万円。マネージャー手当もあり、演奏旅行が多く組まれる夏は1カ月に30～40万の収入があった（当時の大卒初任給は2万円ほど）。

▼夏はバンド旅行に明け暮れる。鈍行列車で地方を周り、1カ月ほど家を空けることも。ステージは昼夜2回公演で、終わるとまた鈍行に。移動中の列車では、中国人になりきったタモリが困っている演技をし、仲間が「誰か中国語がわかる人はいませんか」と尋ねるいたずらをよくしていた。2000人近くのキャパを持つ福岡の九電記念体育館も満員に。毎晩飲み歩いてもまだあまる位のギャラがあった。合宿もあり、その最後は楽器別の大宴会。

▼この頃、実父が死去。

▼横須賀に住む母方の祖母に会いに行く際、「赤い電車」の京急を使用。先頭車両で「お、このカーブをこのスピードで突っ込んでいくのか！」と興奮[15]。また横浜を「自分が思い描いていた都会」と感じ大好きになる。それもあって現在、横浜に一本で行ける東急東横線沿いに自宅が。なお祖母は96歳で他界。「100歳まで生きたら『徹子の部屋』に出してやる、と言っていた」[23]

▼赤塚不二夫の『天才バカボン』を読んで衝撃を受ける。「こんなバカなことやっていいんだ、こんなバカなこと書いて出版していいんだ、ありなんだと思いました」[24]

▼『婦人の冷感症』（正しくはシュテーケルの『女性の冷感症』と思われる）を古書店で購入。「これを想像力たくましく読む。オレって想像力をそういうところで鍛えた」[25]

▼秋葉原の「東京ラジオデパート」によく通う。ラジオを聞くのも自作するのも好きだったタモリにとって夢のような場所。「九州にいたでしょ、こういうところがないんですよ。なかなか部品が手に入らなくて。俺、なんで東京に生まれなかったのかな？ って思ったもん」[26]

▼この頃から新宿のジャズ喫茶に通い始める。

▼モダンジャズ研究会のヨット好きの先輩にヨットについて指南を受け、鎌倉でスナイプに乗せてもらう。

1970年（25歳）～　サラリーマン時代

▼祖母が亡くなったため、祖父の面倒を見る名目で福岡に呼び戻される。祖父は、76歳で62歳の女性と再婚。「一義クン、わたしどもの年になると、もうダメだね。一週間に一ぺんぐらいかね」[4]。この再婚により、タモリが再び上京できる下地が整った。

▼親族から半ば強制的に保険会社（朝日生命）に入れられ、営業職に就く。約4年間勤務。「ベラベラしゃべるから信用されずダメだった」と本人は言うが、外交員として優秀者招待旅行コンクールによく入賞していたと当時の上司は証言している。運転免許を持っていなかったためバスで得意先を回っていた。また社員旅行のバスでは、ニセ中国語で進行役をしていた。

▼26歳の時に、朝日生命で先輩だった2歳年上の井手春子さんと住吉神社で挙式。披露宴は焼肉屋「敦煌」で行われた。なお、新しい辞書の語釈を考える企画で「結婚」について「愛で始まり、やがて憎悪に変わり、感謝で終わるもの」と定義している[27]。

▼早稲田の先輩・高山博光（現：福岡市議会議員）が経営する日田観光会館に転職。日田には約2年半住んでいた。「大きな温泉ホ

テルがあって、そこで内紛が絶えない。事情がわからないので親会社の社長が友達で、頼まれてずっと内紛の情報を探るわけ。24〜25歳くらいの時。売店のおばちゃん、料理長、ボイラー技士としゃべったり、一日中歩いて情報を収集してた」「もう辞めようと思った途端にボウリング場をやることになったの。メンテナンス、ボウル穴掘り、機械の修理一式、全部ライセンス取ってやった」と傘下のボウリング場の支配人に。「朝9時から夜中1時半まで働いてましたね。休みなしで。だから日田のことはほとんど知らないんです(笑)」。その後、福岡のフルーツパーラー「サンフレッシュ」の初代支配人を務める。客の注文を逆さまに言ったり短縮したり(「ミックスジュース」を「ミイジュー」「ブルーマウンテン」を「ブルマー」など)していたら「おかしなマスターがいる」と評判になった。ちなみにボウリングのハイスコアは267。

▼仕事が終わると、天神のジャズ喫茶『COMBO』に通う。

▼72年、博多で山下洋輔と渡辺貞夫のコンサートが行われる。公演後タモリは、渡辺貞夫のマネージャーを務めている学生時代からの友人(とタモリ本人は語っているが、一方で山下の「タモリは、ジャズ研出身のバンドメンバーに会いに来ていた」という証言も存在する)と、彼らの宿泊先のタカクラホテル福岡の一室で飲み、午前2時頃帰宅すべく部屋を出て廊下を歩いていると、どこからかドンチャン騒ぎと笑い声が聞こえてきた。それが山下洋輔バンドの部屋だった。そのドアの隙間から中村誠一が無茶苦茶な歌舞伎をやっているのが見え、タモリは「俺はこの人たちとは気が合うな」と思い、「気が合うんだから入ってもいいだろう」と部屋に歌舞伎口調で「この世の〜」と歌いながら入っていく。夜明けまで騒ぎは続き、タモリは「あ、森田と申します」とだけ言い残して帰った。これが後にタモリの「3大セッション」のひとつに数えられる。

▼その半年後、山下は博多で一番古いジャズ喫茶『COMBO』に向かい、「森田という男を知らないか」と尋ねる。タモリはそこの常連客だったため、店主・有田平八郎はその場でタモリに電話し再会が叶う。(『タモリだよ!』「平岡正明/CBS・ソニー出版/81」によれば、ホテル乱入事件のまえに有田はタモリを山下に紹介しており、すでに面識があったという説もある)

▼その後、山下洋輔のバンドがコンサートツアーで九州に行くたびにタモリは「どこからともなく」現れ打ち上げに参加した。

▼74年2月、高校3年の明石家さんまが2代目笑福亭松之助に弟子入り。同じ頃、ビートたけしが浅草でツービートを結成。すなわちタモリは芸人としてたけし、さんまの後輩にあたる。

[1]『徹子の部屋』テレビ朝日(12・12・27)
[2]『われらラジオ世代』ニッポン放送(13・10・23-25)
[3]『ぴーぷる最前線 タモリ』武市好古 編/福武書店(83)
[4]『タモリと賢女・美女・烈女』家庭画報 編/世界文化社(82)
[5]『ブラタモリ』NHK(10・10・7)
[6]『加藤登紀子の悪男悪女列伝』加藤登紀子/潮出版社(85)
[7]『百万人のお尻学』山田五郎/講談社(92)
[8]『こんな男に会ったかい 男稼業・私の選んだベスト9』村松友視/日本文芸社(84)
[9]『女性自身』(82・4・22)
[10]「はじめてのJAZZ。」『ほぼ日刊イトイ新聞』(05

[11]『逢えばほのぼの　檀ふみ対談集』檀ふみ／中央公論社(82)
[12]『笑っていいとも!』フジテレビ(14・2・14)
[13]『阿川佐和子のこの人に会いたい　8』阿川佐和子／文藝春秋(11)
[14]『広告批評』マドラ出版(81・6)
[15]「TITLE」文藝春秋(06・10)
[16]『笑っていいとも!』フジテレビ(14・2・10)
[17]「タモリ先生の午後２００７。」『ほぼ日刊イトイ新聞』(07)
[18]Wikipedia「タモリ」の項より。出典は不明
[19]「クイック・ジャパン」vol.41／太田出版(02・02)
[20]『タモリ倶楽部』テレビ朝日(13・8・9)
[21]「宝島」宝島社(83・5)
[22]『タモリが本屋にやってきた』ニッポン放送出版
[23]『タモリ倶楽部』テレビ朝日(13・10・11)
[24]『これでいいのだ。赤塚不二夫対談集』赤塚不二夫／メディアファクトリー(00)
[25]『愛の傾向と対策』タモリ、松岡正剛／工作舎(80)
[26]『ブラタモリ』NHK(09・11・19)
[27]『笑っていいとも!』フジテレビ(２０１４・１・24)

1975年(30歳)〜1980年(35歳)

1975年(30歳)

▼1月、30歳になる年を機にすべての仕事を辞める。以前から「30歳になったら仕事を辞めて将来をじっくり考えよう」と考えていた。

▼タモリとの出会いに衝撃を受けた山下洋輔は、新宿ゴールデン街のバー「ジャックの豆の木」などで、ことあるごとに「九州に森田という、すごい面白い奴がいる」と喧伝。やがてバーのママ・柏原A子女史(山下洋輔初代マネージャー柏原卓の元妻)の発案で、「伝説の九州の男・森田を呼ぶ会」が山下洋輔、赤塚不二夫、坂田明、筒井康隆、三上寛、長谷川法世、奥成達、高信太郎、長谷邦夫、森山威男、南伸坊ら常連客により結成される。

▼3月、山下洋輔グループの中村誠一から上京を誘う電話。

▼上京する直前、後輩がジャズクラブで演奏する段取りをつけ、そのマスターから「お前も出ろ」と言われたことから「ジャズとお笑いの夕べ」と題されたイベントに出演。

▼6月、「森田を呼ぶ会」で帽子を回して集めた金で購入した東京行きの新幹線チケットがタモリの手に渡り、上京を果たす。

▼「ジャックの豆の木」では常連客をまえに、アントニオ猪木や松田優作のモノマネ、ニセ外国語、NHK教育テレビのパロディ『陶器の変遷』『音楽の変遷』などを披露。さらに筒井康隆や唐十郎、山下洋輔らからの「アメリカの宇宙飛行士と中国の宇宙飛行士の絡み合い」「中国製のターザン映画」などのリクエストに即興で応じ、その場を熱狂させる。「四カ国語マージャン」も山下のリクエストから生まれたものだった。最後はストリップが始まり、全裸で踊り狂っ

てフィニッシュというのが恒例だった。後に詩人の奥成達は、それを「恐怖の密室芸」と呼ぶ。
▼『タモリだよ！』（平岡正明／CBS・ソニー出版／81）によると、当時「ジャックの豆の木」で磨き上げた「密室芸」のレパートリーは「国連Aセット」（台湾国連脱退をめぐる韓国、台湾、中国の演説。B、Cセットもあった）、「四カ国語マージャン」（オリジナルは天皇臨席）、「ターザン・シリーズ」「教養特別番組・李参平と白磁の由来」「明日の農作業の時間」「松正丸事件の真相」「肥前ナイロビ・ケニヤ線乗換え」「ジャズの変遷」など。
▼赤塚不二夫もその芸に驚き絶賛。「こいつは絶対に九州に帰してはいけない」と思い、8月に予定されている自分の番組に出るように勧める。それまで泊まるところがないというタモリを、自宅に居候させることに決める。
▼目白の赤塚邸は当時でも家賃17万円、4LDKの高級マンション「カーサ目白」。冷暖房完備、台所にはハイネケンのビールが山積みにされ、服も着放題、しかもベンツのスポーツタイプ（450SLC）も乗り放題、月3万円近く（今の20万円ぐらい）のこづかいまで与えられる。そこにタモリは毎晩のように友人を呼び宴会をして、贅沢三昧を繰り広げた。冬は使っていない部屋も暖房つけっぱなし。暑くなっても暖房を消さない。逆に「冷房を入れるの（笑）」[1]
▼居候生活が半年ほど経った頃、「あの赤塚不二夫だから、別に住むところがあるのだろう」と思いこんでいたタモリは、実は赤塚が下落合の狭い仕事場でロッカーを倒しベッド代わりにして寝泊まりしていたことを知るが、「代わりましょうか」と言うのをグッとこらえてそれまで通りの生活を続ける。途中、妻・春子も呼び寄せた。夜ごと「ジャックの豆の木」で飲み、一緒になった人とどこかに流れ、赤塚と合流。
▼赤塚邸にはカセットデッキ、エコーマシン、簡便なミキサーなどの機材があり、コマーシャル・DJ・ニュース・教養講座・報道番組、家中の物を叩いたり引っ掻いたりして作る前衛音楽などを録音して遊んだ。また「劇団仲間」と銘打ち、数人でラジオドラマを作る。7分のドラマ制作に8時間くらいかけていた。この居候生活は高円寺に新居を構えるまでの、9カ月間あまり続く。
▼8月30日、『土曜ショー』（NET・現テレビ朝日）の「マンガ大行進！　赤塚不二夫ショー」でテレビデビュー。インチキ牧師の芸を披露。たまたま放送を見て衝撃を受けた黒柳徹子はすぐに赤塚不二夫に電話。その後の『徹子の部屋』出演につながったといわれている（が、おそらくそれは黒柳徹子が司会を務めていた『徹子の部屋』の前身番組『13時ショー』だと思われる）。最初はサングラスではなく普通のメガネで七三分けだった。その後ディレクターからキャラを立てるよう言われ、仲間に借りたサングラスをかけ始めた。別の番組では同様の理由でアイパッチを着用。なお愛用したレイバンのサングラスは、もともとは髙平哲郎の私物。
▼事務所に所属していなかったタモリに、A子女史が〝社長〟、山下洋輔が〝常務取締役〟となった「オフィス・ゴスミダ」（「ゴスミダ」はタモリが韓国語モノマネ時に用いるフレーズ）という名刺を作り、マネージメントの真似事をしていた。実際に2回ほど仕事を受ける。その後タモリは原宿セントラルアパートの浅井愼平、髙平哲郎の事務所「アイランズ」に〝移籍〟。田辺エージェンシーに所属するまでここが連絡先となった。
▼浅井愼平に写真の撮り方を教わる。撮影現場に同行したタモリは、ただ見るのでは面白くないからと、浅井の提案に従い「謎の写

真家の巨匠」に扮していた。「(浅井の)弟子よりも(写真を)教えてもらった」[2]

▼早稲田大学の先輩である小西勝明(啓二)の依頼で日本短波放送(現ラジオＮＩＫＫＥＩ)に、ピアニスト中村紘子のインタビュアーとして出演。これが初のラジオ出演となるタモリはガチガチに緊張。最後に「申し訳ありませんでした」と謝り、しょげかえるほど無残なできだった。

▼早稲田大学の先輩である岡崎(本名：近衛)がディレクターを務めていた『高信太郎のオールナイトニッポン』(ニッポン放送)にゲスト出演。ＣＭパロディ「ブラジャー・ミシン」などが演じられた。特に「アグネスの熱狂的中国人ファン」という設定で電話出演し、ゲストのアグネス・チャンとデタラメの中国語で会話した放送が大評判になった。その後、裏番組の『パック・イン・ミュージック』(ＴＢＳラジオ)火曜日(パーソナリティは林美雄)のデタラメでナンセンスなニュースを真面目なニュース風に紹介するコーナー「苦労多かるローカルニュース」などに呼ばれるようになった。タモリはこのコーナーでニュースを読み上げる林に合わせデタラメ外国語で同時通訳をしていた。また、高の紹介で『前武のヤングアップ』(ＮＥＴ・現テレビ朝日)の前説を務める。前田武彦はその姿を見て「面白いんだけどねえ……ＴＶではダメだろう」と感想を漏らした。

▼初めて呼ばれた学園祭は京都大学の「11月祭」。山下洋輔、筒井康隆、高信太郎とともに出演。「京大ということでブラックユーモアに対して自由な考えを持った方ばかりだと思う」と前置きしつつ当時大きな国際問題になっていた事件を題材に架空の取り調べの様子などを演じ大ウケだったという。しかし、責任者の学生との話し合いに食い違いが生じ、費用はほとんど持ち出しに。その結果、「オフィス・ゴスミダ」は「自らの非力を認め解散」した。タモリはその後80年代初頭まで学園祭に引っ張りだこに。

▼ビートたけしがツービートとして『ライバル大爆笑！』(テレビ東京)でテレビデビュー。後にライバル同士と目されるふたりは、奇しくも同じ年にテレビデビューしている。

▼笑福亭鶴瓶の『サンデー・フレッシュわいのわいの90!!』(ＭＢＳラジオ)にゲスト出演。これがその後長きにわたって盟友関係となる鶴瓶との出会い。

1976年(31歳)

▼1月15日、明石家さんまが『11ＰＭ』(日本テレビ／よみうりテレビ)で、テレビデビュー。さんまが「俺のほうが先輩」と言うとタモリも「素人時代にさんまをテレビで見ていた」と返すのが定番の流れだが、実際にはさんまは芸人としては先輩だが、テレビタレントとしてはタモリの後輩にあたる。

▼2月、「銀座でチャンバラトリオを観る会」(銀座中央会館)を会費1000円で開催。タモリは赤塚不二夫のスーツを借り、メガネ姿で司会を務めた。ちなみに後にフルオーダーメイドで作ったスーツには、「フェラチオ・ボッキーニ」という刺繍が入っているという。

▼2月11日、坂田明の身体に「ハナモゲラ歌唱法」が〝宿る〟。河野典生の自宅で行われた8時間超のフリーセッション「紀元節セッション」(山下洋輔・坂田明・奥成達・小山彰太・平岡正明・柏原卓)の末、突如、坂田明の口からアフリカ調のポリリズムに乗って意味不明の言葉が発せられる。そのまま山下らは「ジャック」になだれこみ、居合わせたタモリとともに『ソバヤ』が誕生した。

▼3月、「ジャックの豆の木」で坂田明との「タモリのフランス文学

教授VS坂田土方」のフランス文学論争が行われる。これもタモリ「3大セッション」のひとつに数えられる。大学教授になりすましたタモリが、たまたま居合わせた学生を欺いていた。

▼4月9日、『空飛ぶモンティ・パイソン』(東京12チャンネル・現テレビ東京)放送開始。「The TAMORI Show」という数分間のコーナーが用意され、タモリ初のレギュラー番組となる。小川町の日立のスタジオで収録。通りを歩いている学生をADが呼び止め観客として参加させ、「国際麻雀大会」「誰でもできる指揮者・入門」「各国のエレベーター・ガール」「中国におけるオカマの批判」「NHK教養講座」など3～4分のネタを、毎回6～7本収録していた。

▼10月頃から『空飛ぶモンティ・パイソン』の裏番組だった『金曜10時!うわさのチャンネル!!』(日本テレビ、73年10月5日～79年6月29日)に、「タモリのなんでも講座」で出演。ちなみにせんだみつおとザ・デストロイヤーとタモリの3人の楽屋が一緒だった。和田アキ子と初共演となる。後に『いいとも』などで和田の耳に息を吹きかけ、女性っぽい仕草を引き出すのが定番のギャグ。

▼10月6日、『タモリのオールナイトニッポン』(ニッポン放送)開始。水曜1部(深夜1時～3時)を担当。提供読みでは「社長の顔がデカい」角川書店グループ、「股間の恋人」B.V.D.フジボウなどと勝手にキャッチフレーズをつけていた。さだまさし・五木寛之・オフコースなど「日本の湿った文化風土」を痛烈に批判し、他にも名古屋人、映画評論家など各方面に毒づいていた。初代ディレクターの岡崎(近衛)正通は早稲田大学モダンジャズ研究会出身。放送作家の中には秋元康もいた。いとうせいこうも一時ADを務めた。どんなに多忙でも、またそれゆえ局サイドから促されても、休みを取ることはしなかった。この番組で「放送における自分の乗り方、乗せ方というのが初めて分かった」[3]

▼10月、なぎらけんいち(現・なぎら健壱)の日本青年館コンサートに司会者として出演。その様子は76年12月リリースの2枚組LP『永遠の絆　なぎらけんいちリサイタル LIVE AT 日本青年館』(後にCD化)の冒頭で聞くことができる。

▼10月24日、草野球チーム「ソークメナーズ」の志賀高原バス旅行で、9時間にわたるバスガイドを敢行。これが「3大セッション」の3つ目である。ちなみに野球の試合でもタモリは真剣。ボールをよく見てフォアボールを選んだり、次の打者が内野ゴロでも、持ち前の俊足で1塁から3塁まで走塁するなど。

▼12月、愛川欽也司会で75年から3年間続いた年末恒例の『正月映画全部見せます』(日本テレビ)に、1年目からタモリ、小松政夫、団しん也がレギュラーに加わる。

▼12月30日、『オールナイトニッポン』4時間SPで、六本木「フー」での忘年会を生中継。坂田明、当時別の曜日を担当していた稲川淳二、志賀正浩なども含む約20人がどんちゃん騒ぎ。即興で「オールナイトニッポン・ブルース」が生まれた。なお、この音源は2002年に『ON AIR オールナイトニッポン パーソナリティーズヒッツ』(ポニーキャニオン)として一部CDに収録された。ちなみに当時福島の高校生だった大友良英は番組のファンで、ネタハガキや自作音源を頻繁に投稿しており、特にこの日の放送を聞いた時は「なんて大人の世界はいいんだろう」と大きなインパクトを受けている。

▼筒井康隆の短編小説を題材にした山下洋輔トリオのLP『家』に「ハナモゲラ天気予報」で参加。タモリ初の音源となる。伊勢昌之・坂田明・向井滋春・近藤等則・大貫妙子・寺尾次郎・村松邦男らとともに、筒井もナレーションで参加。2008年にCDで再販。

▼山下洋輔と別府温泉に行った際、深夜の大浴場でワニの形態模写をする。それを皮切りに山下と動物モノマネの応酬に。その話が広がり、「ジャックの豆の木」でも動物モノマネが大ブームに。コンドルの着地やイグアナ、ハエ、ナマケモノ、オットセイなどが生まれる。ちなみに上野動物園に「タモリ」というイグアナがいたという。

1977年（32歳）

▼1月、高平哲郎が赤塚不二夫と再会し、演出家の滝大作を紹介。これにタモリが加わる形で「面白グループ」が結成される。毎週3回以上宴会を開催、そこで生まれたアイデア等を発表していこうという趣旨。この頃赤塚は「ジャックは長谷邦夫の縄張りだから」と遠慮して、新宿の「ひとみ寿司」に通っていた。なお、正式メンバーはこの4人だが「飲み仲間全部が面白グループ」という考えにより堺正章、小松政夫、団しん也、所ジョージ、山本晋也、日高はじめ、喰始、河野洋、研ナオコ、たこ八郎、三上寛、柄本明、ALFEE（現THE ALFEE）、劇団東京ヴォードヴィルショーらもそのメンバーとされる。

▼2月、書籍『タモリのカセット面白術 もてる！ ウケル！ きわめつけ実例94』（21世紀ブックス／主婦と生活社）刊行。「実はぼくのタレントになったきっかけは、ことごとくカセットによるところが多い」と、「カセットで面白く遊べる術」をレクチャーする内容。

▼2月、『オールナイトニッポン』で志賀高原のスキー場から生中継。2部の松山千春も参加してホテルの大風呂からも中継。「マイクにスキンをかぶせて千春のオチンチンを叩いて遊んだり」していた。

▼3月、憂歌団のライブアルバム『生聞59分』発売。ライナーノーツに「異色対談 相倉久人×タモリ一義」収録。

▼3月7日、日本喜劇人協会主催の舞台「喜劇復活祭」（新宿コマ劇場）に出演。（後日、日本テレビ『木曜スペシャル』で放送）

▼3月20日、ファースト・アルバム『タモリ』（東芝EMI）発売（95年CDとして再販）。高平にタモリを紹介されたアルファレコードのジミーこと後藤順一が、村井邦彦社長らに中華料理屋の個室でタモリのネタを生で見せる会を開き、制作が即決したもの。しかしレコード倫理委員会から「中国を茶化している」とクレームが付き発売が一時中止されていた。この騒動でタモリはその委員会に慶應義塾大学教授がいたことを知り、『オールナイトニッポン』で「大学対抗悪口合戦」が始まる。同番組のエンディング曲でもあった「ソバヤ」のレコーディングには打楽器の著名なミュージシャンが集結。しかしディレクターが趣旨を説明しても理解されず、とりあえずリハーサルを行ったところ、最後が「ソバヤソバーヤッ！」で劇的にピタッと終わった。これがそのまま最終テイクとなる。なお、演出を担当した宮住俊介（元アルファ・レコード）によれば「四カ国語マージャン」が「第一回テーブル・ゲーム世界選手権大会」なのは「麻雀」という単語が当時のレコード倫理協会におけるNGワードだったからだという。この発売を記念して19日～24日まで「タモリ・ボードビル・ウィーク」（紀伊国屋ホール）を開催。東京ヴォードヴィルショーの芝居とタモリショーの二本立てだった。

▼3月～6月、キヤノン「110EDデートマチック」のCMに出演。アイパッチ姿で「今晩は。春はハナモゲラ」「日付はヘケモシタ」と日付が写るカメラをハナモゲラ語で宣伝。

▼4月1日、「第1回冷し中華祭り」（よみうりホール）開催。これは初代会長となる山下洋輔の「冬に冷し中華を食べられないのはおかしい」という思いから、筒井康隆らと75年に結成された「全日

本冷し中華愛好会(全冷中)のイベント。「開会宣言」に筒井康隆、タモリは中洲産業大学の「タモリ一義」として「冷し中華思想の変遷」を講演、「演奏」に山下洋輔トリオ、「ゲストスピーチ」には高信太郎、黒鉄ヒロシ、長谷邦夫、「ジャックの豆の木」のA子ママ、ジャズ評論家の平岡正明・奥成達・高平。「会長挨拶」では山下が、実の兄が冷し中華のタレを作る会社に務めていることを認め「全冷中の会長としてこれ以上在位することは、いたずらに会員諸君の疑惑をかきたて会の健全なる運営と発展を阻害するものであると判断し、ここにいさぎよく身を引くことを決断したものである」として会長を辞任。筒井が2代目会長に推挙され就任した。「抽選会」では「ソバヤ大合唱」して閉幕。このライブにあわせて書籍『空飛ぶ冷し中華』(住宅新報社)が刊行。会報も4号まで発行された。

▼4月29日、『ザ・スーパーパロディ淳子・タモリの絶叫! ハナモゲラ』(TBS)放送。

▼7月1日、「ジャックの豆の木」閉店。それに伴い『宴会の極致、水上の夜は更けて』と題した水上温泉行一泊のバスツアーが実施され、タモリは坂田明とともにバスガイドを務める。「ジャック」閉店後、山下らは四谷の飲み屋「ホワイト」へ。赤塚・団・タモリ・小松・所・滝らは新宿二丁目の「ひとみ寿司」に分かれていった。なお一時期ビートたけしも、新宿ゴールデン街でタモリらの仲間と飲んでいたことがあった。しかし「あのシャレた笑い」が肌に合わず離脱。

▼8月11日、『徹子の部屋』(テレビ朝日)初出演。ラテ欄は「居候入門・Mrタモリ」。翌年以後、2013年まで年末恒例のゲストとなった。

▼8月21日、『題名のない音楽会』(テレビ朝日)で、「必見! タモリの音楽教室」と題した企画で、カラヤンをもじった「ヘルベルト・フォン・タモヤン」を名乗り、燕尾服姿で「カルメン」序曲を指揮。さらにピアノの弾き語りでジャズの変遷を講義し、100人近くのコーラスを従えデタラメ中国語でベートーヴェンの「第九」を歌い上げた。「さすがにあんときは練習したよねぇ、はじめて」[4]

▼9月18日、佐藤輝・演出の5分番組『私…』(東京12チャンネル)に出演。タモリがギョーザが大好きだと聞いた佐藤はラブホテルの浴槽にギョーザをたくさん浮かべタモリに入ってもらったが、お湯でギョーザがふやけてしまい、映像では何が浮かんでいるかわからない状態だったという。

▼9月10～18日、赤塚不二夫・作の舞台「ギャグゲリラ バカ田大ギャグ祭」(渋谷東横劇場)にゲスト出演。演出は松浦竹夫。主演は由利徹。

▼10月4日、ドラマ『晴れのち晴れ』(TBS)放送開始(～翌年3月28日)。中島丈博脚本のホームドラマ。タモリは「森田」という役名で眼帯とオールバック姿で出演。西田敏行とコメディパートを担当した。

▼10月11日、『飛べ! 孫悟空』(TBS)放送開始(～翌年3月27日)。「コピーパペット」(実在の人物に似せた人形)を使った人形劇で、『西遊記』の三蔵法師一行をドリフターズが演じた。タモリはヘレヒッパリケ大魔王役でゲスト出演。

▼10月29日、『輝け! 第1回いたいけ祭り』(渋谷公会堂)を面白グループが主催。

そのチラシには「ワニさん大集合／幻の名コント〝仁丹〟／絶品赤塚VSタモリのろうそくショー／中洲産業大学講演会／満足問題研究会大合唱／立体世界の放送局／マカ不思議オカマの女学生、などなどテレビでは絶対に見られない、門外不出の芸を劇場初公開」とあり、タモリの他、堺正章・小松政夫・由利徹・室田日出男・川谷拓三・野坂昭如・赤塚不二夫・赤瀬川原平・奥成達・高信太郎・長谷邦夫・団しん也・東京ヴォードヴィルショー・たこ八郎らが出演したが、集客には大失敗。

▼11月、上記イベントに関連して、書籍『空飛ぶかくし芸』(住宅新報社)刊行。著者名義は面白グループ(滝大作・赤塚不二夫・高平哲郎・タモリ一義)。

▼11月、『コント大運動会』(ヤクルトホール)開催。タモリ・チャンバラトリオ・東京ヴォードヴィルショーの合同公演。

▼ピラニア軍団(川谷拓三・室田日出男・小林稔侍など殺られ役・悪役の俳優が結成していた集団)が三上寛プロデュースでリリースしたLP『ピラニア軍団』の発売記念イベント(大阪)で、タモリ司会。

▼この頃『オールナイトニッポン』で、当時一世を風靡した都市伝説「ナンチャッテおじさん」に関し、どちらが先に着目したかを巡って、土曜深夜パーソナリティの笑福亭鶴光とバトルになる。

1978年(33歳)

▼1月、この頃からしばらく、正月は高平の軽井沢の別荘で過ごすのが恒例になる。

▼1月、書籍『タモリのケンカに強くなる本』(ベストセラーズ)刊行。明らかに、温厚な本人が書いたとは思えないケンカのハウツー本。吉田豪は「中身がないのがタモリ本の特徴」と評している。

▼1月、『オールナイトニッポン』で「ネクラ」「ネアカ」という造語を提唱。後に流行語となる。

▼3月11日〜15日、赤塚不二夫・同行カメラマン國玉照雄と3人で西サモアへ。その模様は94年刊行の『赤塚不二夫とタモリの西サモアに行ってこれでいいのだ』(講談社)に詳しい。タモリらの動物モノマネは現地の人に大ウケだったが、十八番のイグアナだけはウケなかった。なぜならサモアにイグアナはいなかったから。帰国後、タモリには永住権が与えられたという。

▼3月21日、映画『喜劇役者たち 九八(クーパー)とゲイブル』公開。井上ひさしの小説の映画化で脚本は田坂啓、監督は瀬川昌治。タモリは苦楽芸振役で愛川欽也と共演。本作を「小森のおばちゃま」こと小森和子が「金と時間のムダ」と酷評。タモリはそれ以降映画評論家を口撃していたが、誤解だとわかり意気投合。『オールナイトニッポン』にゲスト出演した際、小森とセックス談義に花が咲く。「かなりひどいこと書いてあったの。でも、それはおばちゃまが電話で原稿送って、字数をカットされたから悪いところだけ残ったわけね」[5]

▼4月、『赤塚不二夫のギャグ・ラジオ』(TBSラジオ)放送開始。タモリ・高見恭子・所ジョージらが出演し時事コントなどをしていた。

▼4月26日、「第二回冷し中華祭り」(平和島温泉)開催。翌年の「全冷中冠婚葬祭の葬儀編」(六本木ピットイン)で全冷中は解散。後年、水道橋博士がタモリ本人から聞いた解散の理由は「あれは俺が忙しくなったんだよね」。

▼5月16日、ドラマ『三男三女婿一匹』(TBS)の第2シリーズ放送開始(〜10月10日)。タモリは「ヤモリ」というアダ名の、病院に勤める暗い薬剤師「八六(やろく)」役で出演。共演した森繁久彌の「権威を利用して笑いを取る姿」に感銘を受ける。またヨット好きということで意気投合、その趣味を大切にするよう進言された。

▼6月18日、『青春の日本列島』（東京12チャンネル・現テレビ東京）でタモリの偽ドキュメント「タモリ・涙と笑いのウソ」放送。ギャラクシー賞月間賞に選出される。

▼6月、面白グループによる書籍『ものまね魔』（廣済堂出版）、『空飛ぶ冷し中華〈part 2〉』（住宅新報社）刊行。

▼6月、『オールナイトニッポン』で近田春夫と大ゲンカ。これは飲み屋での近田春夫とのケンカごっこを週刊誌が真に受け、記事にしたのをきっかけに、「番組のゲストに呼び仲直りする」という設定で、またケンカごっこを始めたもの。

▼サザンオールスターズが『勝手にシンドバッド』を発表。デモテープを聴いたタモリはその歌詞、特に「ちょっと瞳の中に消えた〝ほどに〟」のわけのわからなさに驚く。翌年春の『ザ・ベストテン』（ＴＢＳ）で共演、タモリは「勝手にシンドバッド」のハナモゲラ語バージョンをブルマー姿で熱唱した。

▼7月、『タモリ＝所ジョージ・全国冗談コンサート・北から南まで』（東京・仙台・大阪など）を開催。タモリは当時、所を公私ともに「弟分」的な存在として可愛がっていた。同年発売の所のセカンドアルバム『ジョージのセロリ・パセリ』にはタモリ作詞の「けさめらの親王むれさのはけ姫に詠む」が収録されている。また後に結婚の際、タモリ夫妻が仲人を務めた。

▼7月24日～28日、『オールナイトニッポン』から生まれた企画で5日間にわたり「中洲産業大学　夏期講座」（高田馬場アートスペース）開催。ツービート・所ジョージ・内藤陳・赤塚不二夫・山下洋輔らが講師を務める。カリキュラムは「強要学部」や「利口学部」にわかれ、「学長」タモリは「ナンセンスの変遷」「あの名作クーパーとゲーブルはどこへ行ったのか」の2コマを担当。観客は応募者の中から50 0人が〝入学試験〟により選抜された。「中洲産業大学」の名称は福岡の「中洲」に「産業」をつけたらいかがわしくなって響きが良いというところから。高平によると「京都産業大学」を元にしたとも。タモリ教授はパンクスのように自毛を逆立てた髪形、右眼側だけの黒メガネ、マジックで黒く塗った前歯で「ウヒヒ」と笑いながら講義。

▼8月6日、『サンデーお笑い生中継』（ＴＢＳ）放送開始（～翌3月25日／日曜12時00分－12時45分）で東京方の司会を担当（大阪方の司会は横山やすし）。

▼10月、書籍『タモリのちょっとアレですが』（エイプリル・ミュージック）刊行。

▼12月2日、映画『博多っ子純情』公開。長谷川法世原作の同名マンガの映画化。タモリ他、多くの福岡出身者が出演している。

▼12月20日、ＬＰ『タモリ2』（東芝ＥＭＩ）発売。もともとは「戦後日本歌謡史」（後の『タモリ3―戦後日本歌謡史―』）が企画され、すでに録音もされていたが、「著作権に抵触する」と発売が見送られたため、現在の『タモリ2』の内容となった。

▼赤塚不二夫と全日本満足問題研究会（赤瀬川原平・奥成達・高信太郎・長谷邦夫ら）によるＬＰ『ライヴ・イン・ハトヤ』（ビクター）にゲスト出演。なお、タモリのＬＰにも参加している「サウンド・エフェクター」の「赤塚不二夫」はマンガ家の赤塚とは別人。このふたりはこのアルバム制作時に、初めて対面する。

▼ラジオ『ＢＣＬワールドタムタム』（ラジオたんぱ）放送開始（～83年）。アシスタントは富永陽子。

▼早大ジャズ研ＯＢ20数名が資金を出し合い「ジャズスポットＪ」がオープン。タモリは取締役宣伝部長。店主はバードマン幸田。幸田

はベーシストだったが、客の少なさを打開するためなぜかモノマネを始めたという。

1979年（34歳）

▼1月1日、『刑事マチャアキ謎の犯人タモリを追え!!』（テレビ朝日）で、初めて元日のテレビに登場。

▼2月、『定本ハナモゲラの研究』（講談社）刊行。筒井康隆・山下洋輔・赤塚不二夫・赤瀬川原平・奥成達らとの共著。タモリは「戯曲・タモリ書記」を執筆。新しい笑いとしての「ハナモゲラ」をその起源にまでさかのぼってその発展史を解明した「問題の書」。なお、「ハナモゲラ」を命名したのは坂田明。

▼3月、『夢の銀河鉄道』（テレビ東京）放送。寺山修司になりきったタモリが1時間にわたりニューミュージックの歴史を紹介。

▼4月3日、『ばらえてぃ テレビファソラシド』（ＮＨＫ）放送開始（～82年3月13日）。永六輔が「ＮＨＫでしかできないものを」と、『夢であいましょう』の現代版を目指して制作。タモリは番組開始当初はゲスト出演。80年4月頃からレギュラーに。番組後期の1年あまり、永、加賀美幸子とともに司会を務める。進行役の「日本のお母さん」（タモリが命名）こと加賀美幸子とのコンビを、永は「この二人が並んで出てくるだけで、チグハグなおかしさがただよい。珍しいものを見るようだ（原文ママ）」と述べた[6]。タモリは「加賀美さんは、テレビの画面の枠の線をきっちり引く役割で、僕はその線を崩して外側に出よう、外側へ出ようとする役割。その対象が見る人によっては面白かった」と分析[6]。視聴者からはその「バランスが面白い」という肯定的意見もあれば、加賀美への「タモリに負けるな」という激励や「からかわれて痛々しい」という同情、またタモリのサングラス姿に多くの苦情が寄せられたり、「正しくは『ドレミファソラシド』です」など、賛否ともに毎週投書が３００通近く届く実験的番組だった。「その当時、（ＮＨＫに）出れないギリギリと言われたのがおすぎとピーコ（笑）」[7]。井上陽水もこの番組でＮＨＫ初出演。無名時代のツービートが漫才をし、内海桂子・好江が批評するという企画もあった。なお、レギュラーだった近藤真彦がゲストの美空ひばりに「おばさん歌がうまいね」と言い放ったという有名なエピソードはこの番組での出来事と言われている。

▼6月23日、映画『下落合焼とりムービー』公開。赤塚不二夫が企画・原案・制作・脚本を手掛け、山本晋也が監督を務めた。所ジョージ主演。タモリは奇妙なボーイ役。

▼7月、高平哲郎とニューヨークへふたり旅。この体験は翌年3月に刊行された『行ってから読むか読んでから行くかタモリのNew York旅行術』（講談社）に。タモリはＮＹを「冷たい街というか、横で人間が死んでいてもみんな知らん顔するような」感じが面白かったと振り返っている。

▼7月、『金曜娯楽館』（日本テレビ）放送開始（～80年9月）。この番組でタモリは2度特集され密室芸を披露している。タモリはこの番組のディレクターを務めた棚次隆（後に『今夜は最高！』など にも参加）を「自分でネタまで作っちゃう」「テレビ技術もやたら詳しい」「新しいテレビの映し方も自分で考えちゃう」「自分で譜面もとるし、耳が抜群にいい」と絶賛している。[8]

▼8月8日、『11ＰＭ』（日本テレビ）で「赤塚不二夫のギャグ・テレビ」放送。「宴会芸の極致」としてタモリ・小松政夫による電車の音真似、中国・ドイツのターザン、小松・団とともに「3頭の鷲」、「イグアナ、ビーバーの真似、小松との漫才、赤塚とともに「製材所」の音の

違いなどの芸を披露。なお、タモリはそれ以前も『11PM』にたびたび出演。初登場は75～76年頃の「ダッチワイフとダンス」。ダッチワイフとタンゴを情熱的に踊った。

▼8月15日、ドラマ『家路～ママ・ドント・クライ』(TBS)放送開始(～11月7日)。京マチ子・郷ひろみ・浅野温子らが出演したホームドラマ。中華料理店で働く調理人・庚朱慶(こうしゅけい)役。犬猿の仲の後輩コック役に近田春夫。

▼10月、ラジオ『土曜の夜はドヨヨ電リクベルジャン! ジャン! ジャン!』(ニッポン放送)放送開始(～80年3月)。パートナーは石川ひとみ。

▼10月3日、『チャレンジ・ザ・ギネス'89』(フジテレビ)放送。タモリは眼帯姿でリポート。

▼10月6日、『欽ちゃんのドンとやってみよう』(フジテレビ)にゲスト出演。この頃、タモリは放送作家の大岩賞介に誘われて、萩本欽一がパジャマ党の作家たちと仕事をしていた家に突然訪れている。タモリは萩本もいるとは知らなかったというが、突然の訪問に驚きつつも迎え入れた萩本や作家をまえに数時間にわたり持ちギャグを繰り広げ、作家たちを笑わせ続けた。若い作家たちがタモリを絶賛し続けるのを聞いて萩本は「俺、あれからタモリが嫌いになったんだ(笑)」[9]

▼11月14日、ドラマ『家路PART2』(TBS)放送開始(～翌年2月6日)。この頃、ドラマの撮影で忙しさのピーク。寝る時間が2～3時間しかなかった。「自分の能力の限界を超える」ような多忙なスケジュールに。「これでオレは生きて年を越せるんだろうかって(笑)」[3]

▼12月2日、植草甚一死去。後に植草の3～4000枚近くのレコードコレクションが四散してしまうのを危惧して全部まとめて買い取り、自宅の一室をその保管にあてていた。

▼プロ野球の雨傘番組として『雨に笑えば』(フジテレビ)収録。研ナオコ・斎藤晴彦・松金よね子・東京乾電池らと共演。この時、横澤彪と出会う。

▼12月31日、『第30回紅白歌合戦』(NHK)に応援ゲストとして出演。『八つ墓村』風の白装束で奇声とともに登場した。

1980年(35歳)

▼1月1日、『新春かくし芸大会』(フジテレビ)出演。

▼1月、千野栄一 著『言語学のたのしみ』(大修館書店)刊行。「タモリの言語学」収録。タモリのハナモゲラ語などの表現をチェコの作家カレル・チャペックと比較して論じている。

▼2月2日、ラジオ『タモリ博士の自叙伝的ジャズ講座』(FM東京)放送。「誰にでもできるチック・コリア風ピアノ奏法」などを実演。

▼3月3日、松岡正剛と対談。話が盛り上がり、そのままイタリア大使館でのレオ・レオーニの奇書『平行植物』の翻訳出版記念レセプションに参加。「世界的エンターティナーのタモリが、ポリグリット(多国語能弁)の大スピーチをこれからやります」という紹介から独演場と化し、イタリア映画のマネなど各種の芸を披露しバカウケ。タモリはこの対談を「言葉に不信を抱き、言葉を壊そうと思った個人的ささやかな体験を人に話したのは初めて」「ボクには忘れられない対談であった」と振り返っている。この対談は6月に『愛の傾向と対策』(工作舎)に収録(文庫化に際して『コトバ・インターフェース』[大和書房]に改題)

▼3月11日「火曜ワイドスペシャル『スター作詞作曲グランプリ』」(フジテレビ)で、歌手3人ずつでグループを作り、それぞれ作詞・作曲・歌を担当するという企画に、タモリ 作詞・小野ヤスシ 作曲・団しん也 歌が添え物的に出場。『夜……酒組』という曲を披露し、あろうことか一般審査で優勝、レコード化された。「関係者青くなってるんだよね。だって周りはすごいスターばっかりいるんだよ。その中にお笑い三人組が……。俺たちも役目知ってたからね(苦笑)」[10]

▼3月28日、ドラマ『真夜中のヒーロー』(日本テレビ)放送。大場久美子主演。タモリはダンス教室に通う婦人のヒモで変態チックな男・会田役。

▼3月、『24時間テレビ』(日本テレビ)のCM。竹村健一のモノマネで「地球上に何百人という飢えた人たちがいるのです。この人たちに君たちは何かをしてあげようという気持ちはないのか」「私にはありません」とチャリティーという権威をコケにする内容。番組を立ち上げた都築忠彦は「僕は『24時間テレビ』でチャリティーイコール権威というような図式を徹底的に破壊したかったんだけれども、その思いをタモリさんも共通して持ってたんです」と語っている。

▼4月4日、『ドラマ人間模様「詐欺師」』(NHK)放送開始(～4月27日、全4回)。タモリ初の主演ドラマで、共演は大谷直子・ハナ肇ら。原作は佐木隆三、脚本は中島丈博。タモリは「俺、芸能人なんなかったら、多分詐欺師になってる」[11]と語っているが、ドラマ初主演が詐欺師役だった。

▼4月12日、『のってシーベンチャー』(テレビ朝日)放送開始(～6月28日)。帆船シーベンチャー号を舞台に船長タモリ、女性ジャーナリスト・ナトリ(名取裕子)、毎回ビキニ姿で登場する沢田和美らが繰り広げるバラエティ。メロドラマやドタバタ劇を通じて世界各地の港や風景、料理などを紹介。脇役に松金よね子・斎藤晴彦・当時無名の柄本明を起用するも3カ月で終了。

▼4月12日、『お笑いスター誕生!!』(日本テレビ)に、デビューからわずか5年で審査員として出演。「どうやって本流にすわーっといって同輩ヅラ、また先輩ヅラするかっていうのが70年代の一大命題だった」タモリ。その「なりすまし」が「われながらうまくいった」と成功を実感した抜擢で、自分よりも芸歴が長い人を「偉そうに」審査[12]。九十九一・小柳トム・アゴ&キンゾー・シティボーイズらがグランプリ獲得。九十九一はタモリの後に赤塚不二夫邸に居候した。同じくグランプリのとんねるずも赤塚不二夫やタモリに支持された。「わけが解らないの好きなんだよね。何か笑っちゃう」[13]

▼4月13日、萩本欽一から引き継ぐ形で、谷隼人(岩谷隆広名義)とともに『スター誕生』(日本テレビ)の司会に。81年4月まで。

▼5月3日、『第2回欽ちゃんの爆笑仮装コンテスト 全日本仮装大賞』(日本テレビ)放送。タモリはこの第2回と第3回で審査員を務めた。

▼6月3日、『雨に笑えば1980』(フジテレビ)放送。小松政夫と猿回しコントなどを披露。

▼6月29日、「名人劇場『タモリが惚れた名人芸 瓢右衛門ってなんだ?!』」(フジテレビ)放送。

▼7月5日、映画『はだしのゲン PART3 ヒロシマのたたかい』公開。タモリは赤塚不二夫とともにカメオ出演。

▼9月3日、ドラマ『ミセスとぼくとセニョールと!』(TBS)放送開始(～12月24日)。郷ひろみ・藤竜也主演。タモリは下宿人で漫才師の役。その相方役は常田富士男。演出は久世光彦ら。

▼9月28日、『すばらしき仲間「タモリの笑ってタモレ!」』(TBS)放送。赤塚不二夫・三上寛らと出演。

▼10月、『みんなのうた』(NHK)で「ミスター シンセサイザー」(作詞・作曲 田中正史)を歌う。ちなみにタモリは日本でのシンセサイザー奏者の第一人者でもある冨田勲のアルバム『月の光』(74年)は発売後すぐ購入し愛聴していた。

▼10月、作詞を手掛けた早稲田大学の応援歌「ザ・チャンス」(作曲は早大ハイソサエティ・オーケストラ1期生の岸田哲)が、「第28回稲穂祭」で披露される。早稲田の応援歌なのに歌詞に「早稲田」が入っていないのが特徴。

▼10月5日、『タモリの突撃ナマ放送』(東京12チャンネル・現テレビ東京)放送開始(~翌年6月28日)。奇しくも『いいとも』以前に、スタジオアルタからの正午の生番組で司会を務めていた。

▼10月6日、ラジオ『だんとつタモリ おもしろ大放送!』(ニッポン放送)放送開始。プロデューサーのドン上野(上野修)は「タモリを主婦向きタレントにするんだ」という意識で始めた。実際に横澤彪はこの番組を聴いて主婦層にも受け入れられると確信。『いいとも』へのオファーのきっかけのひとつになった。

▼10月19日、『雨に笑えば』(フジテレビ)放送。スクールメイツの格好で踊ったり、四カ国語マージャンを披露。

▼11月、『オールナイトニッポン』で、「NHKつぎはぎニュース」のコーナーが始まる。約2カ月ほどでNHKからクレームが来た結果、「(法律的に)悪いというのはわかっとります」「子どもたちの遊びにどうして巨大な権力をかさに着て(正論を)言わなきゃいけないの? どれだけNHKが損失を被ったの?」と恨み節を語って終了。

▼11月8日、大橋巨泉司会の『クイズダービー』(TBS)で(正答者に賭ける側の)出場者に。以後10数回出演。

▼12月20日、映画『'80年アニメーション ザ・ベストテン』公開。司会のタモリと児島美ゆきが『ザ・ベストテン』のパロディ風に、当時の人気アニメを紹介するという映画。監督はドン上野。

▼12月31日、『第31回紅白歌合戦』(NHK)に応援ゲストとして出演。ウサギの頭にタンクトップ姿でフランク永井と菅原洋一とともに登場。「シェイクアップ体操」という意味不明なネタで応援。なお、この時の司会は黒柳徹子と山川静夫アナウンサー。

[1]『逢えばほのぼの 檀ふみ対談集』檀ふみ/中央公論社(82)
[2]『徹子の部屋』テレビ朝日(12・12・27)
[3]『対談「笑い」の解体』山藤章二/講談社(87)
[4]『これでいいのだ。赤塚不二夫対談集』赤塚不二夫/メディアファクトリー(00)
[5]『タモリと賢女・美女・烈女』家庭画報 編/世界文化社(82)
[6]『やわらか色の烈風』加賀美幸子/筑摩書房(86)
[7]『ブラタモリ』NHK(11・12・8)
[8]『愛の傾向と対策』タモリ、松岡正剛/工作舎(80)
[9]『笑っていいとも!』フジテレビ(14・2・14)
[10]『笑っていいとも! 増刊号』フジテレビ(13・7・28)
[11]『笑っていいとも!』フジテレビ(02・12・26)
[12]『われらラジオ世代』ニッポン放送(13・10・24)
[13]『FNS27時間テレビ』フジテレビ(12・7・21)

1981年（36歳）〜1985年（40歳）

1981年（36歳）

▼正月に軽井沢、2月には箱根で、書籍『Sono・Sono』（アイランズ、5月刊行）の編集会議。当時ベストセラーだった、女子大生たちの性の告白本『ANO・ANO』のパロディで、おじさんたちの性の失敗談を綴ったもの。しかし編集会議とは名ばかりの宴会で、赤塚らはお尻にビンを入れるなどした。

▼2〜3月、東洋水産「醤麺」のCMに、寺山修司・野坂昭如のモノマネで出演。タモリによれば寺山の真似のコツは、「青森は寒い。だから首が肩にうずまる。唇も寒い。だからあまり口を開かない。その姿勢で『…ということは問題ではなくて』と相手の言い分を一度否定してから、難しいことをしゃべる」[1]

▼2月21日、「戦後歌謡史」を改めてリリースすることが決まったが、やはり著作権の問題で延期。4月9日に『オールナイトニッポン』で全曲放送。これが評判を呼び、9月10日にLP『タモリ3-戦後歌謡史-』（アルファ）として新星堂チェーンで限定発売され、1カ月で3万5000枚（推定）を売り上げたが、老舗レコード会社からの発売停止を求める抗議が。アルファはパロディの是非をめぐって法廷で争う覚悟を決めていたが、「なぜ新星堂だけで売らせるのか」というレコード店からの反発があり、レコード店を敵にまわすわけにもいかず、程なく販売中止になった。

▼4月、『オールナイトニッポン』の「思想のない音楽会」で2月以降毎週のように流していた、さいたまんぞうの『なぜか埼玉』がシングルで再販され約12万枚を売り上げる全国的なヒットに。この「思想のない音楽」に感銘を受けた井上陽水が「ぼくの歌は、今まで思想がありすぎました。それに、暗い。これからは過去を断ち切って、思想のない歌をうたいます」とわざわざスタジオを訪れ宣言したという。陽水は番組の大ファンで、鶴瓶ら友人に「つぎはぎニュース」などのテープを配っていたほど。

▼4月4日、『今夜は最高！』（日本テレビ）放送開始。表紙があってグラビア（コント→番組ではスケッチと呼んでいた）があって座談会（トーク）があって読み物があって音楽欄（ゲストが歌う）がある、雑誌のような番組を目指して制作。基本的に女性ゲスト＝パートナーは2週続けて出演し、男性ゲストは毎週替わる。タモリは歌とトランペットを披露していた。「この番組のゲストは絶対に歌を歌わなければいけない」という原則があった。

▼5月1日、LP『ラジカル・ヒステリー・ツアー』（CBSソニー）発売。収録曲の「狂い咲きフライデイ・ナイト／スタンダード・ウィスキー・ボンボン」（作詞・作曲　桑田佳祐）がシングルカット。それに伴い4月29日〜8月27日まで中野サンプラザを皮切りに初の全国縦断コンサート「ラジカル・ヒステリー・ツアー」開催。高平哲郎によると、名古屋批判全盛の時期だったため当地では「公演中、突如、若者が舞台にかけ上がり、タモリの脇腹を刺す。会場から女の悲鳴とどよめき。ステージ上は血の海。舞台下からタモリを抱きかかえるために走り込む我々と、犯人にタックルしようとする数名のガードマン。実はこれ、タモリと話していて本当にやろうとした」が実現はしなかった[2]。

▼5月〜、国鉄（現JR）「新幹線」のCMに起用。タモリにとっては念願の鉄道関係の仕事が意外に早く実現した。

▼5月、「広告批評」1981年6月号で「タモリとはなんぞや」特集。ロングインタビューの他、永六輔・江藤文夫・城悠輔らが寄稿。山

藤章二・吉行淳之介・加賀美幸子・中村誠一・ビートたけしらがコメントを寄せる。

▼5月2日、『今夜は最高！』のゲストにビートたけし。パートナーの檀ふみはツービートとＢ＆Ｂの区別がついていなかった。たけしとタモリでブルース・ブラザース風にサングラスをかけ「ローハイド」を歌うがふたりとも歌詞を知らず「ローレンローレンローレンローレン」と繰り返していた。なおタモリは、お忍びで来日していたジョン・ベルーシの希望により、六本木のバーで飲んだことがある。彼が亡くなる1年ほどまえだったという。「面白い話合戦になって。2時間くらい飲んでましたかね……」[3]

▼5月16日、ライブ「タモリ＆ニューハード」（埼玉会館大ホール）開催。

▼7月、書籍『超時間対談』（集英社）が刊行される。故人と語り合うというコンセプトで、複数の著名人が参加。タモリは哲学者アンリ・ベルクソンと架空対談。ベルクソンはタモリの〝片目〟をイジるなどし、「差別的」笑いなどについて〝語り合って〟いる。他に、田中小実昌×ハンフリー・ボガード、山下洋輔×ベートーヴェン、唐十郎×シェイクスピア、寺山修司×ランボー、赤塚不二夫×ウォルト・ディズニーなど。

▼7月2日、『オールナイトニッポン』でＲＣサクセションとスペシャルライブ。

▼8月5日、ラジオドラマ『ピットインでヤマシタ・トリオをディグしていると妙な話が浮かんできた』（ＮＨＫ－ＦＭ）放送。

▼8月9日、ライブ「ジャズ大名セッション　ザ・ウチアゲ」（日比谷野外音楽堂）。筒井康隆・山下洋輔・中村誠一・坂田明・小山彰太・武田和命・ペッカー・吉野弘志・平岡正明・相倉久人・糸井重里・河野典生・堀晃・かんべむさし等が参加。タモリは「誰にでもできるバロック音楽」「中国人ブルース」などを披露。音楽コント「ペニスゴリラアフリカに現る」にも参加。「ペニスゴリラ」は「まんがＮｏ．１」に付録レコードとして収録されたもの。

▼8月23日、『24時間テレビ』（日本テレビ）内で「タモリの素晴らしき今夜は最低の仲間達」放送。日本青年館からの深夜（0時45分から75分間）の生中継。ディレクターは『金曜10時！うわさのチャンネル!!』の棚次隆。チャリティ番組にもかかわらず、タモリと赤塚がロウソクを垂らし合うＳＭショーや、背の低いタモリと赤塚が猫背になり、お尻に座布団を入れ小さいレスラーに扮し、１８０㎝以上あった景山民夫がレフリーをするミゼット（小人）プロレスのパロディなどを披露。苦情が殺到した。

▼9月5日、12日、『今夜は最高！』に桜田淳子が出演。タモリが彼女を気に入り土居甫や坂田明、髙平哲郎らと「桜田淳子を守る会」を結成。三宅恵介によれば、その流れで『いいとも！』テレフォンの初回ゲストになったという。（「日刊ゲンダイ」14・5・28）

▼9月13日、『わが旅・わが心』（フジテレビ）で香港から中国国境まで電車の旅。

▼10月1日、五輪招致で名古屋大敗。ＩＯＣ総会の約1時間後タモリは『オールナイトニッポン』で、押しかけるマスコミを冷笑しつつ「決まっていれば後7年このネタでつなげれた」「両者にとって不幸」などと発言。

▼10月4日、『夕刊タモリ！　こちらデス』（テレビ朝日）放送開始（～翌3月）。ニュースをネタにしたコント番組。タイトルは同局の筑紫哲也司会『日曜夕刊！　こちらデスク』のパロディ。『タモリ倶楽部』の前身番組と位置づけられている。

▼11月、第10回「ベストドレッサー賞」スポーツ・芸能部門受賞。この頃、タモリが急速に世間に受け入れられてきたことを示すように、この年の千趣会の新聞広告にタモリが起用され「1年前、女性たちがいちばん嫌い、に挙げた人。なのに、ことしはいちばん好きな人、です」というコピーが躍ったという。[4]

▼11月、平岡正明 著『タモリだよ！』（CBS・ソニー出版）発売。最初の本格的「タモリ論」というべき作品。

▼11月1日、ライブドキュメント『わが心のインディオ』（NHK-FM）放送。この作品は昭和56年度文化庁芸術祭に参加。

▼「婦人公論」で檀ふみと対談（82年刊行『逢えばほのぼの』〔中央公論社〕に収録）。「まだ『モリタ』だったころ」と題され、タモリのデビューまえの話を中心にしながら、寺山修司と実際に会った時のことなどを語った。

▼セカンドシングルLP『タモリのワークソング』発売。ソニーのAudio & Video TAPEのCMソングで、タモリ本人がさまざまな職種の労働者に扮して出演。

▼この頃、杉並の自宅に1000万円相当のオーディオを設置。「日本一音が良い」と言われるジャズ喫茶「ベイシー」のマスターで、オーディオマニアの菅原正二も認めるほど。

1982年（37歳）

▼1月1日、『元旦早々タモリで最高！』（TBS）放送。ビートたけし、竹下景子、大空眞弓らが共演。

▼1月2日、『今夜は最高！』で女性パートナーに吉永小百合を迎え正月スペシャル。男性ゲストは沢田研二。スケッチでは眠れる美女（吉永）と王子（タモリ）、吸血鬼（沢田）を演じた。翌週の男性ゲストは野坂昭如。どちらが吉永小百合をより好きかで競っていた。タモリは憧れの吉永小百合とデュエット。

▼1月、「BRUTUS」2月1日号で吉行淳之介と対談（『吉行淳之介エッセイ・コレクション4 トーク』〔筑摩書房〕に収録）、日本航空の機関誌「W・inds」で深田祐介と対談（『男のホンネ』〔三笠書房〕に収録）。

▼1月21日、『タモリスペシャル　今夜ときめきスペース』（テレビ朝日）放送。

▼1月23日、映画『水のないプール』公開。若松孝二監督、内田裕也主演。タモリはカメラ店の店主役で出演。

▼1月30日、『今夜は最高！』のゲストにトニー谷が登場。その後タモリはヴォードヴィリアンを継ぐ存在と見込まれたからか、晩年のトニー谷に可愛がられていた。「あの人の晩年のほとんど仕事をしていなかった時期に、俺、可愛がってもらったの。それで、あの人と何回か会って言われたことは、『ボードビリアンってのは音楽だよ。音楽わかんないと、ボードビリアンはできない』って」[5]。なお、タモリとトニー谷の類似性については小林信彦も『日本の喜劇人』の中で指摘している。ちなみにトニー谷は赤塚不二夫のマンガキャラ「イヤミ」のモデルでもある。

▼2月、ガブリエル・ウッシー（本名・内堀尚）著『ぼくはタモリの運転手』（ライフ社）刊行。序文はタモリ。

▼2月11日、『ミュージックフェア』（フジテレビ）出演。タモリはデューク・エイセスをコーラスに従えて歌い、トランペットを演奏。

▼2月12日、「GORO」3月25日号で糸井重里と対談（『話せばわかるか　糸井重里対談集』〔飛鳥新社〕に収録）。急速に世間から自分が受け入れられつつある状況に自ら「おかしいと思うよ」と語

り、この頃からすでに「国民のオモチャ」を自称している。
▼2月20日、『今夜は最高!』のゲストに、デタラメ外国語の元祖ともいえる藤村有弘。「デタラメ外国語の応酬がアドリブでできる人は初めて」と藤村に喜ばれる。ちなみにタモリの中国語芸のイントネーションは中国・海南島のそれに近いという。
▼3月、書籍『現代用語事典 ブリタモリ』(講談社)刊行。赤塚不二夫、加藤芳一、長谷邦夫との共著。
▼3月、「新潮45+」創刊号で井上ひさしと「吉里吉里語VSハナモゲラ語」対談。
▼3月、昭和56年度 第19回「ゴールデン・アロー賞」芸能賞を受賞。
▼4月、書籍『タモリと賢女・美女・烈女』(世界文化社)刊行。黒柳徹子、吉永小百合、田辺聖子、吉田日出子、中村メイコら11人の女性との対談本。吉永小百合との対談では「タモリさんって、とってもイカしてる感じなんですよね」と褒められ「うわあー、駆け回ろうかな、オレ」と舞い上がっている。
▼4月3日放送分『今夜は最高!』第52回から、タモリ所属事務所の田辺エージェンシー・田邊昭知社長発案により半年間の休止。その前段として、田邊は高平に「止めるわけじゃない。半年休むんだ。その間に、別のタレントが仕切るバラエティを半年やる。それでまたタモリに戻る。つまり、ふたりのタレントを看板にしたふたつのバラエティ番組を作り、最初は交互に、評判になれば、一度に週二本の強力なバラエティ番組が流れるわけだ」と説明、「番組を長生きさせるため」「タレントを大事にするため」と語っている[6]。
▼4月8日、『夢のビッグスタジオ』(テレビ朝日)放送開始(~5月27日)。西田敏行とともに司会を担当。しかし低視聴率によるプロデューサーの交代に伴い、自ら申し出てわずか6回で降板。番組も8回で打ち切られた。
▼4月10日、『今夜は最高!』に代わり、桃井かおりメインの『日曜はダメ!!』がスタート。ディレクターはドラマ畑の吉野洋、構成は伊集院静他。しかし半年を待たず8月で打ち切られ、9月4日から『今夜は最高!』が再開。シーズン制のバラエティ番組の構想は失敗に終わる。
▼4月25日~7月28日、全国ツアー「ラジカルヒステリーツアー'82」開催。
▼5月29日、糸井重里司会の『YOU』(NHK教育)第8回に、山下洋輔とともにゲスト出演。
▼5月、「中央公論」(82年6月号)で筒井康隆と対談(『筒井康隆スピーキング 対談・インタヴュー集成』[出帆新社]に収録)。冒頭から「ベルクソンでも(テーマに)やりますか」とムチャぶりされるが、即座に「ベルクソンっていうのは結局、『バナナの皮理論』でしょう」と負けずに返している。
▼6月2日、『オールナイトニッポン』にLP『BIGな気分で唄わせろ』のプロモーションでビートたけしがゲスト出演。たけしはアナウンサーに局部を押し付けスタジオ内がパニックに。
▼7月31日~8月1日、「第15回びわ湖バレイオールナイトジャズフェスティバル」(びわ湖バレイ:山麓特設野外ステージ)に参加。
▼8月21日、『24時間テレビ』(日本テレビ)で「最高一座〝狂奏〟旗揚げ公演」(日本青年館)を深夜に1時間中継。
▼「パーソナル」82年9月秋号で加賀美幸子と対談(『やわらか色の烈風』[筑摩書房]に収録)。加賀美は対談の中で共演した『テレビファソラシド』や一緒に行った首相官邸パーティでのタモリの様子を通じて「タモリさんて、テレビの内側からものを見ている人じゃなく

て、外側からテレビをごらんになっていらっしゃる」と評している。
▼9月、面白グループによる書籍『野球のない夜は英語でひまつぶしいたずら英語教室』（ベストセラーズ）刊行。
▼9月5日、ラジオ『タモリと理恵の音楽専科』（文化放送）放送開始（〜84年9月30日）。パートナーは中原理恵。
▼10月4日、『笑っていいとも！』（フジテレビ）放送開始。10年2月4日の『いいとも』によると、当日の新聞の番組面に「即興のエンターティナー、タモリが毎日、新しい笑いに挑戦する生バラエティショー」という広告が掲載される。一回目は、「『タモリの世界の料理』のフランス編。フランス人コックに扮したタモリがその腕前を見せる。アシスタントは斉藤ゆう子。『ふんいき劇場タモリ＋1』の今日の相手は坂本あきら。ふたりのかけあいが見もの。ゲスト・桜田淳子」とあった。

タイトルの由来は諸説あるが、「ジャズマンは朝の予定が早いと嫌な顔をする。しかし中村誠一は『いいとも』と即答しており、このフレーズが採用された」という髙平哲郎説が有力。横澤によれば、番組のコンセプトは「何かをバカにする」というものだったという。横澤は「会議は短いほうがいい」と5時半には終わらせ、6時半頃から始まる芝居や映画を見に行くのが常。ディレクターには小劇場を積極的に勧めた。「ウキウキWATCHING」の作曲は伊藤銀次。「タモリといいとも青年隊が踊りながら歌うテーマ曲を書いてくれ」と横澤に依頼され、すでにできあがっていた詞に、わずか20分で曲をつけた。当初は3カ月で終わると思ってタモリは渋々オファーを受けた。開始時のレギュラーは斉藤ゆう子・斉藤清六・村松利史・高田純次・桂文珍・松金よね子・田中康夫・井手ひろし（現・井手らっきょ）らで、『笑ってる場合ですよ！』の司会陣は起用されなかった。番組開始以来30年以上の長きにわたり、タモリ発案の企画はほとんどないという。
▼10月8日、『いいとも』テレフォンショッキングに和田アキ子が出演。当時、ゲストが歌手の場合、歌を歌うことになっていたが、歌詞が飛んでしまい号泣。なお、和田アキ子は同コーナー22回出演で最多記録。ちなみにテレフォンショッキング中のタモリとゲストが座るテーブルが長年にわたって端にあり、真ん中に移動した後、タモリが「なんであんな端にあったのか？」とよく言っているが、歌手が歌ったり、タモリやゲストが自由に暴れることができる「なんでもできるスペースを作りたい」という初代ディレクター・永峰明による発案だったという。
▼10月8日、『タモリ倶楽部』（テレビ朝日）放送開始。田邊昭知のコンセプトは「今のテレビはピシーッと隙間のない番組ばかり。だからこの番組だけは隙間だらけにしてくれ」。スポンサーも社長自ら探してきたという。「毎度おなじみ流浪の番組」というとおり、低予算でオールロケというスタイル。初期は中村れい子とのメロドラマ「愛のさざなみ」、窪田ひろ子による「夜の英会話」、〝お尻評論家〟山田五郎による「今週の五ッ星り」、久住昌之・滝本淳助の「東京トワイライトゾーン」「怖いですねアワー」など各回でのコーナー企画も多かった。「Short Shorts」（The Royal Teens）に合わせて「お尻ギャル」（一部男性も）が下着姿でお尻を振るオープニングも有名。「お尻ギャル」はお尻のみのオーディションで選ばれている。
▼10月9日、タモリ主演の映画『キッドナップ・ブルース』公開。小学生の少女が隣の部屋の男と行方不明になり、その1年数カ月後、ふたりが自転車で全国を旅しているところを発見されたという実際の事件をヒントに、浅井愼平が企画・制作・監督・撮影を務めた

作品。淀川長治はパンフレットで「タモリ氏と一度テレビでごいっしょしたことがあるが、それまではヤモリのかいぶつのようなねんえきてきグロ味を感じたこともあったのだが、さてごほんにんにお逢いするやまるで違った。スタヂオの出番20秒まえ、このひとがセットとライトの横で何やらうつろな目で立たれているプロフィルにわたしは思わずマンハッタンを感じたのであった。ブロードウェイ人種。くろおとのエンタテイナァー。」と語っている(原文ママ)。しかし「この映画はヒットすまい」と。

▼10月24日、『笑っていいとも! 増刊号』(フジテレビ)放送開始。平日の昼間に放送した番組の総集編、さらに番外編や放送終了後のトークを放送するのは画期的だった。また、「編集長」という名目で編集者の嵐山光三郎を起用。文化的な側面を押し出しフジテレビの「軽チャー路線」を牽引した。

▼11月17日、坂本龍一が出演。JALのいわゆる「鶴丸マーク」の話題になり、坂本がジェスチャーでそれを表現しながら「あれは『世界に広げよう、友だちの輪』っていう意味なんだ」と語る。タモリが「それは知らなかった」と自分もジェスチャーをして「世界に広げよう、友だちの輪」と言うと、会場から「輪!」という声が一斉に起こった。ここから恒例の掛け合いが生まれる。

▼11月、「Studio Voice」Vol.84で「タモリのタベリとダベリ」と題したインタビュー。

▼12月4日、映画『E.T.』公開。〝お涙頂戴〟にハマってしまうことがあるというタモリ。「俺は世の中に対してスゴい偏見持って、対決心とかで世の中否定してるんだけど意外なところでコロって泣くことがあるんだよね」「俺がものすごく泣いたのは『E.T.』」[7]

▼12月27日、『笑っていいとも! 特大号』(フジテレビ)放送。曜日レギュラーが一堂に会す特別番組。以後、毎年末に放送されている。オープニングのタモリ牧師の挨拶(90年以降)、テレフォンショッキングダイジェスト、最後の「ものまね歌合戦」(89年以降)が恒例企画。

▼「スイングジャーナル」誌上の「日本ジャズメン人気投票」、男性ボーカル部門で1位(84年まで3年連続で獲得)。

▼高橋惠子・高橋伴明の結婚式の司会を務める。

▼「週刊TVガイド」20周年、象印マホービン、片岡物産「アストリアコーヒー」などのCMに出演。

1983年(38歳)

▼1月1日、『元旦早々! 笑いと涙で謹賀新年』(TBS)放送。ビートたけしと2枚看板で女優相手にコント。

▼1月1日~3日、『タモリのジャズ特選』(NHK-FM)放送。

▼3月、「TV LIFE」3月16日・創刊号でタモリが表紙。

▼4月、新宿「ジャズスポット J」で写真展。浅井愼平とのパナマ旅行の写真40点近くを展示。

▼4月、「宝島」(83年5月号)で「ワン・モア・タモリ」と題したロングインタビュー掲載(『ザ・ヒーローズ2 宝島ロング・インタヴュー集』[JICC出版局]に収録)。タモリの初体験の話や大学時代のエピソードなどが語られている。

▼4月5日、『いいとも』「テレフォンショッキング」に楠田枝里子からの紹介で、日本テレビアナウンサー(当時)徳光和夫・小林完吾が、他局の社員にもかかわらず異例の出演。

▼4月17日、『TVジョーカーズ笑』(TBS)放送開始(~6月19日)。タモリ、堺正章・東八郎・斉藤ゆう子・小坂一也・研ナオコ・中原理恵らが出演。低視聴率で実質7回のオンエアで終了。

▼4月29日、映画『だいじょうぶマイ・フレンド』公開。タモリ一義名義で刑事役。ボサボサの髪形、理屈っぽい台詞で主人公を尋問。
▼5月7日、『今夜は最高！』に明石家さんまゲストで『クレイマー、クレイマー』のパロディ。86年12月13日にも出演。
▼6月、共著者のひとりとして参加した書籍『私の猫ものがたり』(集英社)刊行。「セイビョウ(※成猫)の餌付けは家庭を破壊するか」と題して野良猫の餌付けが楽しみのひとつだと語っている。それまでの餌付け成功率は「2勝2敗1分け」。なお当時飼っていた猫の名前はミーとリッチー。他に横山弥助という犬もいた。
▼6月23日、『選挙でいいとも！』(フジテレビ)放送。第13回参議院議員通常選挙の特番で、タモリがメインキャスターとなった。ちなみにタモリはかつて「日本の政治っていうのは、政治そのものが政治のパロディでしょう」と発言している[8]。
▼7月2日、映画『刑事物語2　りんごの詩』公開。武田鉄矢主演。タモリは居酒屋の主人役。郷土史マニアという設定。
▼7月30日、野外フェス「カムイトラノ(※アイヌの言葉で「神々とともに」の意)屈斜路湖ジャズフェスティバル」(北海道)開催。プロデューサーはアイヌの友人を持つ赤塚不二夫で、「愛は地球を救う」をもじって「アイヌ地球を救う」というイベント名にしようとしたが採用されなかった。司会はタモリ、スペシャルゲストに日野皓正、韓国の打楽器グループなど。
▼9月21日、村松友視と対談(『こんな男に会ったかい　男稼業・私の選んだベスト9』[日本文芸社]に収録)
▼9月28日、『オールナイトニッポン』最終回。エンディングでは、マイルス・デイビスの「ラウンド・ミッドナイト」をバックに「ずっとやってきたけども、何の感慨もない」と発言。しかし後年、「テレビもまったくない時で、僕はニッポン放送で世に出た訳ですから『何の感慨もない』っていうのはおかしい」と笑って振り返っている[9]。
▼11月、景山民夫が「宝島」に連載していた「極楽TV」書籍化に際し、タモリと対談(『極楽TV』[JICC出版局]に収録)。この連載の第1回では「宝島」元編集長でもある髙平の『今夜は最高！』の台本を名指しで批判し、大きな話題となった。
▼11月、書籍『タレント狂殺人事件』(作品社)刊行。ちなみに89年にはビートたけしが『ギャグ狂殺人事件』を刊行している「本格長編推理〈私〉小説」シリーズのひとつ。タモリ周辺の関係者が実名で登場する。
▼12月、武市好古 編『ぴーぷる最前線　タモリ』(福武書店)刊行。
▼12月、書籍『タモリが本屋にやってきた』(ニッポン放送出版)刊行。『オールナイトニッポン』のエピソードを数多く収録した番組本。タイトルは番組内で公募された。
▼12月1日、『いいとも』で「テレフォンショッキング」ゲストの佳山明生が登場する直前に、「しゃべらせてくれ！」と男が乱入。タモリは冷静に「しゃべりたいことがあるの？」と尋ねていると、スタッフにより男が取り押さえられる。スタジオが騒然とする中、タモリは「生番組って面白いなぁー！」と笑った。
▼「木曜スペシャル『タモリのいたずら大全集』」(日本テレビ)放送(〜89年)。所ジョージや山本晋也出演の素人いたずら(ドッキリ)番組。なお88年の放送では大竹まことが山瀬まみに「お前失恋したんだってな」と発言したことから、つかみ合いのケンカに発展。大竹は暴走してセットを破壊、以後20年あまり日本テレビに出入り禁止となった。またタモリの木曜スペシャルでは、他に『抱腹絶倒ハプニング！　世界のドッキリNG大全集』(85〜87年)、『タモリの世界

そっくり大賞』(82〜86年)などで司会を務めた。

▼12月31日、『第34回紅白歌合戦』(NHK)アナウンサー以外で初抜擢の総合司会。各組の司会は黒柳徹子・鈴木健二。途中アドリブで「選手宣誓にいってもいいかな?」と観客に呼びかけ「いいとも!」と客が応じた。

▼象印「みぇーるポット」、パイオニア「LD/LDソフト」『週刊TVガイド』などのCMに出演。

1984年(39歳)

▼1月3日、「昭和58年度 第12回 日本放送演芸大賞」大賞受賞。

▼2月13日、『いいとも』「テレフォンショッキング」に明石家さんま初出演。さんまはタモリが「大嫌い」と公言していた小田和正に友達の輪をつなぎ、その日は沈黙の多い緊張感あふれるテレフォンとなった。

▼3月、昭和58年度 第21回「ゴールデン・アロー賞」放送賞受賞。

▼3月14日、『いいとも』「テレフォンショッキング」で黒柳徹子が43分間しゃべり続ける(歴代2位)。2014年にとんねるずに破られるまで長きにわたって最長記録だった。2005年12月16日に再び出演した際、当時を振り返り「私は別にしゃべりたいと思った訳じゃないのよ」「そしたら横澤さんがコマーシャルの間に『もっと話し続けてください、話し続けてください』って言ってはいなくなるの。だからお話ししてたんですよ」と不満気に弁明。しかし結局この日も約39分(歴代4位)にわたりしゃべり続けていた。後にタモリはこの時の心境を「このまま番組がぶっ壊れるといいな、と思った」と語っている[10]。

▼4月2日、『和田アキ子だ文句あっか!』(テレビ朝日)放送。日頃の不平不満をぶちまける番組で、ビートたけしと組んで言いたい放題。

▼4月2日、『いいとも』レギュラーに片岡鶴太郎が加入(〜93年3月)。後にタモリの影響で始めた片岡鶴太郎の絵を『いいとも』で紹介。それをたまたま見ていた横尾忠則が絶賛、鶴太郎がその後画家に転身するきっかけに。

▼4月6日、『いいとも』金曜レギュラーに明石家さんまが加入。『笑ってる場合ですよ!』司会陣では初。タモリとさんまの雑談コーナーは「タモリ・さんまの日本一の最低男」「日本一のホラ吹き野郎」「もう大人なんだから」などと名前を変えつつ、レギュラー降板の95年9月まで続く。ふたりは「テレビで最初に〝雑談〟というものをやったのはこのコーナー」と胸を張る。なお、さんまが番組を降板したのは「タモリンピック」がきっかけ。網をくぐる競技で、「さんまが網にかかった!」とボケに走ったところ、増刊号担当ディレクターから注意された。さんまは「笑いなくなったら個性死んじゃう」と主張してケンカ別れ。

▼4月23日、『いいとも』「テレフォンショッキング」で泰葉が一般人に間違い電話。その後3日間、同コーナーのまえに一般人のテレフォンショッキングが放送された。同様の間違い電話は松本伊代がゲストの際にもあり、タモリが「失礼ですがお名前は?」と尋ねると「モリタです」と答え大爆笑となった。さらに「私も森田ですが下のお名前は?」と続けると「ウマノスケです」でまた大爆笑。このモリタウマノスケ氏は年末の特大号に登場し会場を盛り上げた。なおモリタ氏は確認のため番号を途中まで口にしてしまい、その局番の回線が瞬間的にパンクしてしまったという。ちなみに当初、ゲスト本人が次のゲストに電話をかける際に、手の動きがわからないようにする

囲みを「TEL(てれ)隠し」と呼んでいた。

▼5月、大地真央の宝塚歌劇70周年記念月組公演「ザ・レビューII—TAKARAZUKA FOREVER—」主題歌『この愛よ永遠に』発売。B面に、タモリ作詞作曲による『タモリさんが作った歌』収録。

▼10月1日、『いいとも』木曜レギュラーだった小堺一機を司会に抜擢し『いただきます』開始。「『いいとも』が終わらず食い込んだりするハプニングがあったら面白い」という発想で、当初はアルタから生放送。金曜日はさんまが残ってオープニングトークに参加するのが恒例となった。

▼10月8日、ドラマ『なぜか、ドラキュラ』(日本テレビ)放送開始(〜翌年1月7日)。タモリ、民放ドラマ初主演。原案・脚本は松木ひろし。ドラキュラを〝吸血病〟の患者ととらえた作品で、日光が苦手で貧血気味、気弱な冴えない中年という、らしくないドラキュラ像を演じた。

▼10月21日、「テレビシティー『タモリVSたけし』」(フジテレビ)放送。タモリとたけしを168時間完全密着取材したドキュメント。タモリからたけしへ、たけしからタモリへのコメントや、共通の質問に対する各々の反応などが見どころだった。密着された168時間中、テレビ局にいた時間が106時間、テレビを見た時間が2時間、睡眠が45時間。なお、たけしはそれぞれ96時間、7時間、32時間だった。

▼10月、佐藤製薬「ユンケル黄帝液」のCM放映開始。「疲れがタモレば、ユンケルだ」「ユンケルンバ ガンバルンバ」など数々の名フレーズを残し、2001年まで続く、タモリ中期を代表するシリーズに。

▼12月7日、「朝日ジャーナル」で筑紫哲也と対談(『若者たちの神々 筑紫哲也対論集 Part4』[朝日新聞社]に収録)。「ネクラ・ネアカ」について解説したり、人気を集めていたNHKアナウンサー(当時)の鈴木健二について「悪質」「危険」「信用できない」と批判を展開したりしている。

▼12月22日、映画『愛染恭子の未亡人下宿』公開。監督は山本晋也。タモリは立川談志とともに銭湯の三助役。

1985年(40歳)

▼1月3日、昭和59年度 第13回「日本放送演芸大賞」特別賞受賞。

▼1月、『いいとも』の正月休暇中(88年までの4年間、休暇をとっていた)、代理で司会をしていたさんまに「もしもし、ニシオカ?」といたずら電話。またビートたけしがゲストの原田芳雄の扮装で乱入(しかしその日のゲストは原田伸郎)。たけしはタモリの写真を持ち出し、さんまに踏ませた。

▼1月15日、吉永小百合と日本ラグビーフットボール選手権大会(国立競技場)観戦。試合後、タモリの愛車のベンツで吉永を送って帰ると、彼女が座った後部シートには「小百合ちゃん御席」と張り紙し、当分のあいだ誰にも座らせなかった。

▼4月3日、『ウォッチング』(NHK)放送開始(〜89年3月14日)。タモリ司会。動物・生物などをテーマに専門家をゲストとして招き、トークやVTRを交えながら紹介していく教養番組で、昭和60年度の児童福祉文化賞(放送「テレビ番組」)を受賞。

▼5月31日、第1回「東京国際映画祭」(フジテレビ)放送。タモリは明石家さんまとともに司会。「下品な司会」「ふざけている」などのクレームが相次いだという。

▼6月15日、映画『星くず兄弟の伝説』公開。近田春夫の同名ス

タジオ・アルバムを原案に手塚眞が監督し映画化された。主人公の「スターダスト・ブラザーズ」が『いいとも』の「テレフォンショッキング」に出演するという設定でタモリは本人役で出演。

▼7月8日、『いいとも』「テレフォンショッキング」に戸川京子からの紹介で伊藤つかさが出演。もともとこのコーナーは、当時タモリがファンだった伊藤つかさまでつなげられるかという趣旨で始まった。タモリは伊藤の登場に舞い上がる。

▼7月24日、たこ八郎が海水浴中に心臓麻痺で死去。タモリは弔問で「喜劇の人ですから、最期まで自分で冗談やって死にたかったと思うんですね。たこが海で死んだっていうのは、本望じゃないですか。ねぇ。なんにも悲しくないですよ、なんにも……」と死を悼んだ。

▼8月2日、ドラマ『ぼくたちアダルトＫＩＤＳ』(フジテレビ)放送。タモリ・間下このみ他出演。

▼9月24日、山藤章二と対談(『対談「笑い」の解体』〔講談社〕に収録)。この頃からすでに「ダメ出し、やりませんね」と反省しない主義を語っている。

▼10月、『いいとも』レギュラーに関根勤加入。レギュラー期間は28年を超え、最長記録となる。

▼10月、「月刊プレイボーイ」10月号でマイルス・デイビスと対談。マイルスが大好きなタモリは極度に緊張。しかも対談中、マイルスはタモリの顔をほとんど見ず、ずっと手に持った紙に何かを描いていて、タモリは「変わりものだって聞いてたけど、確かに変わってんなあ」と思ったという。描いていたものは絵で、突然「お前にやる」とプレゼントされる。そして対談の最後にタモリのトランペットを見たマイルスは「これはお前のか？　お前も吹くのか？」と尋ね、「そう。これにサインをしてほしい」と言うと、「今日は良いインタビューだった。お前はとても俺の音楽をよく聞いてくれてる」と言い、サインを書いたという。「それが今でも宝物なんだよ」[11]。ちなみにタモリが他にサインをもらったのは吉永小百合、アイルトン・セナ、スティーヴィー・ワンダー、ダスティン・ホフマンなど。

▼10月5日、『今夜は最高！』で久本雅美・柴田理恵・渡辺信子がレギュラーに。3人はテレビ初出演。

▼12月、「オール讀物」創刊55周年記念増刊号『ビッグトーク』で、村松友視と対談。「タモリはどこから来たか」と題し、タモリの家族や子ども時代の話を語っている。

▼朝日新聞「ＴＶラジオアラカルト」欄連載コラム「ほっとトーク」でインタビュー(『ザ・テレビ人間』〔朝日新聞社〕に収録)。

▼ホンダ「スカッシュ」のＣＭ出演。

[1]『ぴーぷる最前線 タモリ』武市好古 編／福武書店(83)
[2]『変人よ我に返れ』高平哲郎／ＰＨＰ研究所(83)
[3]『タモリ倶楽部』テレビ朝日(13・7・26)
[4]「タモリはどう語られてきたか」『エキサイトレビュー』近藤正高
[5]『これでいいのだ。赤塚不二夫対談集』赤塚不二夫／メディアファクトリー(00)
[6]『今夜は最高な日々』高平哲郎／新潮社(10)
[7]『笑っていいとも！』フジテレビ(14・3・11)
[8]『筒井康隆スピーキング 対談・インタヴュー集成』筒井康隆／出帆新社(96)
[9]『上柳昌彦 ごごばん！』ニッポン放送(13・10・22)
[10]『ＦＮＳ27時間テレビ』フジテレビ(12・7・21)

〔11〕『笑っていいとも！』フジテレビ（08・4・21）

1986年（41歳）〜1997年（52歳）

1986年（41歳）

▼1月1日、『新春異色バラエティ！「タモリの女5人と管理人」』（日本テレビ）放送。共演は篠ひろ子・大竹しのぶ・小泉今日子ら。
▼2月5日〜28日、『総天然色立体バラエティ　赤塚ミュージカル・コメディショー』（博品館劇場）。ベストセラーとなった書籍『Sono・Sono』をもとに開催。
▼3月6日、『木曜スペシャル　シャボン玉ホリデー』（日本テレビ）放送。ハナ肇とクレージーキャッツ結成30周年、『シャボン玉ホリデー』の開始25周年を記念した特別番組で、タモリはゲスト出演し、クレージーキャッツと「12番街のラグ」などを演奏。
▼3月21日、映画『スタア』公開。筒井康隆脚本。監督は内藤誠。原田大二郎・水沢アキ主演。タモリはヒットラー役。
▼モデル小説『笑っていいとも！　殺人事件　名探偵タモリ誕生す』（田中雅美／サンケイ出版）刊行。
▼4月16日、映画『ジャズ大名』公開。筒井康隆の同名小説を映画化。監督は岡本喜八。タモリは夜鳴きそば屋でチャルメラを吹く役で特別出演。
▼5月24日、映画『片翼だけの天使』公開。監督は舛田利雄。二谷英明・秋野暢子主演で、タモリは主人公をトルコ風呂に誘う売れっ子カメラマン・白井完介役。
▼8月15日、『おもしろバラエティ歌と笑いの41年・戦後タモリ史・天才タモリ（秘）芸連発』（フジテレビ）放送。共演は原田芳雄・和田アキ子・佐藤慶・明石家さんま・小堺一機・所ジョージら。
▼9月15日、『いいとも』オープニングのタモリ登場まえにビートたけしが乱入、タモリが唖然とする中、「ウキウキWATCHING」を歌う。当日のレギュラーは明石家さんまで、「BIG3」が揃い踏み。ちなみにたけしはこの頃『オレたちひょうきん族』（フジテレビ）の収録を「お化けが出た」などと遅刻・欠席していたが、その時よくアルタのタモリの楽屋を訪れていたという。
▼9月21日、LP『HOW ABOUT THIS』（ビクター）発売。タモリのセルフプロデュース作品。トランペットはもちろん、フルート・ピアノ・シンセサイザーなども演奏。ジャケットの写真のモデルにはなぜかストロング金剛が起用されている。CD版も同時に発売されたが収録曲が一部変更されている。
▼11月6日〜、「読売新聞夕刊」の「人」のコーナーでタモリが3回にわたってインタビュー付きで特集される。芸能界には「笑わせようなんて考えてません」「まだなじめません」などと語っている。この頃、飼い猫は7匹。
▼10月31日、中村誠一と対談（『サックス吹きに語らせろ！』〔新潮社〕に収録）。音楽の特性を「時間を共有するもの」と語っている。
▼12月9日、ビートたけし「フライデー事件」。タモリはワイドショーの記者に「もし俺がたけしに何か言いたい事があるなら、会って直接話をする。だいたい、友達同士の大事な話を校内放送でするヤツはいないだろう」と答えたという。
▼12月、昭和61年度「ゆうもあ大賞」受賞。

1987年(42歳)

▼1月1日、『タモリ・さんまの新春！ 爆笑タッグマッチ』(日本テレビ)放送。共演は名取裕子・小川知子ら。
▼4月、『いいとも』レギュラーに笑福亭鶴瓶加入。
▼4月11日・18日、『今夜は最高！』に美空ひばり。86年に『徹子の部屋』で、ひばりが出たい番組として挙げたのがきっかけ。男性ゲストのひとりは、ひばりの希望で原田芳雄に。美空ひばりは「A列車で行こう」を歌う。タモリはひばりを「ジャズシンガーとして世界有数」と絶賛している[1]。ひばりが89年6月24日に急逝した際、急遽この回が再編集されて放送された。
▼4月13日、ドラマ『アナウンサーぷっつん物語』(フジテレビ)の第2話にゲスト出演。
▼7月18日～19日、『FNSスーパースペシャル1億人のテレビ夢列島』(フジテレビ)放送。日本テレビの『24時間テレビ』のパロディとして、1回限りの約束で明石家さんまと総合司会を務めた。全国各地の家族を山本晋也・片岡鶴太郎・所ジョージ・渡辺正行らが生リポート。オスマン・サンコンに鞍馬天狗の扮装をさせ、フジテレビそばの神社で行った「真夜中のサンコン探し」は視聴者の顰蹙を買った。
▼10月、『タモリ鶴瓶のおぼえてるでェ！』(フジテレビ出版)刊行。
深夜、フライデー事件謹慎明けのビートたけしが登場。

1988年(43歳)

▼1月1日、『新春！ タモリの爆笑!! お年賀騒動』(日本テレビ)放送。島田陽子・中森明菜・田代まさし・横山やすし・木村一八らが共演。
▼1月3日、『第1回タモリ・たけし・さんま BIG3 世紀のゴルフマッチ』(フジテレビ)放送。当時としても珍しい「BIG3」が揃った番組。タモリは高校生以来「あんな耳かきの大きいのを振り回して何が楽しいのか」とほとんどゴルフをやっていなかったため、ハンデが与えられた。司会は逸見政孝(93年逝去したため、以降は川端健嗣)でナレーションを関根勤(3回、6回のみ松尾伴内)が務めた。「英語禁止ホール」など名企画が生まれる。毎年12月下旬の早朝に収録が行われるため、コースはカチコチ、寒いし眠いという。
▼3月、『今夜は最高！』の主要スタッフが大幅に入れ替わる。それに伴い、スケッチ(コント)要員に田口トモロヲが起用される。音楽は佐橋俊彦に。この少しまえに、ディレクターとして『金曜10時！ うわさのチャンネル!!』などの棚次隆が加わる。
▼3月31日、『フジテレビ30年史』(フジテレビ)放送。開局30周年特別企画として、秘蔵VTRを一挙公開する番組。明石家さんまが司会で、タモリはビートたけしらとともにトークゲストとして出演。
▼3月、カセットブック『タモリのシャーロック・ホームズ』(小学館)発売。脚本は津川泉。「まだらのひも」を朗読。
▼4月3日、関口宏司会で86年10月24日に始まった『ミュージックステーション』(テレビ朝日)の2代目MCに。最初のパートナーは中原理恵。
▼7月16日～17日、『FNSスーパースペシャル1億人のテレビ夢列島'88』(フジテレビ)放送。笑福亭鶴瓶とともに総合司会。タモリは1回限りの約束だったため最初は断ったが、さんまも引き受けたとスタッフに騙され渋々了承。しかし実はさんまは断っていたため、タモリは「裏切られた」と連日酒浸りに。
▼8月26日、『いいとも』「テレフォンショッキング」に織田哲郎が出

演。その際、卓球の話題になりタモリが「卓球ってネクラだよね」と発言。それ以降、「暗い」イメージが定着。92年、卓球台を明るい青色に変えた遠因となった。後年、タモリは謝罪の意を込めて卓球協会に1000万円を寄付したという。

▼12月、「『現代用語の基礎知識』選 '88日本新語・流行語大賞」特別賞部門・人語一体傑作賞で「ユンケルンバ ガンバルンバ」が受賞。

1989年（44歳）

▼1月1日、『新春・タモリの忘れていませんか「年表の裏に埋もれてたユニークな庶民の戦後史」』（フジテレビ）。共演は島田紳助、木場弘子、鈴木史朗ら。

▼1月3日、『タモリ・たけし・さんま BIG3 世紀のゴルフマッチ』（フジテレビ）放送。敗れたタモリはたけし・さんまに散々バカにされた結果ゴルフを辞め、高視聴率にもかかわらず翌90年は放送休止となった。

▼4月、『いいとも』レギュラーにウッチャンナンチャン（〜94年3月）、ダウンタウン（〜93年3月）加入。

▼5月19日、『いいとも』「テレフォンショッキング」で当時ブームだった「一杯のかけそば」を「涙のファシズム」などと批判。ブーム終焉のきっかけのひとつとなった。

▼6月、広島経済大学で1日講師を務める。

▼6月10日、『NHKスペシャル 驚異の小宇宙 人体』（NHK）放送開始（〜9月12日、全6回）。『NHK特集』を『NHKスペシャル』と刷新する際の目玉企画としてタモリを司会に起用。最先端の科学の成果をもとに、生命の神秘に斬新な映像表現で迫るドキュメント。音楽は久石譲。89年には書籍化され、03年4月にはDVD-BOXが発売された。

▼7月、六本木にうどん屋「都留庵（つるあん）」を、友人との共同経営でオープン。その後沼津で、もんじゃ焼き「太助」を経営。いずれも現在は閉店。

▼7月15日〜16日、『FNSスーパースペシャル1億人のテレビ夢列島'89』（フジテレビ）で明石家さんまとともに総合司会。

▼10月7日、『今夜は最高！』最終回。終了の経緯として「田辺エージェンシーが憤り今後日テレへのタモリの出演はまかりならんと断言したことは事実」と髙平は語っているが、詳細は不明[2]。

▼12月31日、『シャボン玉の消えた日〜シャボン玉ホリデー・笑いにかけた青春物語〜』（日本テレビ）放送。『シャボン玉ホリデー』でのエピソードを集めて構成されたドラマ・バラエティ。脚本は髙平哲郎。原作は青島幸男。青島幸男役に萩原流行、ハナ肇役に渡辺正行、谷啓役に小倉久寛、犬塚弘役に嶋田久作、植木等役は田口トモロヲ。タモリは大橋巨泉役！

1990年（45歳）

▼1月1日、ドラマ『源義経』（TBS）放送。東山紀之主演の大型時代劇。タモリは紙芝居屋役と語りで出演。

▼1月4日・5日、『いいとも』がハワイのハワイアン・リージェント（現ワイキキ・ビーチ・マリオット・リゾート&スパ）中庭から生放送。木曜、金曜レギュラーのウッチャンナンチャン・鶴太郎・鶴瓶らが出演。テレフォンショッキングのゲストはたまたま休暇で来ていたという研ナオコ・山田邦子。生放送中、後方でタヒチアンダンスが始まってしまい騒がしく何をやってもすべる空気で、誰も何もできない状態になった時にタモリが言った「誰かがやらねば！」が内輪で流行り、4

月からの新番組『ウッチャンナンチャンの誰かがやらねば！』のタイトルに転用された。

▼1月13日、映画『丹波哲郎の大霊界2　死んだらおどろいた!!』公開。タモリは裁判長役。ちなみに裁判官には明石家さんまも。

▼2月22日、「週刊文春」の妹尾河童「河童が覗いたトイレまんだら」（6月に単行本化）で、86年完成の目黒の自宅トイレが図解入りで紹介される。「トイレと台所にはこだわりました」というトイレは、ゲスト用と家族用のふたつ。「トイレは落ち着くから長い」らしい。ちなみにタモリは「ウンコのリズムを仕事ごときに乱されたくない」と『いいとも』本番まえギリギリにもトイレに行っていたところ、横澤から「本番直前の排便禁止」が言い渡される。タモリは「タレントに排便の自由を」「排泄は最後の人権」というプラカードを作り抗議。なお、この頃飼っていた猫はキムヨンスン、ペペ、ミーの3匹。犬の横山与助は少しまえに事故で亡くなっていた。

▼4月14日、ラジオ『タモリの週刊ダイナマイク』（ニッポン放送）放送開始（～05年3月27日）。アシスタントは高橋良一（くり万太郎）・上柳昌彦、吉田尚記らが務め、特に上柳とのコンビは人気を博す。またタモリは番組まえにスタッフを集め「やる気のある者は去れ」などと語ったという。

▼4月19日、『世にも奇妙な物語』（フジテレビ）放送開始。89年から放送されていた『奇妙な出来事』が深夜からゴールデンに進出する際、ストーリーテラーにタモリを迎えた。たびたびドラマ本編にもカメオ出演している。岩井俊二や中島哲也・石井克人など、その後映画界で活躍する監督も多数参加していた。番組はレギュラー放送（3期）終了後も「特別編」として、改編期などに現在も放送されている。また00年11月には映画化もされた。

▼4月23日、ドラマ『自主退学』（TBS）放送。私立高校で起こった、学校側による半強制的な「自主」退学の問題を描いたドラマ。主演のタモリは生徒から日常的に暴力を受けている教師役。サングラスではなく普通のメガネで出演している。

▼5月25日、有井和幸のシングルCD『せめて今夜だけは』のカップリング曲「くちづけはたそがれのメランコリー」の作曲を担当。

▼7月、ヨットの柱に額をぶつける事故。さんまから「ゴルフをやめてヨットを始めるからこんなことになるんや」などと揶揄されたこともあり、一時ヨットを辞めてしまったという。なお、タモリが初めて自分の船を手に入れたのは40歳過ぎ。42フィートのジャヌーだったという。

▼7月18日、CD『えっ！　あの人がこんな歌を…。』（CBSソニー）発売。「タモリのワーク・ソング」収録。

▼7月21日～22日、『FNSスーパースペシャル1億人のテレビ夢列島'90』（フジテレビ）放送。司会からは降板し、以降ほぼ毎年、日曜の午前中の『いいとも！　増刊号スペシャル』パートに出演。そこで「今が一番眠い時間だね」というのが定番に。

▼10月13日、『クイズ！　タモリの音楽は世界だ』（テレビ東京）放送開始（～94年9月10日）。タモリ司会による音楽をテーマとした音楽・クイズ・バラエティ番組。坂田明・井上順・なかにし礼らが解答者で出演。第2期（95年4月～。タイトルから「クイズ！」がはずれる）には草彅剛も出演していた。タモリがトランペットを演奏することも。93年に書籍化。関連CDも発売されている。

▼10月29日、ドラマ『代議士秘書の犯罪』（TBS）放送。大滝秀治演じる代議士が老人性痴呆症になったのを隠し、選挙に挑む秘書ふたりを描いたドラマ。タモリは秘書役で主演。そのライバルの秘書

役には藤井フミヤ(当時・郁弥)。
▼12月23日、『TAMORI One of Night!』(フジテレビ)放送。

1991年(46歳)

▼1月1日、『タモリ・たけし・さんま BIG3 世紀のゴルフマッチ』(フジテレビ)放送。一時ゴルフを辞めていたタモリが練習を再開したため2年ぶりに開催。タモリはこの日のために『いいとも』終了後毎日800打近くの猛練習を繰り返していた。この回からハンデを廃止。以降第10回(99年)まで続き、そのほとんどの回、タモリが優勝。
▼5月13日、ドラマ『不連続爆破事件』(TBS)放送。警察寮で爆発事件が発生、以前の企業爆破事件との関連をさぐる本格サスペンスドラマ。タモリは江口洋介とともに主演の刑事役。風俗好きという役柄でタモリのラブシーンがある。『自主退学』『代議士秘書の犯罪』から続いたタモリ主演のドラマシリーズは『いいとも』終わりでやるから、収録に倍の日数がかかる」という理由で終了。『代議士秘書の犯罪』とともにビデオ化されている。
▼7月20日～21日、『FNSスーパースペシャル1億2000万人のテレビ夢列島'91』(フジテレビ)放送。21日昼の『お笑いビッグ3 闘いゴルフ対談』で明石家さんまの新車レンジローバーをビートたけしがブロック塀に衝突させる。ちなみにこのことにより、日本でレンジローバーが急速に認知されたという。三宅恵介は「なぜ日本でレンジローバーがこんなに売れているのか疑問に思ったランドローバー社が調査、さんまが原因とわかったためロンドンの本社にさんまを招いた」という逸話を『週刊フジテレビ批評』フジテレビ(12・7・7)で紹介している(さんまが実際に行ったかは不明)。
▼10月、『いいとも』で「タモリ・鶴瓶のFAXは最高!?」。視聴者からテーマに沿ったFAXを募集するコーナーだったが、最初に届いたFAXが全裸の男の写真。すぐにCMに行きコーナーも即日終了。タモリ「機械物使うと、必ずコーナー失敗する(笑)」[3]
▼10月16日、25周年特番として『タモリのオールナイトニッポン』(ニッポン放送)復活放送。

1992年(47歳)

▼2月20日、『いいとも』「テレフォンショッキング」で桑野信義が志村けんを紹介したところ「明日ゴルフなんですよ」と出演拒否。「出るわけにいかないですか?」とタモリが聞き直したが「明日天気いいもんで」と返す。「しょうがないな」とタモリは諦め、モト冬樹に変更された。友達紹介で電話して拒否されたのは他にも大瀧詠一、千昌夫らがいる。
▼2月21日、CD『珍品堂～はっ! あの人がこんな歌を…。』(アルファレコード)発売。「演歌〝けねし晴れだぜ花もげら〟」収録。
▼4月3日、『タモリ倶楽部』で現在も続く人気コーナー「空耳アワー」の原型「あなたにも音楽を」放送。当初のパートナーは町山広美。7月3日から「空耳アワー」と名称が変更。日本語のように聞こえる外国語の歌を視聴者から募集し、イメージ映像を付け紹介するコーナー。「誰が言ったか知らないが、言われてみれば確かに聞こえる『空耳アワー』のお時間がやってまいりました」から、パートナーの「ソラミミスト」安齋肇を紹介する流れ。採用者には作品のできに応じて特製のてぬぐいやジャンパーなどが贈られる。「ど、ど、ど、童貞ちゃうわ!」「嫁、ブサイクでした 嫁、ブサイクでした」など名作数知れず。

▼4月4日、『講演大王』(日本テレビ)放送開始。ゲストが20分間好きなテーマを講演したものをノーカット・編集なしで放送するという番組。タモリは初回ゲストとして「わたしが各種行事に反対している理由と、ソ連邦崩壊の関連性」を講演。93年書籍化された。

▼5月、平成3年度　第29回「ギャラクシー賞」奨励賞を『クイズ！タモリの音楽は世界だ』(6月度)が受賞。

▼6月、山田五郎・著『百万人のお尻学』(講談社)刊行。『タモリ倶楽部』の「お尻オーディション」をきっかけに「お尻評論家」となった山田五郎がアカデミックにお尻を研究。タモリは「オッパイを表の文化とするなら、お尻は裏の文化ということになる」という帯文と「お尻の思ひ出」を寄稿。小学校時代の淡い思い出を綴っている。ちなみにタモリは「おっぱい星人」でもある。

▼10月14日、『タモリのボキャブラ天国』(フジテレビ)放送開始。以後、『タモリのSuperボキャブラ天国』(94年4月〜)、『タモリの超ボキャブラ天国』(96年10月〜)、『新ボキャブラ天国』(97年4月〜)とタイトルや放送時間を変えながら続いた(タモリの司会は『超ボキャブラ天国』終了［97年3月19日］まで)。当初は視聴者投稿による格言や歌詞のダジャレ＝ボキャブった作品を紹介し、「バカパク」「バカシブ」「インパク知」「シブ知」といったマトリックスで評価していた。『Superボキャブラ天国』からリニューアルされ、「キャブラー」と呼ばれる若手芸人が作品を披露、「ボキャ天ブーム」と呼ばれる若手芸人ブームに。キャブラーにはそれぞれキャッチフレーズがあり、「不発の核弾頭」爆笑問題、「電光石火の三重殺」ネプチューン、「邪悪なお兄さん」海砂利水魚(現くりぃむしちゅー)、「回転禁止の青春」U-turn、「汚れなき壊れ屋」松本ハウス、「地獄のスナフキン」金谷ヒデユキ、「戦慄の不協和音」フォークダンスDE成子坂、「遅れてきたルーキー」BOOMERなどが大ブレイク。主な審査員は大島渚・ヒロミ・川合俊一ら。なお『新〜』以降はヒロミが司会を務めた。

1993年(48歳)

▼4月10日、福岡ドームの柿落としイベントとして「ドリームライブ・in福岡ドーム」開催。井上陽水、武田鉄矢、甲斐よしひろ、藤井フミヤ、財津和夫ら福岡出身歌手が集結して行われ、タモリはその総合司会を務めた。武田鉄矢いわく「タモリさん、後で急に司会やるって言い始めた。その時の名言が『いないと何言われるかわからない』」(『豪華テレビ』15・4・26)

▼4月21日、寺山修司トリビュートアルバムCD『失われたボールをもとめて』発売。タモリによる寺山修司モノマネの「遠く天井桟敷から」収録。

▼4月22日、『if もしも』放送開始(〜9月16日)。『世にも奇妙な物語』の流れを汲むオムニバスドラマで、1話ごとに分岐点が存在し、そこから枝分かれした2通りのストーリーをそれぞれ描くという異色シリーズ。ストーリーテラーはタモリ。岩井俊二が監督した8月26日放送の山崎裕太、奥菜恵主演『打ち上げ花火、下から見るか？ 横から見るか？』はテレビドラマながら第34回「日本映画監督協会新人賞」を受賞。翌年、新たに編集を加えたものが劇場公開された。

▼5月、『タモリ倶楽部』で初の鉄道企画「山手線ベルの旅」放送。これを境に、タモリの趣味を活かした企画が多く放送されるようになる。なお、06年2月には原田芳雄・向谷実らとともに鉄道好きのメンバーで「タモリ電車クラブ」を結成。くるりの岸田繁・元鉄道員の田中要次・六角精児・越中詩郎とメンバーは回を追うごとに増

加。タモリは「線路は分岐」「モノレールは鉄道とは認められない。あの咥えてる感じが嫌」などのこだわりがある。電車に乗る時は車窓を眺めるために一番前に。「子どもと場所の取り合いになる（笑）」［4］

▼12月31日、『帰ってきた笑いのヒーローたち』（日本テレビ）放送。タモリ出演。

1994年（49歳）

▼4月、『いいとも』レギュラーにSMAPの中居正広、香取慎吾が加入。当時のふたりの印象をタモリは「いやもう高校生を見るようだったよ。なんにもできなくて立ってるだけだった。でも無理ないよ。『いいとも』出てるメンバーって錚々《そうそう》たる人たちでしょ。バラエティにバッと入れられたらわからないよ」と述懐している［5］。

▼4月12日、『ジャングルTV　タモリの法則』（TBS）放送開始（～02年9月17日）。タモリ司会、関根勤・ナインティナイン、また当初は伊集院光もレギュラーだった。女性レギュラー（渡辺満里奈・新山千春・佐藤仁美・小池栄子）も各時期に1名起用されていた。人気コーナー「ジャングルクッキング」では「料理の帝王」としてタモリが得意の料理を披露していた。

▼9月17日、『タモリのギャップ丼』（テレビ東京）放送開始（～12月24日）。世代や性別の違うパネリストたちがさまざまな話題でトークを展開し、そのギャップを楽しむトークバラエティ番組。飯島愛らが出演。

▼『投稿！　特ホウ王国』（日本テレビ）の秋特番で、審査員長としてゲスト出演。

▼12月6日、『いいとも』を一級小型船操縦士免許の学科試験のため欠席。司会代行は片岡鶴太郎と久本雅美。

1995年（50歳）

▼1月1日、『タモリ・陽水の大人のお正月』（テレビ朝日）放送。奥田民生に釣りを習ったり、井上陽水の希望でクイズ企画を行った。

▼1月26日、『いいとも』を一級小型船舶操縦士免許の実技試験のため欠席。司会代行は笑福亭鶴瓶。なお、試験は一発合格。

▼2月20日～23日、『タモリのジャズスタジオ』（NHK衛星第2）放送。大西順子とともに司会進行。ジャズの名演と、それにまつわるエピソードを紹介する番組。ゲストは清水ミチコ、ピーター・バラカンら。

▼6月16日、『タモリ』『タモリ2』がCDで再発。

▼9月、「週刊宝石」9月21日号に「カツラ疑惑は本当か？」の記事。記者がタモリの髪の毛を引っ張り、カツラでも植毛でもないことが確認される。なお、カツラ疑惑は90年頃に髪形を変えた後に浮上し、明石家さんまが雑談コーナーでネタにしたことで急速に広まった。田辺エージェンシーに「どこのメーカーのものを使っているのか」という問い合わせまであったという。髪質は非常に柔らかく細いネコ毛。なお、一時期、メイクさんの計らいで後頭部の毛の薄いところを黒く塗っていたことを最近になって自ら告白している。ちなみに「ワキ毛はオバQ」のように薄いという。

▼10月、『いいとも』レギュラーにナインティナイン（～97年3月）、SMAPの草彅剛加入。当時を振り返って草彅「周りがお笑い怪獣ばかりでなんにも話せなくて、タモリさんに『どうしたらいいですか？』って訊いたら『お前はそのままでいいんだ』って。ホントそのまま何もしゃべらないで18年半（笑）」［6］

▼10月、夢枕獏・編の書籍『奇譚カーニバル』(立風書房)発売。「ハナモゲラ語の思想」収録。これは77年、雑誌「面白半分」(編集長は交代制で、当時は筒井康隆)に発表された、タモリによる同名連載の第3回目にあたるものだったが、文字は一切なく白紙。タモリが〆切に遅れたため、そのまま白紙で出したという経緯だったが、夢枕獏は「これ以上突き抜ける所のない実験小説」と賞賛。

▼12月30日、『赤塚不二夫とトンデモない仲間達!!』(テレビ東京)放送。還暦を迎えた赤塚不二夫のドキュメントで、ナレーションにタモリ。還暦パーティでのタモリの挨拶も放映。

▼この年から4年半、現・イワイガワの岩井ジョニ男が運転手兼付き人を務める。付き人になるため1カ月間自宅に通い続けたがタモリに「この世界はフィーリングだから、どんなに面白くても嫌われる奴はダメで、どんなにつまらなくても好かれる奴は成功する。それを君に教えることはできない」と断られる。しかしその翌日も来宅し、「昨日言ったことわかった?」と呆れられるも、それから19日間通い続けタモリが根負けした。遅刻をしても怒らないが、タモリ自身が道に詳しいため、道を間違えたり、渋滞する道に入るとこんこんと説教されたという。月給は13万円で、1年ごとに1万円昇給。ジョニ男はタモリから「自分をよく見せようとしない」ことを学んだという。「絵でも字でも、よく見せようとしているものほどひどいものはないと」。岩井はタモリがあわや死にかける原因を作ったこともある。タモリが真冬の夜にボートに乗ろうと、東京湾の岸壁に手を付き後ろ向きにボートに足を入れたところ、そのまま離岸(岩井がロープで船止めに固定するのを忘れていた)。うつ伏せの形で両手足が伸びきったタモリは東京湾に転落。スーツの上に着込んだコートが水を含み身動きが取れなくなったが、「助けて!」と叫ぶのはプライドが許さず、「すみませーん!」と声を上げるも誰も来ない。このまま死ぬのか……。凍えながら満月を見上げ「これが最後の月かと思った」という。そしてなんとか自力で陸に上がり、岩井に電話したタモリは震える声で「お前、俺を殺そうとしただろ!」と。その後『いいとも! 増刊号』(13・12・8)で、岩井は芸人としてタモリと初共演を果たした。また実演販売員として知られるトリビア金子も元付き人。

1997年(52歳)

▼3月31日～4月6日、『ザッツお台場エンターテイメント!』(フジテレビ)放送。同局の38年間を、歌番組・アニメ・ドラマなど各ジャンル日替わりで振り返る番組。タモリは4月6日の第7夜(最終日)で久本雅美とともに司会し「特番の38年」を振り返った。

▼4月16日、『タモリの新・哲学大王!』(フジテレビ)放送開始(～9月17日)。「人生」「恋愛」「お金」「ラーメン」「死」など日常生活に即したさまざまなテーマを哲学的に、かつユーモアを交えながら考察するというトークバラエティ。

▼9月3日、『いいとも』の「真夏のそっくり当てまショー」に素人時代のコージー冨田(冨田弘司名義)が出場、タモリのモノマネで優勝。これまでほとんどなかったタモリのモノマネは大きなインパクトだった。その後プロ転向し「あれっ、髪切った?」「んなぁーこたぁーない」などのフレーズでタモリモノマネの第一人者に。「髪切った?」に対してはタモリ「あれはコージーが言い出した。俺はそんなに言ってないって」[7]

▼10月2日、『いいとも』「テレフォンショッキング」でゲスト片桐はいりが大遅刻。急遽、別コーナーに変更。放送中にセットチェンジが行

われた。移動中にスタジオと電話がつながった片桐はいりが「寝坊しました！」と言うと大爆笑。「助けてぇ〜」と叫びながら電車に乗り込んだ。放送終了直前になってアルタに到着。スタジオに行く道順がわからずアタフタする姿をカメラが追った。そして、私服でリュックサックを背負ったまま、泣きそうな表情で出演した。

▼10月14日、赤塚不二夫展トークショー「トキワ荘の青春から天才バカボンへ」（上野の森美術館）にゲスト出演。京都・福岡でも出演。

▼10月15日、『タモリのネタでNIGHTフィーバー！』（フジテレビ）放送開始（〜翌年3月18日）。堺正章・井上順・小野ヤスシ・なぎら健壱・モト冬樹・太田光・伊集院光・三谷幸喜など「ネタティナー」のトークやネタを、女性アイドル20人の「フィーバーズ」がジャッジ。レギュラーに極楽とんぼ。

▼11月8日、『熱血チャレンジ宣言'97』（テレビ朝日）放送。タモリは深夜パートでやりたい放題。

▼12月、『タモリ倶楽部』でタモリ自らの企画「古地図で東京探訪」放送。同じく古地図マニアのエレファントカシマシ宮本浩次とともに熱く古地図愛を語り合う。後の『ブラタモリ』のルーツ的な企画。

[1]「はじめてのJAZZ。」『ほぼ日刊イトイ新聞』（05）
[2]『今夜は最高な日々』高平哲郎／新潮社（10）
[3]『笑っていいとも！』フジテレビ（13・9・1）
[4]『ブラタモリ』NHK（11・12・8）
[5]『SMAP×SMAP』フジテレビ（14・3・24）
[6]『笑っていいとも！』フジテレビ（14・3・28）
[7]『笑っていいとも！』フジテレビ（14・3・25）

1998年（53歳）〜2013年（68歳）

1998年（53歳）

▼1月1日、『今夜突然タモリの昨日は去年だったスペシャル』（テレビ朝日）放送。DREAMS COME TRUE・シャ乱Q・華原朋美・小沢健二らが出演し、ゲーム、料理、イントロクイズなどで対決した。

▼11月、「婦人画報」98年12月号で堀文子と対談（『粋人に会う』「清流出版」に収録）。日本画への興味を語ったうえで「僕は、なんとか絵を描きたいと随分前から思っている」と明かしている。「ところが、これがまったく駄目。一枚描くたびに、その絵を見て自分の品性の下劣さに愕然とするんです」

1999年（54歳）

▼6月22日、赤塚不二夫と対談（『これでいいのだ。　赤塚不二夫対談集』「メディアファクトリー」収録）。

▼7月20日、笑福亭鶴瓶が主催する「無学の会」（帝塚山無学）に出演。なお、この前後に鶴瓶は『いいとも』降板を申し出てスタッフから了承されていたが、タモリから直接遺留され、年末の『特大号』には参加しないことなどを条件に残留。従って1999年以降2011年まで鶴瓶は『特大号』に出演していない。その真意は不明だが、「最後のモノマネがどんズベりしたから」と最近はよく言っている。「俺はそれ（モノマネ）でショックでもう辞めさせてくれ、と」[1]

▼9月18日、『今夜は営業中！』（日本テレビ）放送。『今夜は最高！』の復活特番としてタモリと木村拓哉が主演したドラマ形式のコメディバラエティ。タモリは「タモリ」本人と「森田一義（いちよし）」

というプロデューサーの二役を演じた。江角マキコ・松たか子・橋爪功・山崎一・八嶋智人・板尾創路・所ジョージ・竹中直人・陣内孝則・篠原ともえなどが出演。
▼フジテレビ中継の『ワールドカップバレーボール』、応援団長に。
▼12月18日、『土曜特集　驚異の世界　深海大冒険』（ＮＨＫ）放送。「海の男ですから」と言いつつ司会進行役を務める。

2000年（55歳）

▼3月1日から、『いいとも』でタモリが「ウキウキWATCHING」を歌いながら登場する演出が廃止された。「世界中で司会者が歌手でもないのに、出て来ていきなり歌うっての、おかしいだろうということに気がついてやめたんです」[2]
▼4月、『いいとも』レギュラーに爆笑問題加入。なお、12年4月からはコンビが分かれて別の曜日のレギュラー（太田が水曜、田中が月曜、その後金曜）となった。
▼9月、「放送文化」（ＮＨＫ出版）で加賀美幸子と対談（『ことばを磨く18の対話』［日本放送出版協会］に収録）。
▼11月13日、映画『世にも奇妙な物語　映画の特別編』公開。4篇のオムニバス形式で監督は鈴木雅之・落合正幸・星護・小椋久雄。タモリが出演するストーリーテラーの部分の脚本は三谷幸喜が担当。
▼11月18日、ラジオ『ゴッドアフタヌーン　アッコのいいかげんに１０００回』（ニッポン放送）に、「タモリとアッコの対談裏話」と銘打たれゲスト出演。
▼12月4日、『横澤彪　笑いは世界を救えるか』（ＮＨＫ-ＢＳ２）にゲスト出演。

2001年（56歳）

▼1月1日、『さんまのまんま』（関西テレビ）新春スペシャルにゲスト出演。
▼3月26日、『笑っていいとも！　春の祭典スペシャル』（フジテレビ）放送。新番組の宣伝番組で、春と秋の番組改編期に放送された（〜09年）。番組対抗で『いいとも』人気コーナーのゲームなどで競い合った。
▼7月20日、ラジオ『開局50周年「ラジオ進化シリーズ4・ラジオ今昔物語／ラジオ番組とその表現方法の進化」』（ＴＢＳ）放送。タモリ出演。
▼7月30日、『いいとも』で当時準レギュラーだった江頭２：50がレギュラーの橋田壽賀子にキスし、以後『いいとも』出入り禁止となってしまう。その後、14年3月12日に〝解禁〟され出演。
▼10月5日、ラジオ『タモリのヨッ！　お疲れさんフライデースペシャル』（ニッポン放送）放送開始（〜02年3月29日）。共演は堂尾弘子・福永一茂。
▼11月、「おとなぴあ」12月号で、「笑うジャズ人」と題し山下洋輔と対談。
▼11月5日、ゴルフ場でプレイ中、知人の打ったゴルフボールが当たり左こめかみ付近を負傷。15日まで検査入院。『いいとも』『ミュージックステーション』を欠席。『いいとも』は各曜日レギュラーが、『ミュージックステーション』は武内絵美アナウンサーと当日ゲストだったＫｉｎＫｉ　Ｋｉｄｓが司会代行を務めた。これによりタモリはゴルフを辞めることに。

2002年（57歳）

▼2月、「Quick Japan」41号で「タモリ徹底分析。」と題した大特集。
▼3月16日、『めちゃ×2イケてるッ！』（フジテレビ）にゲスト出演。加藤浩次夫人の出産に際してタモリから「安産マーク」をもらおうという企画。もともとこの「安産マーク」は、「テレフォンショッキング」で、翌日のゲストへのメッセージをタモリがメモする際などに描かれる女性器の例のマークで、当初はゲストに見せて反応を楽しんでいた。ある時、「安産に効きますか？」と問われ「効きますよ」と答えたところ、実際に安産に。「で、自分はその能力に気がついた」[3]。いつしかそれが「安産マーク」と呼ばれるようになった。その後、妊婦のお腹に手を当てて、「安産スッポン！」という掛け声が加えられていった。タモリは「逆子は何人も治しましたね。この間、作家の人の奥さんも3日後に治りました」と言う。それが広がってタモリの自宅を拝んで安産祈願する人まで現れたという。タモリ「宗教法人・無痛山分娩寺（笑）」[3]。
▼4月5日、『いいとも』が放送5000回を達成。「生放送単独司会世界最高記録」としてギネスブックに登録される。
▼4月～翌年3月、「TVガイド」創刊40周年のCMに出演。中国・フランス・ドイツ語バージョンと韓国・ロシア・イタリア語バージョン（いずれもデタラメ）が作られた。
▼5月、平成13年度　第39回ギャラクシー賞奨励賞を『タモリ倶楽部』「プロジェクトSEX　性の挑戦者たち～シリコンの女神を創った男達」が受賞。
▼8月、23年間マネージャーを務めた〝タモリの右腕〟である前田猛が急性くも膜下出血のため死去。タモリは田邊昭知とともに葬儀委員長を務めた。
▼10月8日、『タモリのグッジョブ！　胸張ってこの仕事』（TBS）放送開始（～翌年3月11日）。『ジャングルTV　タモリの法則』の後継番組でタモリ司会、ナインティナインはレギュラー継続。世界中のさまざまな仕事を独自に取材・紹介する番組。
▼12月4日、CD『ON　AIR　オールナイトニッポン　パーソナリティーズヒッツ』（ポニーキャニオン）発売。番組開始35周年を迎えた『オールナイトニッポン』の歴代のパーソナリティの中から、人気の高かったアーティストのヒット曲、コミック・ソング、名シーンなどをまとめた3枚組のコンピレーションアルバム。「アフリカ民俗音楽〝ゾバヤ〟」「オールナイトニッポン・ブルース」収録。
▼12月18日、『タモリ&安藤優子のSuperスーパーニューススペシャル』（フジテレビ）放送。

2003年（58歳）

▼1月、一級小型船舶操縦士免許・第一級海上特殊無線技士・普通自動車免許・ダイビングCカード・VISA・ダイナース・アメックス・ビックカメラ・タワーレコード・JAFなど各種免許・カード類が入った財布を落とす。まったくの偶然により、水道橋博士の手に渡り、奇跡的に本人の手に戻った。
▼1月15日、『いいとも』ギネスブック登録を祝し、当時の首相・小泉純一郎が電話出演。「5000回なんて私にはとても無理。（総理の任期は）500日くらいかな？」と笑わせた。最後は「それじゃあの私、官邸に行ってもいいんですか？」と言うタモリに、小泉は「いいとも！」と返した。

▼2月24日～27日、『タモリの未来予測TV』(フジテレビ)放送。タモリは「会長」として司会。共演は稲垣吾郎・山田五郎ら。
▼2月19日、CD『オールナイトニッポン 「RADIO DAYS」Bitter Hits』(EMIミュージック・ジャパン)発売。「第1回テーブル・ゲーム世界選手権大会 於 青森」収録。
▼3月、ライブドアによるニッポン放送買収騒動で、ライブドアが同局の経営権を握った場合、出演を拒否する意向を表明。
▼6月27日、『ミュージックステーション』でロシアの女性デュオt.A.T.u.がオープニングには登場したものの歌う段になりドタキャン。楽屋から出てこなくなってしまった。周りのスタッフがあわてる中、タモリは「このまま出てくるな」と内心思っていたという。タモリは「t.A.T.u.が出たくねえ、ということです。控室から出てこないということです」と楽しそうに事情を説明、その日の出演者で唯一生演奏ができるミッシェル・ガン・エレファントが代役に。このドタキャン騒動でt.A.T.u.の人気は凋落し、その後の東京ドーム公演の客席はガラガラ。プロデューサーのイワン・シャポヴァロフの話題作りが裏目に出た形となった。タモリはこれを評して「イワンのバカ」と振り返っている[4]。
▼7月2日、『トリビアの泉～素晴らしきムダ知識～』放送開始(～06年9月27日)。02年10月7日～03年3月17日まで深夜で放送されていた同番組がゴールデン進出。「ムダ知識の探求者」であるタモリが「品評会会長」としてパネリストでレギュラー出演した。司会は高橋克実と八嶋智人。タモリの品評は厳しいことで知られ、滅多に高得点を与えることはなかった。最高は18へぇ(20へぇが満点)で、「スフィンクスの目線の先には今ケンタッキーフライドチキンがある」「古代オリンピックの選手は全員全裸で競技をしていた」「クラシック音楽の楽譜には指揮者が倒れるという指示が書かれているものがある」「カラオケで般若心経が歌える」の4つである。
▼8月3日、「TAMORI PRODUCE NAGAOKA COLLECTION 2003 スーパーライブ」(長岡市厚生会館)をプロデュース。グッチ裕三・0930らが出演。タモリは自宅のトイレに関し、3畳ほどの広さで、電話や本が置かれている。飯も食えるようにしたかったが嫁に怒られた、というエピソードを紹介。
▼9月、アートコンペ「キリンアートアワード2003」にて『いいとも』などの映像をサンプリングしたK.K.作「ワラッテイイトモ、」が審査員特別優秀賞を受賞。もともと最優秀賞に決まりかけていたものの、著作権や肖像権を侵害する恐れがあるとして、賞名が変更されたという。
▼10月、佐藤製薬「アセス・アセスL」のCM出演。早口コトバ篇・パジャマ篇など。
▼10月24日、『タモリ倶楽部』で「マイナーキャンペーンソング大賞」放送。大賞を受賞した特撮ソング風の「日本ブレイク工業社歌」が話題になり、その後CD化。

2004年(59歳)

▼4月4日、『タモリ&安藤優子のSuperスーパーニューススペシャル(第2弾)』(フジテレビ)放送。
▼8月1日、『笑福亭鶴瓶 日曜日のそれ』(ニッポン放送)にゲスト出演。
▼10月16日、書籍『タモリのTOKYO坂道美学入門』(講談社)発売。「TOKYO1週間」で連載されていた「TOKYO坂道美学デートNAVI入門」をまとめたもの。タモリは00年に、〝坂

道研究家〟である講談社顧問の山野勝とふたりで日本坂道学会を設立、タモリは副会長に。タモリが提唱する美しい坂の条件は「(1)勾配が急である(2)湾曲している(3)まわりに江戸の風情がある(4)名前にいわれがある」。

▼11月、日本テレコム「おとくライン」のCM出演。「宣言」編、「基本料金割安」編、「電話無料」編の3種類。

▼12月25日、『X'SMAP〜虎とライオンと五人の男〜』(フジテレビ)放送。SMAP全員が出演したスペシャルドラマ。演出は中島哲也。タモリは眼帯姿で出演。05年11月にDVD化。

2005年(60歳)

▼1月3日、『タモリのジャポニカロゴス』(フジテレビ)放送。4月3日、9月21日にもパイロット版が放送され、10月11日からレギュラー化(〜08年9月9日)。「日本語」がテーマの教養バラエティ。関根勤、松嶋尚美がレギュラー解答者で、タモリも「主宰者」として解答に参加。進行は福井謙二らアナウンサーが務めた。監修は出題者としても出演した金田一秀穂。客員教授として糸井重里が出演し「世にもステキな言いまつがいの世界」というコーナーで「ほぼ日刊イトイ新聞」とコラボレーション。その後、多くの「日本語」をテーマにした番組や企画が生まれるきっかけになった。06年『タモリのジャポニカロゴス国語辞典』(フジテレビ出版)として書籍化。

▼3月21日、ライブ「中洲産業大学&ほぼ日刊イトイ新聞presents『はじめてのJAZZ。』」(ラフォーレミュージアム六本木)開催。山下洋輔、糸井重里らが出演。タモリは歌も披露。

▼5月、『いいとも！ 増刊号』で類いまれな記憶力を披露。イメージを関連付けて記憶する「ローマン・ルーム法」で、いくつもの事柄を順番通り記憶。

▼9月20日、サントリー「BOSSレインボーマウンテンブレンド」のCMに出演。石原さとみらと共演。

▼9月21日、『いいとも』で山崎邦正(現・月亭方正)がゲストの「テレフォンショッキング」中、突然客席の男が「『いいとも』が年内で終了するって本当ですか?」と発言。山崎が突然のハプニングであわてる中、タモリは「いや、聞いてないですよ」と冷静に対処。CM明けその男は退席させられ、そこにはクマのぬいぐるみが。これは子ども番組『ロンパールーム』(日本テレビ)に出演していた子どもが「キンタマ」と発言、その後CM明けに同様の措置がされていた(という都市伝説?)のパロディ。

▼10月8日、ラジオ『ブリタモリ大百科事典』(ニッポン放送)放送開始(〜06年3月25日)。アシスタントは山本麻祐子。

▼梅津弥英子アナウンサーとフジテレビディレクター出口敬生の結婚披露宴に出席。偽善的な空気に我慢できなくなったタモリは、千野志麻アナウンサーなどをタックルで襲撃するなどのご乱行。

2006年(61歳)

▼1月3日、短編映画『やどさがし』公開。三鷹の森ジブリ美術館でのみ上映されている約12分の短編アニメーションで、タモリはすべての効果音や擬音を声で演じた。主人公の声は矢野顕子。一発録りで収録された。

▼4月24日、『SMAP×SMAP』(フジテレビ)「ビストロSMAP」にタモリがゲスト出演。

▼8月、「TITLE」(2006年10月号)で「世界に広げよう、鉄道好きの輪!」と題してくるりの岸田繁と対談。タモリ「鉄道って

官能的なところあるよね。下半身で感じるというか」
▼10月24日、ライブ「中洲産業大学&ほぼ日刊イトイ新聞 presents『はじめての中沢新一。』アースダイバーから芸術人類学へ。」(東京国際フォーラム)開催。タモリが感銘を受けた中沢新一の著書『アースダイバー』を本人が解説するイベントで、タモリも糸井重里とともに出演。
▼11月23日、CD『赤塚不二夫のまんがNo.1シングルズ・スペシャル・エディション』発売。タモリは付録のブックレット序文を執筆。

2007年(62歳)

▼1月3日、『タモリ'sヒストリーX』(フジテレビ)放送。「歴史は生きている」をコンセプトに日本史・世界史を題材としたバラエティ番組。タモリ扮する「タモ様」に、「家臣」が新説をプレゼンする。以後不定期で第5弾(08年)まで放送された。家臣役には千原ジュニア・品川祐司・劇団ひとり・小池栄子ら。進行は高島彩。
▼2月12日、『和田アキ子殺人事件』(TBS)放送。和田アキ子が殺されたという設定のミステリードラマバラエティ。容疑者としてタモリ他数多くの著名人が出演。4月にDVD化。
▼2月、鈴木良雄・伊藤潔・タモリ・五野洋らによりジャズレーベル「ONEレーベル」が設立される。「一義」だから「ONE」。
▼4月25日、「中洲産業大学&ほぼ日刊イトイ新聞 カレー部例会」(電力館)開催。山下洋輔、糸井重里、みうらじゅん、リリー・フランキーが参加。タモリ式カレーをみんなで味わおうというイベント。ちなみにタモリのカレーへのこだわりは「全部混ぜる」。
▼5月16日、「ONEレーベル」から第1弾CDとして、鈴木良雄トリオの「For You」を発売。
▼6月5日、タモリが編集長という形の、TOYOTAのエコWEBマガジン「あしたのハーモニー」創刊。
▼9月8日、映画『HERO』公開。同名のフジテレビドラマの映画化。主演は木村拓哉・松たか子。監督は鈴木雅之。タモリは「森田一義」名義で贈収賄容疑のかかった代議士・花岡練三郎を演じ木村拓哉演じる久利生公平と対決。撮影は『いいとも』の後に行われ、その際、悪徳議員になりきるため、わざわざ霞ヶ関の国会議事堂のまえを通って撮影所に向かったという。「そのまま行くと『あ、木村くんだ』みたいになるじゃない(笑)」「直接(木村くんに)頼まれたね。普通の仕事とは違う」[3]
▼10月4日、『とんねるずのみなさんのおかげでした』20周年突入特番の「食わず嫌い王決定戦」にゲスト出演。対戦相手は松田聖子。タモリはとんねるずに乗せられてイグアナのモノマネなど往年の芸を披露。
▼11月4日、『いいとも! 増刊号』で新宿区長・中山弘子が出演、『いいとも』が新宿スタジオアルタから25年間生放送を続け「新宿の街のイメージアップに多大な貢献をしている」と、タモリに感謝状を手渡す。その表彰状は自宅よりも長くいるアルタの楽屋に貼っていた。また新宿消防署からも「防災意識を高めた」として表彰されている。ちなみにタモリのアルタ入り時間は10時30分。リハーサル中に口にするのはフルーツ。楽屋には最新の時刻表、各種地図が備え付けられ、足マッサージ機を使用する。意外に狭い。なお、「無人島にひとつだけ持って行くなら?」という質問にタモリは「時刻表」と答えている。
▼11月26日、ライブ「中洲産業大学&ほぼ日刊イトイ新聞 presents『はじめてのJAZZ2 ヒストリーもたのしみなりー!』」

（昭和女子大学 人見記念講堂）開催。20数年ぶりに中洲産業大学・タモリ教授のジャズ講座が復活。過去のタモリ教授の「ジャズ講座」は、山下洋輔の大学の講義でも教材として使用。

▼12月5日、「ONEレーベル」第2弾CDとして鈴木良雄率いるBASS TALKの『Love Letter』発売。

▼12月19日、『タモリ』『タモリ2』『ラジカル・ヒステリー・ツアー』が紙ジャケCDとして再発。

2008年（63歳）

▼2月24日、『ANN』40周年記念番組『俺たちのオールナイトニッポン40時間スペシャル』（ニッポン放送）の中で『タモリのオールナイトニッポン』を放送。ゲストは木梨憲武・永作博美・井上陽水。

▼5月～、アコムのCMに出演。「アコムの『計画的に』計画、始まる。」

▼6月15日、『J－MELO』（NHK）に出演の山下洋輔へコメントを寄せる。

▼8月2日、赤塚不二夫が肺炎のため死去。7日の告別式にタモリが自身の生涯で初めて弔辞を読み「私もあなたの数多くの作品のひとつです」と語った。なお、この弔辞は9月刊行の『文藝春秋』（10月号）に全文が掲載された。

▼ヨットレース「タモリカップ」（ヤマハマリーナ沼津）開催。これはマリーナのメンバーの高齢化を危惧し、若い世代をヨット界に集めようとしたのが動機だったという。13年からは場所を移し、横浜、福岡で開催（いずれも天候不良のためレースは中止。バーベキュー大会のみとなった）。国内最大級のヨットレースに成長。特製のベーコンとビールも発売されている。なおタモリは沼津市にヨットを保有。「沼津のジャンボエンチョー（ホームセンター）が好き」など沼津の話題が出ることが多いのはそのため。ちなみに酒に酔って無意識で「新幹線乗って。ちゃんと横浜で東横線乗り換えて」[5]、沼津から帰ってきたことがあるという。本人いわく「無意識のプロだから」[6]

▼9月24日、『天才バカボン』の誕生41周年記念CD『赤塚不二夫トリビュート～四十一才の春だから～』のブックレットにインタビュー掲載。

▼10月19日、『エチカの鏡 ココロにキクTV』（フジテレビ）放送開始（～10年9月19日）。「生きていくヒントの詰まった自分を見つめ直せるお話」＝エチカを紹介する番組。司会にタモリ、進行は高島彩。

▼11月1日、『フジテレビ土曜プレミアム フジの芸術ルネッサンス「これでいいのだ!! 赤塚不二夫伝説」』（フジテレビ）にインタビュー出演。

▼11月29日、『タモリ教授のハテナの殿堂？』『？』こそ人類進化のエンジンである」というコンセプトで、「死と隣り合わせの男性はフェロモンが出ているのか？」などさまざまな疑問を検証。タモリは「教授」としてメイン司会。「准教授」役に爆笑問題。

▼12月13日（土）深夜（午前0時20分～1時05分）、『ブラタモリ』（NHK）放送。「NHK番組たまご トライアル2008」のひとつとして放送、その後レギュラー化された。プロデューサーの尾関憲一によると「タモリさんに昭和を揺るがした3億円事件の現場を歩いてもらう」というのが企画の発端だったが、その企画が練られたことにより、古地図や地形などを通して「普段見ているはずなのに、気付いていない街の隠れた姿を紹介することで、日常のモノの見方を変えていく」番組となった。パートナーは久保田祐佳アナウ

ンサー。第1回目は「原宿」。ちなみに散歩が趣味のタモリの必需品は古地図ハンカチと現代地図ハンカチ。新幹線から見える不思議なもの(詳細不明)を、多摩川沿いまで全部見て歩いて回ったこともあるという[7]。

2009年(64歳)

▼1月31日、テレビ朝日開局50周年記念50時間テレビ内『SmaSTATION!! Presents SMAPがんばりますっ!!』(テレビ朝日)にて、50本の「全力坂」を挑戦する木村拓哉が「日本坂道学会副会長」のタモリに挨拶。そこでタモリはオススメの坂を紹介したり、『全力坂』のDVDを持っていることを明かす。なお、このコーナーは『木村拓哉の全力坂　完全版』として4月4日に放送された。ちなみに10年以上まえから草彅剛はタモリの自宅に出入りしており、この年の正月には草彅に加えて、香取慎吾・稲垣吾郎が招かれている。タモリは正月に大量のカレーを作り、来客に振る舞う。

▼3月、「週刊文春」創刊50周年記念で阿川佐和子と対談(2009年4月2日号/『阿川佐和子のこの人に会いたい　8』[文藝春秋]に収録)。少年時代のことなどを詳しく語っている。

▼3月29日、『ETV特集「全身漫画家～真説・赤塚不二夫論～」』(NHK教育)放送。インタビュー出演。

▼5月15日、『タモリ倶楽部』で「好評!　都内歩いているだけ企画三田用水のこん跡を巡る!」放送。地形好きの江川達也とともに「タモ江地形クラブ」が結成された。メンバーは他にとよた真帆ら。タモリは「人間の営みに対する愛おしさがある」鶯谷から上野あたりの地形を好む[8]。また道では「三差路」が好き。「ほんのちょっとしか方向は違わないけど、先はぜんぜん違う」[9]。

▼6月28日、7月5日、『題名のない音楽会』(テレビ朝日)、番組45周年特別企画に山下洋輔らとゲスト出演。

▼7月13日～17日、徹底した人間ドックと白内障の手術を行うため検査入院。『いいとも』などレギュラー番組を休養。

▼8月22日、樋口毅宏・著『さらば雑司ヶ谷』発売。タモリの小沢健二評が引用され、登場人物の口を借りタモリを「絶望大王」と評す。

▼10月1日、『ブラタモリ』(NHK)レギュラー放送開始。ナレーションは戸田恵子。「情緒のない番組に情緒を与えてくれる」とタモリが言う主題歌は、井上陽水の「MAP」。

2010年(65歳)

▼1月4日、『SMAP×SMAP』(フジテレビ)の「ビストロSMAP」にゲスト出演。

▼4月5日、『いいとも』テレフォンショッキングにガチャピンが出演。タモリは返答の矛盾点に「設定が甘いね」とツッコむ。

▼4月12日、『夜の笑っていいとも!　春のドラマ特大号』(フジテレビ)放送。『春(秋)の祭典』として放送されていた改編期番宣特番がリニューアル。中居正広が司会に加わった。以後、11年4月まで春と秋の改編期に放送。

▼4月9日、第2回伊丹十三賞受賞。「テレビというメディアに『タモリ』としか名づけようのないメディアを持ち込み、独自の話芸と存在感を発揮する稀な才能」と評価された。タモリは「いまだに何かをわかったわけでもなく、ただ迷いつつ手さぐりでやり続けております」とコメント。

▼7月9日、『タモリ倶楽部』がハイビジョン化。タモリはギリギリま

でアナログ放送をやる、とこだわっていた。

▼9月20日、『ラジオでブラタモリ』(NHKラジオ第1放送)放送。10年1月21日に放送された「浅草編」をラジオ向けに再編成した。ナレーションは加賀美幸子で、間接的にではあるがタモリとの『テレビファソラシド』以来のコンビ復活。

▼10月8日、ドキュメンタリー映画『アイルトン・セナ　音速の彼方へ』公開。日本でのセナの人気を示すシーンとして、セナが『いいとも』に出演した際(92年10月20日)に集まったファンをかき分けてアルタ入りする模様が使用されている。

▼10月17日、早稲田大学校友会　2010年稲門祭でジャズライブ。トランペットなどを披露。

▼11月1日、中村明一・著『倍音　音・ことば・身体の文化誌』(春秋社)刊行。ギラギラ・荘厳な感じ・カリスマ性のある整数次倍音の代表格がタモリ・黒柳徹子で、親しみやすい非整数次倍音の代表がビートたけし・堺正章と分析されている。

▼自宅で黒柳徹子とマツコ・デラックスと会食。マツコとサルサを踊った。猫のパトラは徹子にはなつくが、マツコには怯え敵意むき出し。

2011年(66歳)

▼1月8日、横澤彪が肺炎のため死去。タモリは「横澤さんは初代『いいとも』のプロデューサーで、それまで夜の番組しか出せないと言われていた私を、いきなり昼の真ん中に起用しました」「大変お世話になりました」と死を悼んだ。

▼4月4日、『フジテレビ夢SP　タモリ×SMAP僕らは未来を信じよう！　～宇宙への挑戦と奇跡の物語～』(フジテレビ)放送。監修とキャラクターデザインで松本零士が参加。タモリとSMAPが、宇宙に関する知られざる秘話や感動エピソードを紹介。

▼7月24日、地上波デジタル放送完全移行。『FNS27時間テレビ　めちゃ2デジッてるッ！　笑顔になれなきゃテレビじゃないじゃ～ん!!』内『いいとも！　増刊号スペシャル』でセレモニーを実施。なお、この年の『27時間テレビ』を仕切ったのは片岡飛鳥。片岡は1989年から『いいとも』のADを経験しており、タモリが問いかけ観客が「そーですね！」と返すコールアンドレスポンスや拍手の後「チャ、チャッチャチャッチャ」と合わせる約束事は、彼の前説から生まれた。また『いいとも』の歴史の中で一度だけディレクターが寝坊し生放送に来なかった〝事件〟があったが、そのディレクターこそ片岡飛鳥。その日はナインティナインや中居正広ら出演者がカメラに向かって「なんとディレクターが来てないんです！　飛鳥さん、起きてください！」などと呼びかけるなど大盛りあがり。だが、片岡は責任を取って降板。後年、タモリに直接謝罪をすると「面白かったけどね」「ああ、でも辞めちゃうんだ……と思ったんだよね」と言われたという。

▼10月8日、『めちゃ×2イケてるッ！』(フジテレビ)のコーナー「近くへ行きたい」で、『ブラタモリ』収録中のタモリを「借りる」形で同番組とコラボ。武田真治の演奏をバックに警備員衣装のタモリが「ケービイン・ブルース」とスキャットを披露。

▼10月9日、『ニッポン小意見センタ～♪』(フジテレビ)放送。〝ご意見〟と呼ぶほどでもない、小さな意見〝小意見〟を発表するトーク番組。加藤浩次・小島慶子・白洲信哉・西村賢太・宮澤佐江・茂木健一郎が出演。

▼10月10日、『タモリ・中居の手ぶらでイイのに…!?　～ドラマチッ

ク・リビングルーム〜』(フジテレビ)放送。司会のタモリ自宅の大広間(を模したセット)に、中居正広が新ドラマの出演者らを招いてホームパーティを開くという設定の番宣番組。その設定通りタモリはほとんどの時間を台所にこもって料理をしていた。俳優の素に近い表情が見られるのが特徴で、ほろ酔いぎみのタモリが香里奈に「今度個人的に殴ってくれる?」と迫ったり、幸福論を熱弁したりしていた。ギャラクシー賞月間賞を受賞。

2012年(67歳)

▼1月14日、内藤誼人・著『なぜ、タモリさんは「人の懐」に入るのが上手いのか?』(廣済堂出版)刊行。その後、文庫化に際し『タモリさんの成功術』と改題された。

▼4月9日、『タモリ・中居のコンビニでイイのに!? 〜ドラマチック・アウトドア〜』(フジテレビ)放送。お花見の設定で新ドラマを宣伝。

▼4月9日、『いいとも』の「テレフォンショッキング」でお友達を紹介する「友達の輪」のシステムが廃止され、タモリ自ら次回のゲストを紹介する形式に。「友達の輪」は高嶋ちさ子が最後となった。

▼6月24日、ドラマ『ATARU』(TBS)にゲスト出演。主演は中居正広。宝石店店主役で出演、「帰っていいかな?」という台詞に北村一輝が「いいとも!」と返す。

▼7月17日、『カスペ!・プレタモリ』(フジテレビ)放送。『27時間テレビ』の事前番組として明石家さんま、とんねるず、ダウンタウン、ナインティナインら各出演者に挨拶に行く番組。

▼7月21日〜22日、『FNS27時間テレビ笑っていいとも! 真夏の超団結特大号!! 徹夜でがんばっちゃってもいいかな?』(フジテレビ)放送。『いいとも』放送30周年を記念してタモリが89年の第3回目以来の総合司会を務めた。番組テーマは「団結」。タモリのキャラクターデザインを久保ミツロウが担当。深夜の「さんま・中居の今夜も眠れない」ではさんま・たけし・タモリのBIG3が約十数年ぶりに揃って共演。秘蔵映像が数多く放送され、タモリはとんねるずと「男気ジャンケン」、『ペケ×ポン』メンバーと「ペケポン川柳」、声優として『サザエさん』に出演。「スーパーテレフォンショッキング」にはとんねるず・明石家さんま・くりぃむしちゅー&ネプチューン・ダウンタウン・ナインティナインが出演。タモリを慕う草彅剛が「タモリさんのため」と100キロマラソンを走った。何も食べずに27時間を乗り切ったタモリはエンディングで「団結した分、国民からは離れたかもしれません」と話しながらも「テレビを見ていてくれた方々、そして見ない方にも感謝を申し上げます」と感謝の弁で締めくくった。

▼10月3日、『いいとも』「テレフォンショッキング」にリリー・フランキーがゲスト出演。「今の彼女」というラブドールを連れてくる。リリーとは福山雅治とタモリの3人だけで誕生日会を行うなど親交が厚い。

▼10月8日、『「ガチでいいのに!?」〜ドラマチックリビングルーム』(フジテレビ)放送。ホームパーティという設定で新ドラマを宣伝。

▼11月10日、西野亮廣(にしのあきひろ名義)の3冊目の絵本『オルゴールワールド』発売。タモリは原案を提供。西野に絵本を描くのを薦めたのもタモリだった。

▼11月30日、『いいとも』に明石家さんまがゲスト出演し「復活!! タモリ・さんまの日本一の最低男」として雑談コーナーが17年ぶりに復活した。かつて萩本欽一=大将、たけし=殿、さんま=若に対抗してタモリにも愛称をつけようと視聴者に募集した結果「チーママ」に決まったがその後まったく使われなかったことなどをどんどん

脱線しながら話した。

2013年(68歳)

▼スマートフォンとタブレットの両刀遣いに。ちなみにタモリにとって初めてのケータイをプレゼントしたのは岡村隆史。
▼4月6日、『めちゃ×2イケてるッ!』(フジテレビ)で笑福亭鶴瓶とともに、矢部浩之結婚へのお祝いコメントを送る。
▼5月、第50回ギャラクシー賞テレビ部門特別賞を『タモリ倶楽部』が受賞。
▼7月1日、『いいとも』でタモリが出演しないコーナーが生まれる。
▼7月13日、樋口毅宏・著『タモリ論』(新潮社)刊行。タモリ自身も読んだという。その感想は「いや彼は覚えているねぇ」。
▼10月22日、翌年3月いっぱいで『いいとも』が終わることが発表される。エンディングゲストとして笑福亭鶴瓶が〝乱入〟し、「俺聞いたんやけど『いいとも』終わるってホンマ?」と尋ねる形で発表された。「30(歳)からこの世界入ったじゃん。スルスルスルって横滑りして入って、30から6年後にこの番組入ったの。『いいとも』で、芸能人としてはじめて格好がついたんで。32年、フジテレビがずーっと守ってくれたんだ。本当にこれは感謝してもしきれない」と出演者、視聴者に向けて感謝の弁を述べた。
▼10月23日～25日、ラジオ『われらラジオ世代』(ニッポン放送)放送。ニッポン放送開局60周年記念番組として「ラジオの過去・現在・未来」を探るというコンセプトで、久保ミツロウ&能町みね子、笑福亭鶴瓶、ももいろクローバーZをゲストに迎えた。また、この番組の宣伝を兼ねて、21日から25日まで『上柳昌彦 ごごばん!』で上柳昌彦にインタビューを受けている。
▼12月4日、『NHKスペシャル「宇宙生中継 彗星爆発 太陽系の謎」』(NHK)放送。司会にタモリ。当初は「遭遇! 巨大彗星アイソン」というタイトルで放送する予定だったが、放送直前にまさかのアイソン彗星の大部分が崩壊という事態になり、番組名変更を余儀なくされた。タモリはオープニングで「いやぁアイソン彗星、ポシャっちゃいましたねぇ。崩壊して消えてしまいました」と笑い「でも消えてしまったのを目撃したほうが、神秘的じゃないかと思う」と語った。
▼12月14日、「ケトル」(16号)で「やっぱりタモリが大好き!」という「タモリ特集」。
▼12月25日、「週刊文春」(14年新年特大号)連載1000回記念で阿川佐和子と対談。『いいとも』「テレフォンショッキング」の裏話などを語っている。
▼12月25日、『いいとも』最後の年末「特大号」。恒例のタモリ牧師の説教では最後に「ヨハネによる福音書第3章」を引いた。「神はそのひとり子を賜わったほどに、この世を愛してくださった。それは御子を信じる者がひとりも滅びないで、永遠の命を得るためである」
▼12月26日、「第16回みうらじゅん賞」受賞。
▼12月27日、『徹子の部屋』に37回目の出演。

[1]『笑っていいとも! 増刊号』フジテレビ(13・12・22)
[2]『笑っていいとも!』フジテレビ(24・3・17)
[3]『笑っていいとも! 増刊号』フジテレビ(14・3・30)
[4]『笑っていいとも!』フジテレビ(13・6・30)
[5]『SMAP×SMAP』フジテレビ(14・3・24)
[6]『タモリ倶楽部』テレビ朝日(12・3・16)

[7]『タモリ倶楽部』テレビ朝日(13・5・17)
[8]『タモリ倶楽部』テレビ朝日(12・9・28)
[9]『ブラタモリ』NHK(11・11・10)

2014年(69歳)〜2021年(76歳)

2014年(69歳)

▼1月3日、『マツコ&有吉の怒り新党』(テレビ朝日)の「レギュラー陣がお世話になった方へプレゼントを贈る」という企画で、夏目三久が事務所の先輩であるタモリにウイスキー「ミルトンダフ1978」と、これを飲みながら読む本として『新編 日本の活断層―分布図と資料』(東京大学出版会)を贈る。タモリは特に本に対して「欲しかった」と大喜び。〝断層〟愛を延々と語った。

▼1月14日、『いいとも』放送8000回目の「テレフォンショッキング」のゲストがとんねるず。長らく破られていなかった最長記録を48分22秒で更新。トーク中に「俺達がレギュラーになってもいいかな?」と石橋貴明に問われタモリが「いいとも!」と返し、前代未聞の不定期レギュラーが決まった。以後、とんねるずは隔週不定期に出演した。

▼1月18日、文藝別冊「タモリ:芸能史上、永遠に謎の人物」(河出書房新社)刊行。

▼1月27日、第14回ビートたけしのエンターテインメント賞の特別賞にタモリが選ばれた。2月23日に行われた授賞式には「たけちゃんに褒められるのは本当に嬉しい」「会うと照れちゃうけど、お互いこれからは褒め合うことにしましょう」とビデオメッセージを寄せた。

▼2月14日、「タモリ読本」(洋泉社)刊行。

▼2月19日、『いいとも』「テレフォンショッキング」にナインティナインが出演。岡村隆史がタモリに直談判し不定期レギュラーに。

▼3月1日、『めちゃ×2感謝してるッ!』(フジテレビ)にゲスト出演。「モリタ食堂」としてナインティナインとタモリ行きつけの蕎麦屋「夢呆」と老舗四川料理店「登龍」で食事。

▼3月1日、『僕たちのタモリ的人生論―人生に大切なことを教えてくれたタモリの言葉』(泰文堂)刊行。

▼3月4日、難波義行・著『タモリさんに学ぶ 話がとぎれない 雑談の技術』(こう書房)刊行。

▼3月9日、『SLみちのくギャラリー』(フジテレビ)出演。東北の被災地復興を願い、JR東日本の協力で東北被災3県から東京まで特別列車「みちのくSLギャラクシー」を走らせるという企画。東京の街を、タモリを乗せたSL「D51」が走った。「生きてこの光景が見れるとは思わなかったな」

▼3月13日、別冊サイゾー「いいとも!論」(サイゾー)刊行。

▼3月17日、『いいとも』「テレフォンショッキング」に和田アキ子出演。和田は22回目の「テレフォン」のゲストで最多出演。最後に「X/100アンケート」を当ててタモリにキス。

▼3月21日、『いいとも』「テレフォンショッキング」に現役首相として初めて安倍晋三が出演。新聞の「首相動静」欄に「タモリと会食」と書かれたいと安倍首相と一緒にいちごを食べたが、翌日の新聞各紙の同欄には〝会食〟とは書かれず、朝日新聞は「司会のタモリさんとイチゴを試食」と記載。なお、現役首相の『いいとも』出演は小泉純一郎が電話出演して以来2度目。

▼3月24日、『SMAP×SMAP』「ビストロSMAP」にゲスト出演。SMAPメンバーと乾杯し、草彅は泥酔して公園で全裸になり、公然わいせつ事件を起こした09年4月以来続けてきた禁酒を「禁酒もういいよ、今日から！」というタモリの一声で解禁。
▼3月26日、戸部田誠（てれびのスキマ）・著『タモリ学　タモリにとって「タモリ」とは何か？』（イースト・プレス）、大場聖史・監修『タモリめし』（マガジン・マガジン）刊行。
▼3月27日、『とんねるずのみなさんのおかげでした』（フジテレビ）内「新・食わず嫌い王決定戦」で『いいとも』火曜レギュラー陣と対戦。『モヤモヤさまぁ～ず2』（テレビ東京）撮影中で欠席した大竹一樹は『モヤさま』ロケ中に中継をするという形で出演。その結果、テレビ東京アナウンサーの狩野恵里も出演。
▼3月31日、『いいとも』最終回。タモリは「牧師」で登場し説教の後、「ウキウキWATCHING」を歌う構成。「テレフォンショッキング」はビートたけし。袴姿で〝表彰状〟を贈った。20時から放送された『いいとも』「グランドフィナーレ感謝の大特大号」では歴代レギュラー陣77人が集結。タモリ、笑福亭鶴瓶、明石家さんま、とんねるず、ダウンタウン、ウッチャンナンチャン、爆笑問題、ナインティナインらが同じ舞台に一堂に会すという〝奇跡〟が起こった。現レギュラー陣の感謝のスピーチの後、タモリは「視聴者の皆様方からたくさんの価値をつけていただき、またこのみすぼらしい身に、たくさんの綺麗な衣装を着せていただきました。そして今日ここで直接お礼を言う機会がありましたことを感謝したいと思います」と挨拶。なお、番組の打ち上げはホテル日航東京で行われ、600人以上が参加。久保ミツロウによるタモリのイラストが入ったマグカップ、ステッカー、また「100人アンケート」賞品のタモリストラップなどがセットにされた記念品が配られた。24時15分頃から始まり早朝5時にいったん締められたが、中居、とんねるず、三村、太田らはタモリとともに場所を移動し7時過ぎまで続けた。タモリによる乾杯の発声は「日本のバラエティに乾杯」だった。また番組の最後の締めは昼、夜の放送ともに「明日も見てくれるかな？」
▼4月1日、『いいとも！』の打ち上げで朝7時まで飲んだにもかかわらず、出演者ほぼ全員が夜にまた「つるとんたん」に集まり、明朝7時まで飲み明かす。『いいとも』の後継番組『バイキング』開始。タモリは7月現在「一度も見ていない」（『27時間テレビ』14・7・27）
▼4月2日、朝7時半頃帰宅し睡眠を取ろうとしたが、午前10時半頃、ネプチューン名倉潤・渡辺満里奈夫妻が花束と手紙を届けに来宅。そのまま約5時間の昼酒。『いいとも』終了まえには楽屋の〝引っ越し〟のためアルタに通うと言っていたが、実際にはスタッフが整理してくれたため、「結局アルタも1回も行ってないんだよね」（『27時間テレビ』14・7・27）
▼4月5日、『タモリ倶楽部』「子供泣かせの超絶難易度！サイゼリヤの間違い探しに挑戦!!」（4月25日、5月2日放送）のロケで『いいとも！』終了後、初の仕事。共演はオードリー、ニッチェ、やくみつる。仕事がないと「朝から酒ばかり飲んで半年で死んじゃうかもしれない」（『めちゃ×2感謝してるッ！　4時間超SP』14・3・1）と危惧していたが、〝朝起きて歯を磨くまえからビールを飲み昼にはベロベロになる〟という生活は「1週間で飽きたね」（『27時間テレビ』14・7・27）
▼4月11日、『ミュージックステーション』（テレビ朝日）で『いいとも』終了以後、初のテレビ生出演。「いやぁ、慣れないねぇ……。今週ぐらいから違和感が出始めます」

▼6月4日、ナインティナイン岡村隆史と偶然飲食店で再会。「京都や福岡などいろいろ回って、地方はあちこち行っている」と近況を明かしたという。(『ナインティナインのオールナイトニッポン』14・6・5)
▼6月13日、『タモリのオールナイトニッポンGOLD』(ニッポン放送)出演。「いやー暇です」が第一声。ゲストに辛坊治郎を迎え、約50年まえのオーディオでジャズなどを楽しんでいること、趣味のヨットに関することや森繁久彌との思い出、自身が主催するヨットレース「タモリカップ」のことなどをイキイキと語った。最後は「あー、スッキリした」
▼7月下旬、笑福亭鶴瓶と会食。「今はもうお金ない」「貯金食い潰して生活してます」とおどけるタモリに鶴瓶が寿司をごちそうすると、タモリはベロンベロンに酔うまではしゃいでいたという(『きらきらアフロ』14・8・6)。翌日、タモリから鶴瓶に送られたメールの文面は「昨日はありがとうございました。久しぶりに芸能人と飲んで嬉しくてはしゃぎすぎました。また近々飲みましょう」(『ヤングタウン』14・8・3)
▼7月27日、『27時間テレビ』(フジテレビ)に出演。「今が一番眠いね」と定番の台詞で登場。眠たいというSMAPに仮眠を促し、5人とピッタリ密着して添い寝した。かつてのスタッフや共演者と再会すると「楽しいんだよ、(『いいとも』が)終わってから。終わってからのほうが人間関係が円滑にいくね」「もうベタベタしたい」。
▼8月15〜16日、9日〜10日に予定されていたが、台風接近により延期されていた「タモリカップ」福岡大会開催。
▼8月28日、2014年秋「プレミアムボス」新CMの記者発表会に出席(こうした会見に参加するのは、芸能生活40年にして初)。宇宙人ジョーンズ(トミー・リー・ジョーンズ)シリーズの新作で、CMのコピーは「この惑星のテレビはタモリがいないと寂しい」。『いいとも』のテレフォンショッキングを模したスタイルおよびスタジオセットで、イグアナのモノマネやコンドルの着地などを披露するバージョンも作られた。放映は9月から。このCMでタモリは「2015 55th ACC CM FESTIVAL」演技賞を受賞。
▼8月30日、『NHKスペシャル』「巨大災害 MEGA DISASTER 地球大変動の衝撃」(NHK総合)に司会として出演(全5回シリーズ)。放映に先立ちNHKで行われた取材会では「バラエティはなんでもかんでもあるからバラエティ。お笑いだけがバラエティじゃない。こういう番組をやるのとイグアナをやるのとは、まったく同じ気持ちです」
▼10月2日、青山BLUE NOTE TOKYOで行われたエディ・パルミエリ(ラテンジャズ、サルサミュージシャン)の公演に飛び入り参加。
▼10月8日、第62回 菊池寛賞受賞。12月5日に行われた授賞式では「バラエティは評価されにくいもので、国や政府あたりからは一切無視(笑)。そうした中で菊池寛賞をいただけて大変にありがたく思っています」とスピーチ。「その年一番無口だった人に〝口(くち)きかん賞〟というのをあげたかった。これは実現せぬまま終わったが、まさか自分が本物をもらうとは」
▼10月10日、「サライ」11月号で日本画家の堀文子と16年ぶりの対談。
▼10月19日、『ヨルタモリ』(フジテレビ)放送開始。宮沢りえがママを務める「湯島あたりにある」バー「WHITE RAINBOW」を舞台にしたトーク番組で、毎回、能町みね子と1〜2名の「常連

客」が飲んでいるところにゲストとタモリがやってくる。その際タモリは、何らかの架空のキャラクターに「なりすまし」ているのが番組最大の特徴。またトークの合間には湯島ローカルで放送しているという番組(通称「ウソテレビ」)という設定のショートコントが流れる。基本的に番組の企画に口を出さないタモリが「初めて自分で基本を考えた」という。内容は「全部嘘だらけ。本当のものはビールだけ(笑)」(「SWITCH」2015・5)。ゲストは井上陽水、大地真央、秋元康、甲本ヒロト、草彅剛、石橋貴明、篠山紀信など、タモリや宮沢りえゆかりの人物が多い。『いいとも』終了後初のフジテレビレギュラー番組であり、当時のスタッフも参加している。ちなみにタモリと宮沢りえは、宮沢が20代の頃、よく同じバー「ホワイト」で飲んでいた。

▼10月27日、『ラジオ深夜便』(NHKラジオ)「萩本欽一の人間塾」第7回にゲスト出演。服装についての話や中学時代の弁論大会のエピソードなどを語っていたが、突然萩本から『ビリ』の話をして」とムチャぶり。これに鮮やかに返すと、今度は『べき』の話を」と要求され、これも見事に返してみせた。

▼11月7日、『あさイチ』(NHK総合)「プレミアムトーク」に出演した宮沢りえにVTRコメント。『ヨルタモリ』での宮沢について「わざとらしさがない。普通に自然で。バーのムードもすごいハマってる」と絶賛。あわせて、司会の井ノ原快彦や有働由美子に対してもコメント。「朝ドラの感想を言うのはムカつくのでやめていただきたい」

▼12月23日、福山雅治の男性限定ライブ「野郎夜(やろうや)」(パシフィコ横浜　展示ホール)に観客として来場。プライベートなウイスキー愛好会「TMC(タモリ・モルト・クラブ)」で『いいとも』慰労会が行われた際、福山が誘ったことがきっかけ。ちなみにTMCはタモリ会長を筆頭に福山雅治、リリー・フランキーらが名を連ねる。ウイスキーをさまざまな女性に喩え妄想を交わし、その日一番うまかったウイスキーをTシャツにするという。締めの言葉は「今日もモテたな」

▼12月29日、『国民総参加クイズSHOW!　QB47』(NHK総合)にクイズ出題者としてVTR出演。

▼12月31日、『第65回NHK紅白歌合戦』(NHK総合)に審査員として出演。総合司会を務めた34回以来、31年ぶりの出演。オープニングでは、31年まえともに司会を務めた黒柳徹子と登壇。誰かから紹介されるものと思い待ちの姿勢でいると、一瞬沈黙が生まれ、あわてたADの姿を見て察し「こんばんは、タモリでございます」と挨拶(台本は読んでいなかった)。SMAPはタモリのまえに来て歌ったがこれは予定にはなく、草彅剛のアドリブに他の4人が合わせたものだという。草彅「舞い上がって行っちゃった」(『SMAP×SMAP』15・2・23)

2015年(70歳)

▼1月1日、『NHKスペシャル』「戦後70年　ニッポンの肖像　プロローグ　私たちはどう生きてきたか」(NHK総合)に出演。共演は堺雅人、中園ミホ、半藤一利。

▼1月6日、『ブラタモリ』(NHK総合)が、第4シリーズ開始に先駆け特別番組として復活。初めて関東を出て「京都」をテーマにした。パートナーは首藤奈知子アナが担当。

▼1月12日、ナゴヤドームで行われたSMAPの「Mr.Sコンサートツアー」のファイナル公演に、中継ゲストとしてサプライズ出演。

▼2月8日、フジテレビの中村光宏、生野陽子の両アナウンサー

の結婚披露宴に出席。同じく出席した小田和正と握手を交わし、〝歴史的な和解〟と報じられた。「普段はあまり披露宴に出ないけど、きょうは小田さんと会えて良かった」

▼2月19日、中居正広の父・正志が死去。正志とは自宅で料理を振る舞ったり、一緒に麻雀卓を囲むなど仲が良かったタモリは、死の直前に正志が入院していた病院から帰宅した際、サプライズで待ち構え、正志を泣いて喜ばせた。中居は父の涙を初めて見たという。タモリ「なんとも言えなかったね。次の日連絡が来て、『意識がなくなった』って……」

▼3月5日〜8日、パシフィコ横浜で『ジャパン　インターナショナルボートショー　２０１５』開催。「タモリカップ」も出展したため、タモリも来場。

▼3月19日、京都コンサートホール・大ホールで開催された「京都発見！　クラシック　Ｖｏｌ．１」にゲストとして出演。第Ⅰ部では山下洋輔、広上淳一とトークを交わした。

▼4月11日、『ブラタモリ』（ＮＨＫ総合）「シーズン４」放送開始。新たなパートナーとして広島放送局所属の桑子真帆アナ、ナレーションは草彅剛が抜擢された。生放送の帯番組である『いいとも』出演時には行えなかった地方ロケを敢行。だがなぜか高確率で悪天候に見舞われている。9月19日、10月3日の放送では故郷・福岡に凱旋。「中洲はよく飲みましたねえ」「厳密にいうと俺は（博多ではなく）福岡の人間なんですよ」「だいたい博多ではバカ友達と一緒ですから、くだらないことばっか話しながら歩いてる」「あんまり博多の人って歴史考えないかもしれないですね」などと語った。この年、「その場所の地形学的特徴と土地活用の歴史など、深度の深い内容を楽しみながら視聴者に伝えることに成功」「高いエンターテイメント性を持ちながら、視聴者に新たな視座を提供しうるプログラムのデザイン」として「グッドデザイン賞」を受賞。

▼4月15日、ドラマ『Ｄｒ．倫太郎』放送開始。主演は同じ田辺エージェンシーの堺雅人。主人公の「好きなコメディアン」の言葉として、タモリが発したとされる名言がほぼ毎回ドラマ中に引用される。

▼4月20日、「ＳＷＩＴＣＨ」Ｖｏｌ．33　Ｎｏ．５刊行。「ジャズタモリ」と題した、本人インタビューを含む約80ページにわたる大タモリ特集。

▼5月9日、『タモリと鶴瓶』（ＮＨＫ総合）放送開始。不定期に放送される「謎の」５分番組。ゲストは大泉洋、福山雅治、リリー・フランキー、ＳＭＡＰら。タモリと笑福亭鶴瓶がお互いに、ゲストを通して暗号めいた言葉を伝えるという内容。

▼5月23日、関根勤の初監督映画『騒音　THE FIVE OYAJI』公開。タモリ、明石家さんまらがカメオ出演。関根「ふたりが映画で共演するのは『丹波哲郎の大霊界２　死んだらおどろいた!!』（１９９０年）以来。キャスティング力では丹波哲郎さんに並びました」（「お笑いナタリー」２０１４・９・16）

▼6月29日、アウトドア読本『Enjoy Outing!』（小学館）にインタビュー掲載。またオリジナルバーベキューソースのレシピも公開している。

▼7月18日〜19日、「タモリカップ」が富山湾の新湊マリーナ＆海竜マリンパークで行われ、初の日本海側での開催となる。8月以降福岡、横浜へと続き、9月20日には初の東北大会（宮城県塩釜港・魚市場）も開催予定。

▼7月20日、『ブラタモリ』（ＮＨＫ総合）「特別編」放送。「東京駅」の地下がテーマだったが、その取材中、50年まえの幻の自動車道が

発見される。
▼8月7日、『ミュージックステーション』放送30年目を記念したタモリの等身大フィギュア「3Dタモリ像」が製作期間2カ月を経て完成、披露イベントが行われる。タモリは精巧に作られた像に感心しつつも「ちょっと髪の毛が多い」「口が嫌なんだよ」。また長寿番組の秘訣を問われ、「反省しない。頑張らない。同じ状況は二度とないんだから反省なんかしてもストレスたまるだけ。頑張ると見てる人が暑苦しくなってくるから、長く続かないね」「でも自分の場合のことだから、あまり参考にしないでいただきたい(笑)」
▼8月20日、近藤正高・著『タモリと戦後ニッポン』(講談社現代新書)刊行。
▼9月20日、『ヨルタモリ』最終回。最後のゲストは中居正広、香取慎吾、草彅剛。この番組でタモリは相手を褒める際、「ジャズな人」というフレーズを好んで使用していた。「ジャズな人って何かっつうと、向上心がない人のこと」「向上心がある人は、今日が明日のためにあるんだよ。向上心がない人は今日が今日のためにある。これがジャズな人だよね」「向上心イコール邪念ってことだよね」と。最終回終了後、タモリ、宮沢りえ、能町みね子、U-zhaan、沖仁、プロデューサーの中嶋優一、演出の木月洋介らで寿司屋で打ち上げ。途中からは番組同様、U-zhaan、沖が楽器を演奏し、それにタモリや能町が合わせるセッションが約1時間半にわたって行われたという。番組は、12月11日発売の「Quick Japan」Vol.123での「テレビ・オブ・ザ・イヤー2015」の副賞を受賞。
▼9月23日、『ミュージックステーション』で「30年目突入！ 史上初の10時間SP MUSIC STATION ウルトラFES」と題した10時間特番。オープニングでタモリ「昼の生放送は任せてください。ただし1時間が限度です」
▼10月8日〜11月15日、「笑福亭鶴瓶落語会」が全国8都道府県で開催。吉原の花魁・浦里を主人公にしたタモリ原案の落語『山名屋浦里』を完成させ披露。タモリは東京公演最終日の11月8日にはサプライズで来場し、菊の花を渡すというタモリ流の祝福をした。
▼10月10日、『ブラタモリ』で人生初の富士山登山に成功。
▼11月25日、「万年筆ベストコーディネイト賞」受賞。「筆不精だけど、なるだけ手紙を書いて相手に気持ちを伝えたい」とコメント。
▼12月18日、『タモリのオールナイトニッポンGOLD』(ニッポン放送)出演。パートナーは能町みね子。この放送は第53回ギャラクシー賞ラジオ部門・選奨に選出された。
▼日本唐揚協会が選出する「2015年ベストカラアゲニスト」を受賞。

2016年(71歳)

▼1月2日、『ブラタモリ×鶴瓶の家族に乾杯』(NHK)と題して『鶴瓶の家族に乾杯』とコラボ。以降、毎年の恒例企画となる。タモリ「同じようにブラブラしているようでまったく違う番組なんですよ。アナタ(鶴瓶)のほうは水平の番組で、こっちは垂直の番組」「私どもは歴史は100年単位、地層は何千年何億年単位。あなたのは行き当たりばったりで、横にどんどんどんどん行くわけですよ」
▼1月7日、14日、「週刊文春」1/14号および1/21号で能町みね子によるインタビュー「タモリが見た東京 青春編」が掲載。
▼2月13日、『ブラタモリ』で群馬の「沼田」を訪れる。ここはタモリが初めて地形に興味を持った地。「高校の地学の教科書に河岸段

丘の代表的な所で沼田が載ってた。それで河岸段丘とはこんなに高い崖があって上が平らなんだと思って、それで東京に学生で出てきてまず最初に沼田に来たんです。感慨深いところです」「その時、(沼田)駅前に(建物が)5～6軒しかなくて、なんだ？ って思ってこの(坂の)上にバスで出て見たら、一面真っ平らで市が広がってた。そこから地形が好きになった」

▼3月11日、上田晋也が主演したドラマ『天才バカボン』(日本テレビ)の主題歌「天才バカボン」で歌唱を担当。

▼4月30日、ドキュメンタリー映画『マンガをはみだした男 赤塚不二夫』(監督：冨永昌敬)公開。タモリは主題曲「ラーガ・バカヴァット」(サンスクリット語で聖者、悟りを開いた人の意)の作詞とボーカルを担当。

▼5月20日、国土地理院から『ブラタモリ』に「地理学や地学に博識なタモリ氏による、良質のエンターテインメント番組として多くの視聴者に好評を得ていることから、この番組を通じて地図や地理に対する関心や親しみを広く得た功績は多大である」として感謝状。

▼6月15日、目黒区のPR活動をする任意団体「めぐろ観光まちづくり協会」が、一般社団法人化することに際し、目黒区に長年住んでいるタモリが名誉会長に就任。

▼7月9日、タモリは夫婦で、豪華客船「飛鳥2」で横浜港から神戸に向かう1泊ツアーに参加。そのまま同船で、神戸港発着の「世界遺産 小笠原クルーズ6日間」ツアーに参加。

▼8月9日～28日、「八月納涼歌舞伎」(歌舞伎座)にて、タモリ原案の笑福亭鶴瓶による新作落語「山名屋浦里」を元にした新作歌舞伎『廓噺山名屋浦里(さとのうわさやまなやうらざと)』が上演。これは中村勘九郎の強い希望により実現したもので、鶴瓶からは原案などに名前を載せるよう再三提案されるも「歌舞伎にタモリは似合わねえよ」と固辞した。その千秋楽では終演後、拍手が鳴り止まず歌舞伎では異例のカーテンコールが行われた。その日観劇に訪れていたタモリと鶴瓶は促され伝統ある歌舞伎座の舞台に上がった。

▼12月19日、『SMAP×SMAP』90分スペシャルの「ビストロSMAP」にゲスト出演。SMAP解散に伴い同月26日に最終回を迎えるため最後の「ビストロ」。タモリは勝敗判定を「乾杯したらもうこれは仲良しなんだ」「人生に判定なんてどうでもいいことだよ」と拒否。最後にバカラの五角形の星形クリスタルをメンバー全員に贈った。この放送は、ギャラクシー賞12月度月間賞を受賞した。SMAP解散に際しても「スポーツニッポン」に「人生に勝敗なんてないし、どっちがいいとか悪いとか、そんな判定みたいなことなんてどうでもいいんだ。大切なこと、それは引きずらないことだ。乾杯すればそれで仲良し。やったことはすぐ忘れる。それが大事。人間なんて、そんなものだ」「先はまだまだ長い。どこでどうなるかは、わからない」と直筆のメッセージを寄せた。

▼12月30日、『タモリのオールナイトニッポンGOLD』(ニッポン放送)出演。パートナーは前年に続き能町みね子。2016年は東京以外での仕事も多数こなしたことから「新人時代を思い出しています」などと語った。

▼12月31日、『第67回NHK紅白歌合戦』にゲスト出演。マツコ・デラックスとともに「ふるさと審査員」で招待されたという設定でさまざまなところに出没する〝ゴント〟を演じた。

2017年（72歳）

▼3月17日、「第68回NHK放送文化賞」受賞。デビュー以来、音楽、芸能、歴史などの奥深い知識と独自の視点、語り口で既存のジャンルに収まらない活躍を続け、『ブラタモリ』では地理・地学とエンターテインメントを融合した新たな教養番組のスタイルを確立。「昭和から平成へと続くテレビの世界を一貫してリード」してきたなどと評価。

▼4月26日、「週刊文春」5／4・11合併号の「大相撲」特集にて能町みね子との対談「大相撲の異形たち」掲載。相撲を見始めたのは1953年頃の栃錦と若乃花がしのぎを削った「栃若時代」で電気屋のまえや街頭テレビで見ていた、まだ九州が「準本場所」だった子ども時代、福岡スポーツセンターで観戦した、などと思い出が語られた。

▼6月16日、『ブラタモリ』の制作チームが日本地質学会から表彰。「タモリ氏の地理・地質好きというキャラクターに負う面も大きいが、それ以上に、訪問地や番組構成、解説する専門家などを決定する番組スタッフの地理・地質の重要性の理解がこの番組を成功に導いていると考えられる。そしてこの番組が地質学の普及に貢献しているのは明らかである。この番組が今後も長く続くことへの期待も込めて」と、表彰理由を発表。

▼9月28日、『とんねるずのみなさんのおかげでした』（フジテレビ30周年記念SPにゲスト出演。「祝っていいとも！」と題し『笑っていいとも！』のセットを完全再現。締めはタモリの「明日も見てくれるかな」

▼9月30日、NHKスペシャル『人体』シリーズ開始。タモリは28年まえの同シリーズ同様、司会を務める。パートナーはノーベル賞受賞者の山中伸弥。28年まえの自分の映像を見てタモリ「以前の画像を見るのは嫌なんですよね、僕は。なんかやってやろうっていう野心に満ちてますからね」

2018年（73歳）

▼1月4日、「スポーツニッポン」で棋士・藤井聡太と57歳差対談。

▼6月30日〜7月28日、ドラマ『バカボンのパパよりバカなパパ』（NHK）放送。タモリ役は、赤ペン瀧川。

▼9月1日、ヨットレース「タモリカップ」横浜大会（横浜港・横浜ベイサイドマリーナ）開催。この大会をもって「タモリカップ」は閉幕。10年間、大きな事故やトラブル、クレームもなくやってこれたのは奇跡的なこと。開催に尽力したフジテレビプロデューサーで友人の金井尚史が亡くなったこともあり、タモリが「これ以上は、もういいんじゃないか。このまま何事もなく続くとは思えない。だから、10年のいい区切りにやめよう」と考えて終了した。タモリと金井はニッポン放送の『タモリの週刊ダイナマイク』からの親密な付き合いで『いいとも』が終了した直後に夫婦で行ったヨーロッパ旅行にも同行。余命3年の肝臓がんだと伝えられるとタモリは「俺、引退するから。ヨットで世界一周しよう」と励ましていたが、17年2月9日、56歳の若さでこの世を去った。

▼9月4日、「ボス THE CANCOFFEE」のCMに出演。タモリはサングラスのまま甲冑をまとい徳川家康を演じた。11月には吉良上野介に扮する「忠臣蔵」編もオンエア。

▼9月30日、スマホゲーム『モンスターストライク』のCMに出演。

▼10月2日、『news zero』（日本テレビ）で有働由美子と対談。

『11PM』で、面白さが理解できない部分でスタジオで大人たちが笑っているのを見て、テレビを必死で見るようになったと明かした上で、「この世界に入って、『それアナタね、テレビ見てる人にはわかんないよ』っていうことを、ずっと言われてた時期があったんですよ。でも、あ、この人はテレビ見てる人のことをバカにしてるなと思ったんですね。絶対バカにしてるわ、この人たちは、って。わかんなくてもいいから、それをやらないと面白いものができないだろうと思ってた」などと語った。

2019年（74歳）

▼1月1日、『空から見る　昭和　平成　そして未来』（NHK）出演。「40年くらいまえなんですけど新宿でよく飲んでたんですよ。若手の各分野の人が集まって、相手を見て何考えてんだろうって、批判もあれば仲良くもあるけど、そういうアクの上で飲み食いしてた。アクだらけ。今はそこまで入ってこないですよね」「僕はゴールデン街で育ったと言われてますけどほとんど行ったことがない」「ここは特にケンカが多いんで僕は行かなかった。暴力嫌いで（笑）。ケンカしないと仕事一生懸命してないっていうような。わざとケンカふっかけられる」などと語った。

▼3月10日、門司港駅の復元駅舎がグランドオープン。記念式典と打鐘式に出席。

▼4月30日、『FNN報道スペシャル　平成の〝大晦日〟』（フジテレビ）で総合司会を務める。約6時間半の生放送。

▼7月27日、『発掘！ラジオアーカイブス』（NHK　ラジオ第1）で35年まえに放送された『タモリのジャズ特選』が再放送。

▼8月27日、「波」9月号にドナルド・L・マギン、村上春樹／訳『スタン・ゲッツ―音楽を生きる―』へのタモリによる書評「もう一度じっくり聴かねば」が掲載。

▼9月22日、山下洋輔の喜寿のお祝い＆伝説の草野球チーム「ソークメナーズ」同窓会がシアターPOOで開催されタモリも参加。

▼10月18日、テレビ朝日の金曜ゴールデンタイムの番組が大幅に改編されたことを受け「『テレ朝金曜3番組』合同記者会見」に『ミュージックステーション』のMCとして参加。同番組は21時台に移動。タモリはマツコ・デラックスや有吉弘行らとともに「コマネチ！」を披露。

▼12月23日、山下洋輔トリオの結成50周年を記念したコンサート「爆裂半世紀！」（東京・新宿文化センター　大ホール）に麿赤兒、三上寛、坂本龍一らとともにゲスト出演。スキャットを披露する。

▼12月24日、「GOETHE」2月号で滝川クリステルと対談。

2020年（75歳）

▼1月1日、「スポーツニッポン」で同じ福岡出身のラグビー日本代表選手・福岡堅樹と対談。「福岡で高校まで出れば、芸能界でやれる力はみんな持っている。関西と違ってネタの面白さじゃなく、キャラの面白さなんですよ。自分に合ったキャラクターをどうつくるか、だいたいが生まれ持っている」などと語る。

▼3月29日、『ブラタモリ』が「第28回橋田賞」に選出される。「街の新たな魅力や文化などを再発見するユニークな番組」として受賞。なお、5代目アシスタントを務めた林田理沙アナウンサーは3月をもって番組を卒業。「タモリさんから『仕事をするな』とアドバイスをいただいて」「タモリさんとは見ているものは同じだけど見えているものが違う、その差って何かというと、深く知っていること、視点

を変えること、さまざまな視点を持つこと」と語った。

▼3月31日、『ザ！ 世界仰天ニュース』(日本テレビ)にサプライズ出演、のはずが、この日をもってジャニーズ事務所を退所する中居正広が笑福亭鶴瓶に向かって「タモさん」と呼びかけてしまいサプライズ失敗。日本テレビのバラエティ番組出演は約12年ぶり。

▼4月10日、『タモリ倶楽部』で長らくレギュラーコーナーだった「空耳アワー」が休止に。

▼4月15日、「Ｐｅｎ」5／1・15合併号の「井上陽水が聴きたくて。」特集に「旧友・タモリが語る、天才・陽水の知られざる顔。」と題したインタビューが掲載。

▼4月18日、「メルカリ」のＣＭに出演。「メゾンメルカリ」の管理人という設定。

▼6月25日、「ＧＯＥＴＨＥ」8月号の「写真家・操上和美」特集に直筆のメッセージを寄せる。

▼8月20日、『タモリ倶楽部』の「ストリートビューでオンライン撮り鉄！ 偶然鉄道フォトコンテスト」(6月26日、7月3日放送)が、ギャラクシー賞7月度月間賞に選出される。コロナ禍での収録再開にオープニングでタモリは「ここまでしてやらなきゃいけない番組かね？」「よく『こんな時だからこそ』だって言うけど、『こんな時だからこそ』休めばいい」と話すも、Googleストリートビューを使って〝オンライン撮り鉄〟＝「グー鉄」をするという鉄道企画にいつしか身を乗り出して興奮。途中、「団結してやりましょう」と言われるも、タモリは「ワンチームとかwin-winとか言うヤツ、俺、絶対信用しないんだよ」と進行そっちのけで楽しんでいた。

▼9月10日、『ぐるぐるナインティナイン』(日本テレビ)30周年スペシャルにゲスト出演。15年ぶりに披露するナインティナインのコント「結婚相談所」を客席から見守る。タモリ「面白いよ。面白い、面白い。俺は大好きだね」

▼9月27日、『アッコにおまかせ』(ＴＢＳ)35周年記念スペシャルにタモリが生出演。同番組への出演は28年ぶり。途中からは進行をタモリに交代して「タモリにおまかせ！」と題してハンドマイク片手に司会。「司会、行ってもいいかな？」「いいとも！」

▼10月30日、『タモリ倶楽部』で「新作・名作たっぷり出します！ 帰ってきちゃった空耳アワー復活祭」と題し「空耳アワー」が復活。以降、不定期に放送されることに。この日のゲスト審査員は松たか子、星野源。なお、星野源はタモリが会長、鶴瓶が副会長の「日本変態協会(ＮＨＫ)」に２０１５年に入会。

２０２１年(76歳)

▼4月9日、メルカリのＣＭで草彅剛とＣＭでは初共演。撮影後、「緊張した」と語る草彅は「20歳の頃、初めてのひとり暮らしを始める時に、タモリさんから絨毯をいただきました」と回想。

▼7月19日、『ＮＨＫスペシャル』「人体」シリーズの「特別編」として『超人たちの人体～アスリート 限界への挑戦～』が放送。

▼9月9日、オンラインで行われた「キリンプラズマ乳酸菌関連発表会」に出席。「プラズマ乳酸菌で免疫ケア」のアンバサダーに就任。後期高齢者になったことに触れ「後期高齢者ってどういうことかと言うと、いい加減ジジイだぜということなので、まったく今まで健康に気を使ったことはないが『やらなきゃな』と思っていることはある」と語り、どんな運動がいいか問われ、「やっぱり散歩ですね。仕事も、趣味でいる日常もブラブラやっております」と回答。

▼10月14日、35周年を迎えた『ミュージックステーション』で「同一司

会者による生放送音楽番組の最長放送」としてギネス世界記録に認定。9月17日放送時点で在任期間は34年168日、放送回数は1365回。タモリのギネス認定は『いいとも』以来2度目。なお、35周年に際してタモリがエレキ・ギター「ギブソン・レスポール」をかき鳴らす姿を収めたスペシャルビジュアルが制作された。コピーは「やっぱり、音楽っていいよね」。

▼12月28日、8年ぶりに『徹子の部屋』に出演。『いいとも』終了後すぐ、夫婦でフランス、スペイン、ポルトガル、モロッコなどに旅行に行ったことなどが明かされた。タモリが44年前(1977年)に番組初出演したときの音声テープも公開。このとき担当したスタッフがまだ番組に在籍。黒柳「打ち合わせをしたときには非常に物静かでいらしたんですって、あなたが。だから本番になるときに大丈夫かな?って感じだったんだけど、本番になったら豹変してとても驚いたというふうに言ってました」

装幀　水戸部　功
イラスト　小田　扉

◎本書は2014年3月に小社より単行本として刊行されたものに加筆・修正し文庫化したものです。
◎「大タモリ年表」はWEB文芸誌『マトグロッソ』(https://matogrosso.jp/)内に掲載されたものに加筆・修正したものです。

文庫ぎんが堂

タモリ学

タモリにとって「タモリ」とは何か?

2022年2月20日 第1刷発行
2024年2月9日 第5刷発行

著者 戸部田 誠(てれびのスキマ)

ブックデザイン タカハシデザイン室
発行人 永田和泉
発行所 株式会社イースト・プレス
〒101-0051 東京都千代田区神田神保町2-4-7 久月神田ビル
TEL 03-5213-4700 FAX 03-5213-4701
https://www.eastpress.co.jp/
印刷所 中央精版印刷株式会社

© Makoto Tobeta "tv no sukima", 2022, Printed in Japan

ISBN978-4-7816-7207-6
JASRAC 出 2201432-405

本書の全部または一部を無断で複写することは著作権法上での例外を除き、禁じられています。

落丁・乱丁本は小社あてにお送りください。送料小社負担にてお取り替えいたします。

定価はカバーに表示しています。

文庫ぎんが堂

天才・イチロー　成功を導く魔法の「言葉」

児玉光雄

定価　本体648円＋税

イチローが語った「肉声」からは、彼を衝き動かし、進化させてきた思考の源が読み解ける。誰もが今日からすぐに使える〝人生のエッセンス〟として、これまでの発言を抽出し、お届けします。

読解！「ドラえもん」講座

中川右介

定価　本体700円＋税

世代論、女性学、政治学、教育論、郊外論……国民的マンガを多角的に読み解けば、現代社会が見えてくる。もし『ドラえもん』が大学のテキストになったら？　藤子・F・不二雄が描いた人間ドラマは、世の中の縮図だ！

ゆるく考えよう　人生を100倍ラクにする思考法

ちきりん

定価　本体667円＋税

わざわざツライ人生を選んでいませんか？　昭和の価値観から解き放たれて自由になりましょう！　ブログ『Chikirinの日記』の著者が、「世の中」「お金」「働き方」についての具体的で実用的な考え方を紹介します。